KB189912

바라만
봐도
치유되는
마음

바라만 봐도 치유되는 마음

발행일 2020년 6월 12일

지은이 남일희
펴낸이 손형국
펴낸곳 (주)북랩
편집인 선일영　　편집 강대건, 최예은, 최승헌, 김경무, 이예지
디자인 이현수, 김민하, 한수희, 김윤주, 허지혜　　제작 박기성, 황동현, 구성우, 장홍석
마케팅 김회란, 박진관, 장은별
출판등록 2004. 12. 1(제2012-000051호)
주소 서울특별시 금천구 가산디지털 1로 168, 우림라이온스밸리 B동 B113~114호, C동 B101호
홈페이지 www.book.co.kr
전화번호 (02)2026-5777　　팩스 (02)2026-5747

ISBN 979-11-6539-253-6 03220 (종이책)　　979-11-6539-254-3 05220 (전자책)

이 도서의 국립중앙도서관 출판예정도서목록(CIP)은 서지정보유통지원시스템 홈페이지(http://seoji.nl.go.kr)와 국가자료공동목록시스템(http://www.nl.go.kr/kolisnet)에서 이용하실 수 있습니다.
(CIP제어번호: CIP2020023741)

다음 생 위해 행복을 찾는 마음 여행

바라만 봐도 치유되는 마음

대자유와 대행복은

저마다의 마음속에 있다!

삶의 괴로움에서 벗어나는

17단계 불교 수행

남일희 지음

북랩book Lab

집필의 변

집필의 목적

현대 사회에서 몸에 대한 치료는 학문적으로나 의학적으로 많은 성장을 거듭하고 있다. 그리고 21세기에 AI의 시대에 들어서면서 이에 대한 더 많은 연구가 진행되고 있다. 그러면 마음에 대한 치유는 어떠한가? 지금으로부터 2,600년 전에 붓다는 마음의 괴로움에 대한 치유를 위해 본인이 직접 체험하고, 터득한 방법을 제시하였으며, 이러한 마음에 대한 치유 방법이 후대에 전해지게 된다. 그리고 붓다가 계발한 마음의 치유 방법은 2,600여 년이 지난 현대에 들어와서 그 과학적인 증명과 더불어 마음의 괴로움에 대한 치유 방법으로 관심이 늘어가고 있다. 왜냐하면 마음에 대한 진료 및 치유의 주체는 자기 자신이며, 과학적인 증명을 통해 의학적으로 대상을 바라보는 수행이 마음의 치유를 위한 기제로 활용 가능하다는 것이 점차 밝혀지고 있기 때문이다. 그리고 다가올 5차 혁명의 시대는 영성의 시대로 이 시기의 인간은 더욱 독창적이며, 객체화되기 때문에 이에 대한 체계적인 연구 및 정립이 필요하다고 하겠다.

지금으로부터 수백만 년 전에 지구상에 인류가 나타나기 시작했다. 그때는 인간이 자기 자신도 보호하기 힘든 시기였다. 본인보다 덩치도 크고 포악한 무리로부터 자기 자신을 보호해야 했으며, 또한 부족한 자원과 천재지변 등으로부터 살아남아야만 했다. 이 과정에서 불안·초조·긴장 등의 부정적인 마음작용들이 마음에 내재되어 쌓이게 되었으며, 이로 인한 스트레스는 괴로움을 양산하게 된다. 또한, 이러한 괴로움을 양산하는 유전자는 인간의 마음속에 뿌리를 내리고, 마음을 통해 이어져 내려오고 있다. 그러나 적절한 스트레스는 역으로 인류가 겪게 되는 문명의 지속적 발전을 위한 원동력으로 작용하기도 했다. 이를 통해 인간은 현재의 지구상에서 최상위의 객체로 존재하게 된다. 더 이상 물리적으로 인간에게 대적할 수 있는 문명은 지구상에는 없으며, 결국 인간에게 정신적으로 해를 끼치는 것은 인간 자신이 되었다. 또한, 인간 사이에서 발생하는 상대적인 스트레스는 괴로움을 증장시키는 구조를 갖고 있다. 그리고 마음에 있는 이러한 부정적인 유전자는 윤회하는 인간에게 부정적인 스트레스를 전달하게 한다. 그래서 이러한 부정적 인자들은 현생의 인류에게 우울증, 조급증, 자살, 공포 등 많은 정신적 고통의 유발 원인을 제공하고 있다.

그러나 인류는 지금까지 먹고사는 문제, 생존의 문제에 시급한 나머지 스트레스로 인해 마음에서 일어나는 괴로움의 치유는 등한시하였다. 그러나 최근 들어 문명의 급속한 발전과 더불어 먹고사는 문제는 어느 정도 해결을 보이고 있다. 그리고 영성의 시대로 가고 있는 현시점에서는 상대적으로 마음의 치유에 대한 관심이 높아지고 있다. '내가 어디에서 와서 어디로 가는지?', '괴로움은 왜 생겨나는지?', '이것은 어떻게 치유될 수 있는지?' 등 마음에서 일어나는 괴로움의 원인과 해결 방법을 찾으려 하고 있다. 그러나 마음의 치유 주체는 자기 자신이다. 그 어떤 다른 사람도 본인의 괴로운 마음을 외과적 시술로 절개하고 빼낼 수는 없다. 오직 본인이 마음 내어 작동하게 되는 선한 작용 기제에 의해 본인 자신의 힘으로 치유할 수밖에 없는 것이다. 그래서 본고에서는 이렇게 본인에 의해 치유될 수 있는 마음의 괴로움에 대한 치유 기제 및 치유되는 마음에 대해 살펴보고자 한다. 이를 통해 괴로움에서 벗어나고자 수행하는 수행자들에게 미약하나마 도움이 되었으면 한다.

집필의 방법

수행자여! 괴로움을 유지하는 삶을 살 것인가 아니면 완전히 괴로움에서 벗어나게 되는 삶을 살 것인가? 어떤 삶을 살고 싶은가에 따라 수행자가 하게 되는 삶의 행로는 달라진다. 부자의 삶을 살고 싶으면 부자가 되는 행을 닦으면 되고, 행복해지려면 행복해지는 행을 닦으면 된다. 그리고 괴로움에서 벗어나고자 하면 괴로움에서 벗어나는 행을 닦으면 된다. 그래서 현생의 삶은 과거에 닦아 놓은 행에 의한 과보로 이렇게 흘러가고 있으나, 차후의 생은 지금 이 순간에 수행자로서 어떤 삶을 살고 있느냐에 따라 확실하게 달라질 수 있다. 이제는 미래에 대한 투자, 미래의 생에 대한 투자를 해야 할 시기이다.

이러한 인간 삶의 괴로움에서 벗어나기 위해서는 마음을 청정히 하고, 지혜를 증득하게 되는 불교 수행을 해야 한다. 그리고 이러한 불교 수행은 시대적으로 초기 불교, 부파 불교, 유식 불교, 대승 불교 등과 같이 다양성으로 나타나게 된다. 여기서 초기 불교는 붓다 사후 100년까지 시기에 형성된 불교를 말하며, 이 시기의 경전인 삼장은 1차 결집 시에 결집되어, 구전되다가 4차 결집인 BC 1세기경에 스리랑카에서 문자화되었다. 또한, 붓다 사후 100년 후에 초기 불교가 계율상의 문제로 대중부와 상좌부로 근본 분열이 일어나게 된다. 이때, 상좌부는 붓다의 계·정·혜 삼학에 엄격한 기준을 두는 불교의 전통을 고수하게 된다. 이러한 수행전통이 상좌부를 통해 현재의 남방 상좌부로 그 흐름이 이어져 내려오게 된다. 그래서 초기 불교에서 남방 상좌부로의 수행의 흐름은 '초기 불교→부파 불교→상좌부→남방상좌부'로 전해지게 된다. 본고에서는 논란의 여지는 있지만, 이러한 견해를 바탕으로 남방 상좌부에서 전해 내려오는 수행 전통을 중심으로 관련 내용을 살펴보고자 한다. 그래서 경전은 초기 불교의 경전인 오부『니까야』와 그의『주석서』, 그리고『청정도론』과『아비담맛타 상가하』를 중심으로 관련 내용을 전개해 나가도록 하겠다.

그리고 본고를 전개해 나가는 과정에서 작성되는 대부분의 표와 내용은 저자가 발표한 네 편의 논문에서 대부분 인용하였음을 밝혀 둔다. 해당 논문은 '남일희 2016, 2017, 2018, 2019'으로 표기한다. 그리고 용어의 혼선을 피하기 위해, 심·의·식을 포함한 '광의의 마음'은 '마음(G)'으로 표기하고, '감각을 기반으로 하는 의식'은 '의식(S)'으로 표기하며, '업을 기반으로 하는 의식'은 '의식(K)'으로 표기하여 사용하겠다. 그리고 본고를 이해하는 데 도움을 주고자 부록 1에 간략하게나마 필요 부분에 대한 용어 정의를 하겠다. 또한 PTS Pāi

Texts의 약어는 CPD 약어(Abbreviation) 기준을 따르겠으며, 본문에서 근거 자료에 대한 표시는 원서는 '약어명. 해당 권. 해당 페이지'로 그 외 자료는 '저자명 발행 연도: 해당 페이지'로 표기하겠다.

머리말

현재 남방의 상좌부를 중심으로 한 수행 방법이 국내에도 20여 종류가 소개되고 있을 정도로 남방의 수행 방법이 세계적으로 널리 전해지고 있다. 그리고 서양에서는 수행의 한 기제인 사띠(주시, 마음챙김)를 중심으로 한 마음챙김 명상이 심신 치유의 목적으로 활용되어 선풍적인 인기를 끌고 있다. 그러나 사띠(이하 주시)는 불교 수행에서 활용하고 있는 여러 바라보는 기제 중의 한 수행 기제일 뿐이다. 이를 활용한 불교 수행의 최종 목표는 인간 삶의 괴로움에서 벗어나고자 하는 해탈·열반에 있으며, 이를 위해 주시 이외에도 다양한 수행 기제가 인간 삶의 근본적인 괴로움의 해소를 위해 활용되고 있다. 그래서 본고에서는 바라보는 기제에 대한 다양성을 살펴보고, 이를 활용한 수행 방법을 제시하여, 마음의 치유와 괴로움의 소멸이라는 불교 수행의 목표를 달성하는 데 도움을 주고자 한다.

먼저 1장에서는 바라보는 기제의 사유에 대해 살펴보겠다. 그리고 초기 불교에서 바라보는 불교의 핵심 질문들을 정리하여, 이를 통해 불교 수행에 대한 믿음을 증진시키고자 한다. 이를 위해 세상의 일체법에서 수행에 도움이 되는 내용들을 불교적 관점에서 알아보겠다.

2장에서는 바라보는 기제에 대해 살펴보겠다. 여기서는 불교 수행에서 현존·수용·자각에 활용되는 바라보는 기제들에 대해 설명하겠다. 그래서 이들의 어떤 작용이 치유의 과정에 관여하게 되며, 작동하게 되는지를 살펴보고자 한다. 이를 통해 수행자가 바라보는 기제를 활용하여 근기에 맞게 수행 정진하는 데 도움이 되는 토대를 마련하고자 한다.

3장에서는 치유되는 마음에 대해 살펴보겠다. 여기서는 마음을 마음·정신·의식(심·의·식)으로 구분하겠다. 그래서 현존·수용·자각하게 되는 수행을 통해 마음이 어떻게 치유되는지에 대해 알아보겠다. 이를 통해 불교 수행의 궁극적 목적인 인간 삶의 괴로움에서 벗어나는 방법에 대해 설명해 보고자 한다.

부록 1을 통해서는 본고를 접하는 데 있어, 이해를 돕고자 용어의 정의를 살펴보겠다.

부록 2에서는 바라보는 방법인 수행 방법에 대해, 초기 불교와 현대의 마음 챙김 명상까지 다양한 수행 방법을 소개하고, 이를 통해 실제 수행 현장에서 이들을 활용할 수 있는 방법을 제시해 보고자 한다.

부록 3에서는 인간에게서 일어나는 인식 과정이 전문적으로 어떤 프로세스를 갖고 있는지에 대해 체계적으로 정리함으로써 인식 체계의 치유에 대한 이론적인 기틀을 제시해 보고자 한다.

부록 4에서는 불교 수행의 최종 목표인 깨달음으로 가는 길목에서 겪게 되는 단계를 17단계로 구분하여, 수행자가 수행 상황을 점검해 볼 수 있는 발판을 만들어 보고자 한다.

본고를 집필하는 데 있어 미력하나마 끝까지 용기를 잃지 않도록 지도해 주신 정준영 교수님께 감사의 인사를 올립니다. 그리고 담마와나의 우. 떼자사미 스님과 한국테라와다의 아짠진용빤냐와로마하테로 삼장법사 스님의 지도에도 감사를 드립니다. 또한 능인선원의 지광 큰스님과 능인대의 백도수 교수님, 동국대의 이필원 교수님, 무착, 법인, 현파법사님들과 전법사1기와 법우님들의 지도와 격려가 큰 힘이 되었습니다. 정각사의 송원 큰스님과 총무님 그리고 법우님들께도 감사드리고, 서불대의 교수님들과 법우님들께도 감사의 인사를 올립니다. 그리고 선처에 계실 아버님과 병상에 계시는 어머님께 사랑한다는 말 전해 주고 싶습니다. 특히 자애(慈愛)하는 향숙과 가형, 주형이에게도 고맙고, 사랑한다는 말 전합니다. 또한, 본가와 처가 가족 모두 다 건강하고 행복하길 기원합니다. 끝으로 부족한 점이 많음에도 불구하고 출판에 응해 주신 북랩 관계자분들께 감사의 인사를 올립니다.

2020년 5월
남일희

차례

Ⅱ. 바라보는 기제

Ⅲ.
치유되는 마음

I

바라보는 마음의 사유

수행을 통해 바라보게 되는 마음은 항상 변화하게 되는 무상성을 갖고 있다. 그래서 이러한 마음을 있는 그대로 바라볼 수 있다면, 변화하는 단계별로 마음에 대한 올바른 사유가 일어나게 된다. 이 때 바라보게 되는 힘은 오근에서 믿음이라는 신심으로부터 시작된다. 또한, 수행도 신심을 바탕으로 하게 되면 수행의 목표를 달성하는 데 더욱 도움이 될 것이다. 그래서 이러한 바라보는 마음의 사유를 통해 수행 시에 믿음의 힘을 증진시키고자 한다. 그리고 이를 위해 불교에 대한 스물한 가지 중요 질문을 중심으로 살펴보겠다. 그래서 수행을 하고자 발심을 일으킨 수행자들에게 법에 관한 이해를 증장시키고, 이를 통해 수행에 올바른 방향성을 제시하며, 수행의 힘을 증진시키고자 한다.

1.
마음은 바라만 봐도 치유될 수 있나?

인간은 이 세상에 업을 갖고 태어나게 된다. 이러한 업이 삶을 형성하고, 유지하게 되는 원동력이 된다. 그래서 업에 의해 윤회가 있으며, 인간으로서의 삶도 발생하고, 삶에 대한 지속도 있게 된다. 이때 선업이 작용하게 되면 삶에 평온함을 주고, 이것은 정신적으로 선함을 형성하며, 이는 사회생활에 유익한 영향을 주게 된다. 그리고 악업이 작용하게 되면 삶에 어려움을 주고, 이것은 정신적인 괴로움을 형성하며, 이는 사회생활에 해로운 영향을 주게 된다.

이때 발생하게 되는 마음의 괴로움에 대한 치유는 남이 대신해 줄 수 없다. 타인에 의해 임시방편으로 순간적인 해소는 있을 수 있겠지만, 마음의 치유는 본인이 직접 닦아서 치유해야 한다. 그리고 몸의 치료와는 달리 마스터는 조언을 해 줄 수는 있으나, 이것을 마음속에서 작용시켜 선한 마음작용으로 바꿀 수 있는 것은 수행자 자신이다. 그러면 수행자는 어떻게 자신의 마음을 선한 마음작용으로 바꿀 수 있는가? 이에 대해 수행자는 다음과 같은 마음의 작용에 의해 바라만 봐도 마음이 치유되는 경험을 할 수 있게 된다.

우선, 마음에는 선한 마음작용이 불선한 마음작용보다 더 많이 작용하고 있다.

마음에서 일어나게 되는 마음작용 중에서 선한 마음작용이 일어날 때 반드시 발생하게 되는 마음작용은 19가지이며, 이는 <표 Ⅲ-2>의 28~46의 마음작용이다. 그리고 마음의 요소 중에서 불선한 마음작용이 일어날 때 반드시 발생하게 되는 마음작용은 4가지이며, 이는 <표 Ⅲ-2>에서 14~17의 마음작용이다(Abh. 6). 그래서 마음작용이 일어날 때 반드시 일어나는 선한 마음의 요소는 불선한 마음의 요소에 비해 거의 5배에 이른다. 이와 같이 마음을 가만히 놓아 두고, 마음작용이 일어나는 것을 바라만 봐도, 훨씬 더 많은 선한 마음작용에 의해 마음은 바라보는 대상에 대해 선한 치유 작용을 하게 된다.

두 번째, 마음에는 선한 바라보는 기제의 작용이 있다.

현존·수용·자각을 위해 활용되는, 바라보는 기제는 주시(사띠), 성찰(삼마사띠), 촉발(풋타), 분명한 앎(삼빠잔냐), 집중(사마디), 지혜(빤냐) 등이 있다. 그리고 이런 선한 마음작용의 바라보는 기제에 의해 탐·진·치에 대한 촉발이 점점 소멸되는 것을 경험할 것이다. 이것은 선한 마음작용의 기제에 의한 마음치유의 기능이다. 이렇게 대상을 바르게 바라보려고 하면 주시 등의 선한 바라보는 기제가 작용하게 된다. 그래서 킬러 세포에 의해 몸에 들어온 나쁜 세포가 박멸되듯이, 선한 바라보는 기제에 의해 마음으로 들어온 탐·진·치에 의한 괴로움을 치유하게 된다. 이와 같이 마음에 선한 바라보는 기제가 있기 때문에 대상을 바라만 보더라도 이로 인해 괴로움의 치유작용은 발생하게 된다.

세 번째, 마음에서 일어나는 마음작용은 증장 구조와 소멸 구조를 갖고 있다.

마음에서 일어나는 마음작용은 쓰게 되면 증장되고, 쓰지 않으면 쇠퇴하여 소멸되는 구조이다. 그래서 선한 마음작용에 현존하여 이를 수용하게 되면 사용하지 않는 다른 불선한 마음작용은 쇠퇴하게 된다. 그리고 불선한 마음작용에 대한 실제 성품인 삼법인을 알게 되면 이러한 불선한 마음작용들은 더 이상 일어나지 않고 소멸하게 된다. 이렇게 마음에서 일어나는 마음작용은 사용하면 증장되고, 사용하지 않으면 소멸되는 증장 구조와 소멸 구조를 갖고 있다. 그래서 바라보는 마음기제로 현존하여 수용하려는 수행을 통해 불선한 마음작용은 다시는 일어나지 않으며, 소멸의 길을 가게 된다.

네 번째, 마음에 스스로 치유할 수 있는 시간을 주게 된다.

선한 마음작용을 내어 바라만 본다는 것은 마음이 스스로 괴로움을 치유할 수 있는 시간을 주는 것이다. 그래서 고요히 마음을 바라봄으로써 마음을 가라앉히고, 안정을 취하며 선한 마음작용이 일어날 수 있도록 마음에 시간을 주게 된다. 이렇게 마음이 수행 대상에 현존하게 되고, 이를 있는 그대로 수용하게 되면 마음은 마음의 문제를 자각하게 된다. 그리고 이를 통해 마음은 괴로움을 스스로 치유할 수 있게 된다. 그래서 마음에 고요한 시간을 주면, 마음의 치유는 마음이 스스로 할 수 있게 된다.

다섯째, 마음은 한 번에 두 가지 일을 하지 못한다.

괴로움이 일어나는 마음에 괴로움을 증장시키는 바라봄을 제공하지 않으면 이렇게 증장의 자양을 제공받지 못한 괴로운 마음은 소멸의 길을 가게 된다. 왜냐하면 마음은 한 번에 두 가지 일을 하지 못하기 때문이다. 연속으로 다른 마음이 일어나 여러 가지 행을 순차적으로 빠르게 하게 되더라도 마음은 한순간에 하나씩만 일어날 수 있다. 그래서 괴로움이 일어나는 원인에 마음을 두지 않고 있는 그대로의 실상에 마음을 두게 되면 괴로움은 발판을 잃게 된다. 괴로움에 방향을 제시해 주는 마음이 없어졌기 때문에, 그 원인이 없어진 괴로움은 소멸의 길을 가게 된다. 이는 땔감이 없어지면 타오르던 불길도 사라지듯, 원료와 방향성이 없어진 괴로움은 사라지게 된다는 것이다.

여섯째, 괴로움은 무상성의 성품을 갖고 있다.

마음의 괴로움은 무상성으로 항상 변화하며, 조건에 의해 생겼다가, 조건에 의해 소멸한다. 그래서 그것의 실체(무상·고·무아)가 무엇인지 있는 그대로 여실지견하게 바라봄으로써, 그것은 의식의 영역에서 자신의 본체를 드러내고 소멸하게 된다. 그리고 다음에도 일어나려 할 때, 바르게 바라만 보면, 다시 소멸된다. 이렇게 계속하다 보면 여기에 접촉하여 일어나려는 촉발의 접촉 기제 자체가 사라지게 되어, 종국에는 다시는 일어나지 않게 된다. 그래서 마음은 점차 청정의 상태를 찾아 가게 된다.

일곱째, 얼룩진 마음은 다시 열반으로 돌아가게 된다.

대자유이며, 대행복이라고 일컬어지는 열반은 불가견이고, 무한하며, 모든 곳에서 빛나는 의식이다(D. I. 223). 이러한 열반으로부터 시작되어, 수 겁의 시간이 지나 발생된 얼룩[1]에 의해 이 세상에 높은 차원에서부터 다양한 차원의 존재들이 나타나기 시작한다. 그리고 수겁의 시간이 다시 지나고 청정한 조건이 발생되면, 이로 인한 청정으로 다양한 차원들이 소멸되면서 다시 열반[2]의 상태로 돌아가게 된다. 그래서 현생에서 발생하게 되는 괴로움이란 청정함으로부터 얼룩져서 생겨난 조건 발생적인 현상이며, 무언가 영구적인 괴로움이 있어 필연적으로 생겨나야만 하는 것은 아니다. 이렇게 최초의 얼룩이 조건 발생적으로 생겨나듯이, 이 또한 조건 발생적으로 사라지게 된다. 이와 같이 불교에서 바라보는 이 세상의 다양한 차원의 존재들은 청정으로부터 와서 청정으로 돌아가는 것이다. 그래서 얼룩져 발생된 괴로움은 무상이며, 고이고, 무아인 것이다. 최초의 청정한 상태에서 얼룩이 생기지 않는 한, 청정은 계속 유지된다. 얼룩이 생겼더라도 바르게 바라봄으로써 그것의 실상을 알게 되면, 이는 소멸의 길로 가게 되며, 마음은 다시 청정한 상태를 얻게 된다.

여덟째, 마음은 선한 의도에 의해 현존·수용하게 된다.

---

1 얼룩: 오염원(kilesa)의 완전한 소멸(parinibbana)은 열반의 조건이 된다. 그리고 번뇌(āsava)의 소멸(nirodha)에서 āsava는 보통 번뇌로 번역되고 있다. 이는 ā(향하여)+√sru(to flow)의 남성명사이며, '흐르는 것'이라는 문자적인 의미를 갖고 있다. 그래서 본고에서는 열반에서 파생되는 것을 "오염원" 또는 '번뇌로 흐르는 것'이라고 하여, 이를 얼룩으로도 표현하고자 한다.

2 열반: 아비담마에서는 이를 공함(suññatā), 표상없음(anamitta), 원한없음(appanihita)으로 표현하고 있다(Abh. 33). 그래서 무한이고, 불가견이고, 모든 곳에서 빛나게 된다.

인간의 마음에서 선한 마음작용이 일어나려면 마음작용에 선행해 선한 의도가 일어나야 한다. 그래서 선한 의도를 갖게 되면 대상의 실상을 끊어지지 않고 계속 보게 되어 현존하게 되며, 바르게 본다는 것은 망상 등으로 가지 않고 있는 그대로를 수용하게 된다는 것이다. 그래서 바라만 볼 때도 선한 의도를 내어 바르게 바라보려 한다면 치유는 더욱 빠르고 효과적이다. 따라서 마음의 실상을 바르게 바라보려는 선한 의도를 내어야 하며, 이를 통해 마음이 치유되는 효과는 더욱 증장될 것이다.

이와 같이 마음작용의 선한 요소에 의해 대상을 바라보게 되면 마음의 선한 기능에 의해 마음은 괴로움에서 벗어나 치유의 과정으로 가게 된다. 그리고 여기에 선한 의도와 믿음을 갖고 바라보는 바른 사유에 의해 오근과 오력을 키운다면 치유의 효과는 더욱 커지게 될 것이다.

〈봄 1〉 볼 때는 보여질 뿐

붓다는 『우다나』 「바히야의 경」에서 괴로움을 종식시키는 깨달음의 가르침을 청하는 바히야에게 다음과 같이 설명하고 있다.

"(바히야) '세존이시여, 세존의 목숨이 얼마나 길고 제 목숨이 얼마나 긴지는 알기가 어렵습니다. 세존이시여, 제가 오랜 세월 유익하고 안녕하도록, 세상에서 존경 받는님께서는 가르침을 주십시오. 올바로 잘 가신님께서는 가르침을 주십시오.'

(세존) '바히야여, 그렇다면, 그대는 이와 같이 배워야 한다. 볼 때는 보여질 뿐이며 들을 때는 들려질 뿐이며 감각할 때는 감각될 뿐이며 인식할 때는 인식될 뿐이다. 바히야여, 그대는 이와 같이 배워

야 한다. 바히야여, 볼 때는 보여질 뿐이며 들을 때는 들려질 뿐이며 감각할 때는 감각될 뿐이며 인식할 때는 인식될 뿐이므로 바히야여, 그대는 그것과 함께 있지 않다. 바히야여, 그대가 그것과 함께 있지 않으므로 바히야여, 그대는 그 속에 없다. 바히야여, 그대가 그 속에 없으므로 그대는 이 세상에도 저 세상에도 그 양자의 중간 세상에도 없다. 이것이야말로 괴로움의 종식이다.' 그러자 바히야 다루찌리야는 세존으로부터 이 간략한 가르침을 듣고 집착 없이 번뇌에서 마음을 해탈했다(Ud. 8., 전재성 2013ⓐ:70)"라고 한다. 그리고 그는 얼마 지나지 않아 무여열반에 들게 된다.

이와 같이 붓다는 깨달아 해탈·열반에 들어 이 세상의 괴로움에서 벗어나기 위해서는 대상을 있는 그대로 볼 수 있어야 하며, 이를 위해서는 현재의 실상을 있는 그대로 보기 위해 현존해야 하며, 이를 수용해야 함을 설명하고 있다. 그리고 이를 통해 스스로 깨닫게 되는 자각으로 해탈·열반에 들게 된다. 그래서 보여진다는 것은 보여질 뿐이며, 이러한 실상을 있는 그대로 바르게 알게 될 때, 괴로움 속에 있지 않게 되고 괴로움은 종식된다. 이렇게 대상을 있는 그대로 볼 수 있는 현존·수용·자각에 의해 수행자의 마음은 깨달음의 단계로 나아 갈 수 있게 된다.

2.
마음은 어떤 면역 체계를 갖고 있나?

몸에 아픔이 발생하면, 몸의 면역 체계인 항체와 백혈구[3] 등에 의해 외부로부터 침투해 온 병원균을 물리치고 몸은 다시 안정을 찾게 된다. 이러한 몸의 면역 체계에 의해 인간은 지구상에서 사라지지 않고, 수백만 년간 삶을 유지해 오고 있다. 이와 더불어 마음도 불안정한 상태가 되면, 마음을 평온하고 안정적인 상태로 유지하려는 마음의 면역 체계가 작동하게 된다. 그러한 면역 체계인 마음의 요소들을 외부에서 들어오는 불안정한 적군의 침투에 맞서 싸울 수 있도록 항상 갈고 닦아야 한다. 이러한 마음의 면역 체계를 네 가지 의미로 살펴보겠다.

---

3 우리 몸이 건강을 유지하고, 외부로부터의 감염 등에 저항하여 신체를 보호하고 면역 기능을 수행하게 되는 세포로, 다섯 종류로 구분된다. 호중구, 림프구(T-림프구, B-림프구, 자연 살해 세포), 단구, 호산구, 호염 기구가 있으며, 이들은 외부의 침투 세력에 대해 반응·탐식·제거의 기능을 수행하게 된다. 그러면 몸에만 면역 체계가 있는 것인가? 마음에도 불안정한 상태를 치유하려는 면역 체계가 있다는 것이다.

먼저, 마음의 면역 체계의 구성에 대해 살펴보겠다.

마음의 면역 체계를 외부의 침입과 맞서 싸우는 국가 조직으로 가정하여 이를 비유해 보면 다음과 같다. 국가 조직에서 한 국가의 왕을 마음작용에서는 '지혜(빤냐)'로 볼 수 있다. 외부의 침입에 맞서 물리치는 가장 강력한 힘을 갖고 있다. 왕비는 '분명한 앎(삼빠잔냐)'으로, 총리는 '집중(사마디)', 부총리는 '성찰(삼마사띠)'로 볼 수 있으며, 그리고 장군은 '주시(사띠)'로, 대신은 '선한 마음작용(꾸살라 제따시까)'과 '촉발(풋타)', 사병은 '작의(마나시카라)'로 볼 수 있다. 이렇게 마음에 의해 구성된 면역 체계에 의해, 마음은 외부로부터 불안정한 작용이 일어나게 되면 이를 치유하여 마음을 고요하게 하고, 더 나아가 마음을 평온하게 만들며, 괴로움을 소멸시킨다. 이러한 마음에 의해 구성된 면역 체계를 표로 나타내면 다음과 같다.

〈표 I-1〉 마음에 의해 구성된 면역 체계

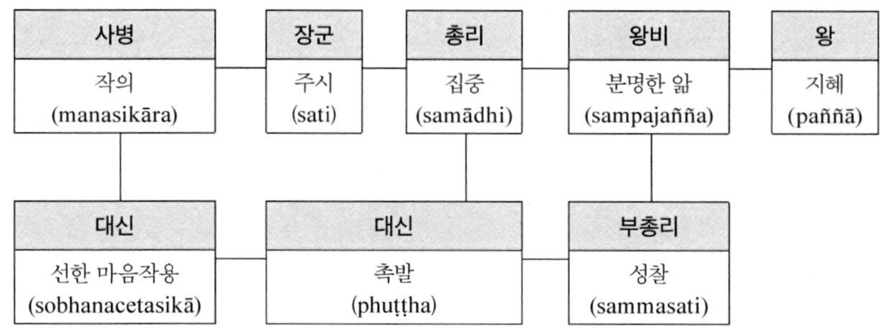

두 번째, 마음의 면역 체계의 작용에 대해 살펴보겠다.

마음의 면역 체계에서 지혜인 왕에 의해 국정이 수행되므로 깨달은 상태인 유여열반에서는 지혜에 의한 행을 하게 된다. 이에는 왕비인 분명한 앎의 도움이 있어야 하며, 또한 총리와 부총리인 집중과 성찰에 의해 왕국이 성립되고, 장군인 주시에 의해 지혜의 왕국은 유지되게 된다. 이를 위해서는 대신들인 선한 마음작용과 선한 의도의 촉발의 도움이 있어야 한다. 그리고 이는 사병인 작의에 의해 대상들과 접촉하게 된다. 그러므로 작의가 몸과 마음에 선하게 접촉이 되도록 평상시에 훈련을 잘 쌓아 놓아야 한다. 이러한 마음의 치유 능력인 면역 체계로 인해서 괴로움이 발생되면 시간이 약이 될 수 있다. 그래서 시간이 지나면 감정에 의한 괴로움은 치유될 수 있다. 이러한 방식으로 악의에 의한 분이 풀리고, 슬픔이 감소될 수 있다. 그러므로 불안한 마음을 해소시키기 위해, 지혜인 왕은 마음에 선한 마음작용이 일어나 장군과 대신들이 총리를 도와 문제를 해결할 수 있도록 시간을 주는 것도 한 방법이 될 수 있다.

세 번째, 마음의 면역 체계의 활용에 대해 살펴보겠다.

마음의 면역 체계에 의해 마음은 균형을 유지하게 된다. 그래서 슬픔이 들어오면 마음은 불균형 상태가 되므로, 몸의 상태가 다운되며, 이러한 상태를 보정하기 위해 다시 마음은 다운되는 악순환이 계속된다. 그래서 감정에 휩싸이지 말고, 이를 가만히 놓아 두면 마음의 자연 치유 능력인 면역 체계에 의해 마음이 정화되고, 이를 통해 마음의 상태가 업되면 몸의 상태도 다시 업되면서 마음은 점차 안정을 찾아 가게 된다. 그래서 시간을 갖고 생각을 놓아 두거나, 의도를 내어 선한 마음작용을 출동시키면 마음의 면역 체계에 의해 마음은 자연 치유의 길을 가게 된다.

마지막으로, 마음의 면역 체계의 효과에 대해 살펴보겠다.

마음에 이런 면역 체계가 있다는 것을 모르는 것은 문제가 된다. 그래서 순간적으로 발생한 화를 다스리지 못하고 점점 더 감정에 휩싸여 깊은 불안정의 상태로 들어가게 된다. 이를 알게 된다면 차분하게 마음을 가만히 놓아만 두어도 치유될 수 있는 것이다. 그러나 이보다는 의도를 내어 실상에 대한 여실지견을 하는 것이 괴로움을 치유하는 데 훨씬 효과적이다. 그리고 이를 통해 지혜라고 하는 왕이 형성되면 모든 것이 지혜로써 작용되기 때문에 마음에 괴로움은 더 이상 일어나지 않게 된다.

이와 같이 '마음의 면역 체계에 의해 마음은 치유될 수 있다.'라는 생각을 갖게 되면 마음은 치유될 수 있다. 그래서 불선한 마음이 일어나면, 행동하기 전에 얼마간의 시간을 두고 행동하거나, 열까지 센 후에 행동하는 것도 마음의 면역 체계가 작동하는 데 도움을 주게 된다.

〈봄 2〉 먹이 사슬의 최상위 무제

「한 사냥꾼의 이야기」가 있다. 옛날 어느 산골에 한 젊은 사냥꾼이 있었다. 하루는 사냥을 나갔다가 나무 위에 있는 독수리를 발견하고 그 독수리를 향해 활을 겨누게 된다. 그런데 이 독수리는 그것을 모르고 어딘가를 계속 응시하고 있는 것이다. 그래서 자세히 살펴보니 그 독수리는 땅에 있는 뱀을 잡으려고 노려보고 있었다. 그런데 역시 그 뱀도 개구리를 잡으려고 응시하느라 독수리가 자기를 노리고 있다는 것을 전혀 인식하지 못하게 된다. 그 개구리도 역시 벌레를 잡으려고 노려보느라 뱀을 전혀 인식하지 못하고 있었다. 벌레도 역시 진딧물을 잡으려고 노려보느라 개구리가 자기를 잡으려고 노려보고 있다는 것을 전혀 인식하지 못하고 있는 것이다. 깜짝 놀란 사냥꾼은 '혹시 나도?' 하고, 자기 주위를 살펴보았다. 그러나 자기를 잡으려고 하는 것을 발견하지 못했다. 그래도 역시 그 사냥꾼을 잡으려고, 노려보고 있는 것이 있었으니, 그것은 바로 죽음이었다. 그러나 그 사냥꾼은 그것을 알려고도 하지 않았다. 그는 흡사 목숨은 영원하며, 계속될 것처럼 생각하며 살았다. 결국 그는 100년을 더 못 살고 죽음에게 잡아먹히고 말았다(http://cafe.daum.net/cm9125/FcZ1/480?q). 현재의 지구상에서 먹이 사슬의 가장 높은 곳에 인간이 존재하고 있다. 그러나 이러한 인간도 결국은 죽음이라고 하는 먹이 사슬에 묶여 있다. 그래서 지구상 먹이 사슬의 최상위에 있는 존재인 인간도 결국은 죽음을 피할 수는 없다. 그러면 이러한 인간은 이 세상에 무엇을 남길 수 있을까? 이름, 명예, 돈, 가죽, 흔적…… 그 어느 것도 영원한 것은 없다. 이렇게 인간의 몸과 마음은 인연에 의해 모였다가, 인연이 다하면 흩어지는 것이다. 이것이 무상성을 갖고 있는 인간의 운명이다. 그래서 차후의 생에 청정한 몸과 마음을 받기 위해서는 다양한 마음의 면역 체계를 잘 활용해야 한다. 이러한 면역 체계를 잘 활용하면 이를 통해서 지혜를 형성하게 될 수도 있다. 이것이 피할 수 없는 죽음을 준비하고, 대비하는 길이다.

3.
전생과 현생은 어떻게 연결되나?

이 세상에 부모로부터 몸을 받고 태어날 확률은 약 3억만 분의 1 정도라고 한다. 그리고 이러한 확률을 뚫고 전생과 현생을 연결하는 재생연결식을 통해 현생에 태어나게 된다. 이렇게 전생과 연결되어 현생에 태어나게 되는 것에 대해 살펴보고자 한다.

먼저, 재생연결식에 의한 전생과 현생의 연결에 대해 살펴보겠다.

부모로부터 정자와 난자가 결합할 때, 몸과 마음으로 구성되는 명색(名色)이 형성되는데, 이때 전생으로부터 조건에 의해 생성된 재생연결식이 명색과 결합하게 된다. 이때의 재생연결식은 과거에 쌓아온 업에 의해 형성된 의식이다. 그리고 이로 인해 이 세상에 업에 의해 윤회하는 존재인 인간이 태어나게 된다. 이렇게 부모로부터 전해지는 명색인 마음인 명과 물질인 색이 있다. 그래서 부모로부터 유전자를 받게 되고 현생에서 사용하게 되는 생활 패턴도 받게 된다. 이때 명과 색을 갖고 있는 부모로부터 어느 쪽의 명(수·상·행·식)과 색을 더 많이 물려받느냐에 따라 용모와 성격 그리고 생활 패턴이 비슷하게 유전된다. 이렇게 현생에서는 부모가 갖고 있는 생활 패턴인 업의 일부도 현생의 삶을 유지하기 위해 유전됨을 알 수 있다. 이러한 부모로부터 전해지는 몸과 마음의 형성을 표로 나타내면 다음과 같다.

〈표 I-2〉 부모로부터 전해지는 몸과 마음의 형성

전생	현생

부(명색)

모(명색)

재생연결식

유전 (색·수·상·행·식)

현생의 나

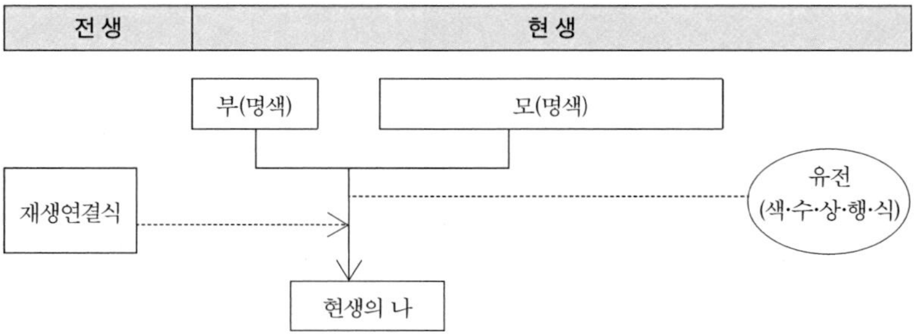

두 번째, 전생과 현생의 기억에 대한 연결에 대해 살펴보겠다.

인간을 구성하게 되는 오온(색·수·상·행·식)에서 명은 수·상·행·식이며, 여기서 수·상·행·식의 중요 부분은 부모로부터 영향을 받게 된다. 이렇게 느낌(수)과 지각(상)과 형성(행)은 부모와 환경으로부터 영향을 받게 되며, 이러한 마음작용은 전생으로부터 넘어오는 재생연결식과 현생의 행을 연결시키는 역할을 하게 된다. 그렇기 때문에 현생에 마음을 작용하게 하는 기제인 수·상·행을 갖고 태어난 자는 특별한 조건이 없는 한 전생을 기억하기가 쉽지 않다. 이는 수·상·행을 고도로 발달시킨 경우나, 조건에 맞는 특별한 경우에만 전생에 접촉을 할 수 있기 때문이다. 그러나 대부분의 사람은 전생과 접촉하는 접촉 기제가 소멸되었기 때문에 전생을 수시로 기억한다는 것은 어렵게 된다. 설사 접촉 기제가 있더라도 시간이 지나면, 그것에 접촉하는 기제인 촉발을 지속적으로 유지하지 않는 한 점차 소멸하게 된다.

이와 같이 인간을 구성하는 몸과 마음은 전생과는 전혀 구성이 다른 재생연결식과 명색에 의해 현생을 구성하게 된다. 그리고 재생연결식에 의해 현생에 갖고 온 업의 과보를 실현하며 현생의 삶을 유지하게 된다. 그래서 전생과 현생은 재생연결식의 연결 고리에 의해 연결은 되나 전생과는 전혀 다른 명색인 오온으로 구성되게 된다.

〈봄 3〉 수승한 보시 공덕의 삶

보시의 공덕은 세상에 태어난 삶을 윤택하게 해 준다. 불교에서는 무주상 보시라고 하여, 보시했다고 하는 상도 내지 말라고 하며, 이런 보시의 수승함을 말하고 있다. 그러나 무주상 보시라고 해도, 보시의 공덕을 알고 제대로 된 보시를 하게 되면 더 올바른 보시를 할 수 있으며, 보시의 공덕은 더 크게 된다. 이러한 수승한 보시 공덕에 대해 세 가지 의미로 살펴보겠다.

먼저 어떻게 보시하면 좋은가?

이것이 『앙굿따라니까야』의 「벨라마의 경」에 나온다. 존중하면서 보시하고, 공손하게 보시하며, 자기 손으로 직접 보시하고, 소중하고 중요하게 여기면서 보시하며, 이 보시물의 공덕으로 나에게도 다른 사람에게도 변화가 있을 것이라고 생각하면서 보시해야 한다고 설명하고 있다. 이렇게 보시를 하게 되면, 그에 따르는 보시의 공덕도 뛰어나게 되며, 자식·아내·하인·일꾼 등이 그에게 귀를 기울이고 배려하게 된다고 한다(A. IV. 392).

두 번째, 무엇을 누구에게 보시하면 좋은가?

팔만사천 개의 황금 그릇, 금·은·동, 코끼리, 마차, 염소 등의 아주 큰 보시를 하는 것보다도, 작은 보시를 하더라도 한 사람의 수다원에게 보시하는 것이 더 큰 과보를 가져온다고 한다. 또한, 한 사람보다는 여러 사람의 수다원에게 하는 것이 더 크다. 그러나 이러한 보시보다 한 사람의 사다함에게 하는 것이 더 낳고, 이보다는 여럿의 사다함에게 하는 것이 더 좋다고 한다. 또한, 이보다는 아나함에게 하는 것이 더 낫고, 이러한 보시보다 여럿의 아나함에게 하는 것이 더 좋다고 한다. 그리고 이보다는 아라한에게 하는 것이 더 낫고, 이러한 보시보다 여럿의 아라한에게 하는 것이 더 좋다고 한다. 또한, 이러한 보시보다 벽지불이나 연각불에게 하는 것이 낫고, 이보다는 여럿의 벽지불이나 연각불에게 하는 것이 더 좋다고 한다. 그리고 이보다는 정득각자에게 하는 것이 낫고, 이러한 보시보다 승가에 하는 것이 더 낫다. 또한, 이보다는 승원을 세우고 승가에 귀의하는 것이 더 나으며, 이러한 보시보다 학습 계율을 지키는 것이 더 낫다. 그리고 이보다는 자애의 마음을 닦는 것이 더 낫고, 이러한 보시보다 손가락 튕기는 순간이라도 무상을 바르게 관찰하는 것이 더욱 수승한 과보를 얻는다는 것이라고 한다(A. IV. 393-396).

마지막으로, 보시의 공덕은?

붓다도 전생에 '웰라마'라는 바라문의 아들로 태어나 수없이 많은 보시를 하게 된다. 그리고 이러한 보살행을 통해 깨달음을 얻게 되며, 그 어떤 보시보다도 수행을 통해 얻는 지혜야 말로 가장 수승한 보시의 결실이라는 것을 깨닫게 된다. 이러한 보시의 공덕으로 후생에는 더 좋은 몸과 마음을 받을 수도 있다. 그리고 몸과 마음이 평안하고 평화로운 삶을 영위할 수도 있게 된다. 더 나아가 탐·진·치의 소멸로 인한 몸과 마음의 청정으로 인간 삶의 괴로움에서 벗어나는 불사의 상태를 이룰 수 있게 된다.

4.
이 세상에 왜 태어나는지

불교에서 인간은 연기법에 의한 원인과 조건 그리고 결과에 의해 윤회하는 삶을 살게 된다. 이렇게 인간은 원인과 조건에 의해 이 세상에 태어나 업에 의한 과보를 받으며 살게 된다. 이렇게 원인과 조건에 의해 이 세상에 태어나게 되는 것을 두 가지 의미로 살펴보겠다.

먼저, 태어나는 원인이 되는 업에 대해 살펴보겠다.

인간은 지금까지 전생에서 쌓은 수많은 업 중에서 현생에 즉시 발현되어 실행되어야 할 업을 처리하기 위해 이 세상에 태어나게 된다. 그리고 이때 업에 의해 형성된 존재지속심에 의해 한 생을 살게 된다. 이렇게 형성된 존재지속심에 의해 인간은 이 세상에 그 자신만의 독특한 정신(意) 구조를 형성하게 된다. 그래서 전생에서 쌓아서 현생에서 발현될 업을 하나씩 하나씩 현생에서 작동시키면서 과보를 받으며 살게 된다. 이때 선업은 락과로 나타나고, 악업은 고과로 나타난다. 이렇게 사람은 매 생마다 각기 다른 업을 갖고 이를 처리하기 위해 각기 다른 사람이나, 동물 혹은 천인 등으로 태어나게 된다. 그래서 다음 생은 현생과는 전혀 다른 업으로, 전혀 다른 몸과 마음을 갖고 태어나게 되며, 이를 통해 다음 생은 현생과는 전혀 다른 삶을 살게 된다. 이것을 찰나생·찰나멸[4](미산 2009:67.)하는 인생으로 본다면, 인생에서 한순간이라도 나라고 할 만한 영구불변한 존재는 없는 것이다.

두 번째, 태어나는 조건이 되는 재생연결식에 대해 살펴보겠다.

인간의 삶에서 행한 의도에 의해 업이 만들어지게 되며, 이러한 업에 의해 만들어진 재생연결식을 조건으로 윤회하는 삶이 생성된다. 그리고 윤회하는 삶에서 인간으로의 행이 만들어진다. 이렇게 해서 만들어진 신·구·의 삼행(몸으로 지은 행, 입으로 지은 행, 생각으로 지은 행)에 의해 의도가 형성되며, 이러한 의도와 업과 행의 연속 상에서 삶은 형성된다. 이와 같이 업에 의해 만들어진 재생연결식을 조건으로 삼계의 세상에 윤회하게 되는 삶을 형성하게 된다. 이를 표로 나타내면 다음과 같다.

---

4 "물체를 구성하고 있는 하나의 깔라빠가 1찰나 생성, 지속, 소멸할 때, 마음은 생·주·멸을 17찰나 동안 반복한다. 즉 마음찰나와 물질찰나의 변화 속도 비율은 1:17…"으로 마음과 물질은 찰나생·찰나멸하게 된다.

<표Ⅰ-3> 세상에 태어나는 원인과 조건

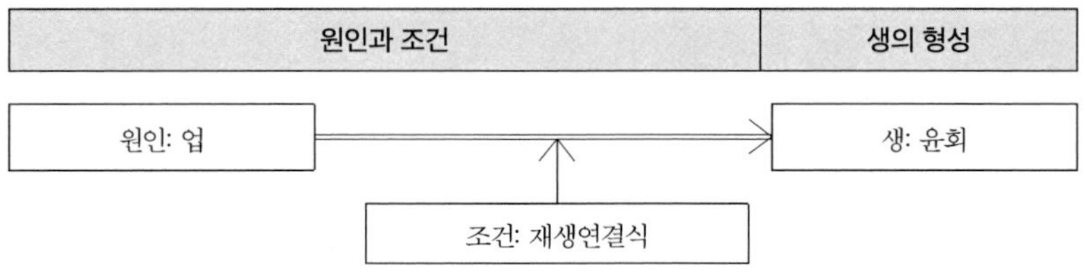

이와 같이 현생에 갖고 온 업을 다 소진하게 되면, 다음 생에서는 새롭게 형성된 업에 의한 재생연결식으로 윤회하는 삶을 살게 된다. 이러한 윤회하는 삶 중에서 의도와 업과 행이 생성되며, 이 중에서 하나의 고리라도 끊어지고 소멸되면 윤회의 연속성은 그 바탕을 잃게 되며, 더 이상 삼계에 태어남은 없게 된다. 그래서 세상에 태어나게 되는 원인은 업이요, 조건은 재생연결식이다. 이러한 현상들의 화합에 의해 현생의 삶이 생성된다.

〈봄 4〉 윤회의 굴레

윤회는 재생연결식에 의해 그 형성을 가져오게 된다. 그리고 윤회는 연기법에 의해 지은 대로 가게 된다. 이러한 윤회의 굴레에 대해, 『중아함경』「앵무경」에서 붓다는 다음과 같이 설명하고 있다.

어느날 도제의 아들 앵무마납이 찾아와 물었다.

"부처님 어떤 인연으로 중생들은 다 같이 사람의 몸을 받았으면서도 지위가 높고, 낮으며, 얼굴이 잘 생기고 못 생겼으며, 목숨이 길고 짧으며, 병이 있고 없으며, 위덕이 있고 없으며, 비천한 집과 존귀한 집에서 태어나며, 재물이 많고 적으며, 총명하고 어리석게 되나이까?"

"그것은 중생들이 자기가 행한 업 때문이니라. 지은 업에 따라 갚음을 받으며 업을 인연하여 높고 낮음이 생기는 것이니라. 예를 들어 어떤 사람의 수명이 짧은 것은 다른 생명에게 모질게 굴거나 짐승을 죽여 그 피를 마셨기 때문이다. 병이 많은 것은 주먹이나 막대기로 다른 생명을 못살게 굴었기 때문이다. 얼굴이 못생긴 것은 성질이 급하고 번민이 많고 화를 잘 내고, 걱정과 질투가 많아 다른 사람과 자주 다투었기 때문이다. 위덕이 없는 것은 남이 존경받으면 질투하고, 남이 좋은 물건 가지면 내 것으로 만들고자 욕심 부렸기 때문이다. 비천한 집에 태어남은 공경할 사람을 공경치 아니하고, 소중하게 여겨야 할 사람을 소중히 여기지 않고, 오만하고 방자하기 때문이다. 가난하고 재물이 적은 것은 빈궁하고 고독한 사람, 수행자 거지에게 음식, 옷, 필요한 생필품 등을 보시하지 않았기 때문이다. 어리석은 것은 자주 지혜로운 사람 찾아가 참다운 진리 배우지 않고 죄가 되는 것과 안 되는 것을 묻지 않으며, 검고 흰 것을 깨우치지 않았기 때문이다(中阿含經 3-170 鸚鵡經; 大正藏 1-703c 참조)."

이렇게 지은 업에 의해 현생에서의 삶이 형성된다. 그래서 이 세상에 태어난다는 것은 이 세상에서 처리해야 할 업이 있다는 것이며, 이로 인해 사람은 각기 다른 조건인 존재지속심을 갖고 태어나게 된다. 그리고 이러한 업이 다 소진되면 새로이 형성된 업과 심층의 업 중에서 바로 발현되어야 할 업의 생성으로 인해 내생으로 윤회하게 되는 삶을 형성하게 된다. 이때, 태어날 곳의 표상을 보게 되고, 그곳으로 윤회하게 되는 삶을 살게 된다.

5.
어느 곳에 태어나나? 좋은 곳에 태어나려면?

이 세상은 욕계·색계·무색계의 삼계로 구성된다. 그리고 인간의 삶은 욕계에 속하며, 이러한 욕계는 욕망으로 가득 찬 세계다. 색계는 오장애[5](A. Ⅲ. 16.)가 없어지고 오욕락이 사라지며, 평온이 함께하는 욕망이 사라진 세계이다. 무색계는 육체에서도 벗어나고, 물질에서도 벗어나며, 고도의 평온이 함께하는 정신만이 존재하게 되는 고층의 정신 세계이다. 이렇게 이 세상인 삼계에 태어나는 것에 대해 네 가지로 살펴보겠다.

먼저, 욕계에 태어나게 되는 것에 대해 살펴보겠다.

전생에서 쌓아 놓은 업 중에서도 욕망의 업이 작용하게 되면 그

5 여기서 오장애는 (1) 감각적 쾌락의 욕망(kāmacchanda) (2) 악의(vyāpāda) (3) 해태와 혼침(thīnamiddha) (4) 들뜸과 후회(uddhaccakukkucca) (5) 회의적 의심(vicikicchā)를 말한다. ; 대림·각묵 옮김(2017), 『아비담맛타상가하(Abhidhammatthasaṅgaha)』2, p.109. : 경장에서는 오장애로 나타나고 있으며, 아비담마에서는 오장애에 무명의 장애를 포함하여 여섯 가지 장애로 표현되고 있음을 알 수 있다. (1) 감각적 쾌락에 대한 욕구의 장애 (2) 악의의 장애 (3) 해태와 혼침의 장애 (4) 들뜸과 후회의 장애 (5) 의심의 장애 (6) 무명의 장애.

업에 의해 욕계인 지옥·아귀·축생·아수라·인·천의 세계인 욕계에 태어나게 된다. 그리고 욕망에 의한 업이 계속해서 생성된다면 욕계에서 윤회하는 삶을 살게 된다. 이러한 욕계에서 윤회하는 삶을 살더라도 계를 잘 지키고 선행을 함으로써 욕계의 최상층인 사왕천·도리천·야마천·도솔천·화락천·타화자재천의 천상에 나서 즐거움이 가득한 삶을 영위할 수도 있다. 그러나 이러한 천상의 삶도 그 과보를 다하게 되면, 다른 업에 의해 다른 세계에 태어날 수도 있다.

두 번째, 선정 수행을 통해 욕계를 넘어서는 색계의 세계에 나게 된다.

이러한 색계의 세계는 선정 수행을 통해 얻어진다. 이를 통해 일으킨 생각(위따까)·지속적 고찰(위짜라)·기쁨(삐띠)·행복(숙카)·집중(에깍가따)이라는 선지 요소가 초선에서 사선까지 단계별로 나타나는 선정에 들어 고요한 삶을 얻게 된다. 그리고 이때 오신통이라는 신통력을 얻게 되기도 한다.

세 번째, 정신으로만 구성되는 무색계의 세계가 있다.

이 세계는 삼계의 최상층으로 고도의 집중 수행에 의해 평온함에 도달하게 된다. 그리고 이를 통해 공무변처·식무변처·무소유처·비상비비상처정의 범천의 세계에 태어나 정신적으로 수승한 상태를 얻게 되며, 고도의 고요함을 유지하게 된다.

마지막으로, “좋은 곳에 태어나려면?”

선한 곳, 좋은 곳에 태어나려면 선업을 지어야 하며, 이렇게 욕계에 태어날 선업의 공덕으로 욕계의 인간계에서는 복이 있는 곳에 태어나게 되고, 천상계에서는 평온한 삶을 누릴 수 있는 곳에 태어나게 된다. 또한, 색계나 무색계의 범천에 태어나려면, 이때는 그에 맞는 선정 수행을 해야 한다. 이를 통해 그곳에 태어나는 조건을 갖추게 된다. 그러므로 욕계의 선한 공덕을 만드느냐, 색계나 무색계의 선정을 구족하느냐에 따라 욕계의 선처에 태어날지, 아니면 색계나 무색계의 범천에 태어날지가 결정된다.

이와 같이 이 세상에서 만들어진 업에 의한 조건에 의해 삼계에 윤회하게 되는 조건이 만들어진다. 그래서 "어느 곳에 태어나나?"라는 것은 전생과 현생에서 쌓아 놓은 업의 과보에 의해 내생에 태어날 조건이 성숙되면 태어날 곳의 표상을 보게 되고, 그곳으로 삶의 형성을 갖게 된다.

〈봄 5〉 오대 악행은 무간지옥행

업에 의한 윤회에 의해 이 세상인 삼계의 어느 한곳에 태어나게 된다. 이때 지옥세계의 가장 하층세계에 태어나게 되는 다섯 가지 무간업이 있다. 이에 해당되는 행은 깨달음의 삶을 도모하기 위해서는 절대로 피해야 한다. 이러한 다섯 가지 무간업은 ① 아버지를 살해하는 것, ② 어머니를 살해하는 것, ③ 아라한을 살해하는 것, ④ 나쁜 마음으로 붓다의 몸에 피를 내는 것, ⑤ 승가를 분열시키는 것이다(대림·각묵 2017: 500). 이에 대해 『쌍윳다니까야』「데바닷따의 경」를 보면, 붓다 시대에 바라문인 데바닷따는 수행을 통해 신통을 얻었지만, 붓다를 시해할 나쁜 의도를 갖고 붓다의 몸에서 피가 나게 하고, 승가를 분열시켜 무간지옥에 떨어지게 된다. 또한, 마가다국의 왕인 아자따삿뚜는 붓다에 귀의하여 예류과를 얻을 조건을 갖추었지만, 아버지를 살해한 무간업으로 성인의 도·과를 얻을 수 없게 된다. 여기서 바라문인 데바닷따는 붓다와는 사촌지간으로, 붓다의 시자인 아난다와 함께 출가하여 신통력을 얻었으며, 교단에서 큰 존경을 받게 된다. 그러나 그는 붓다를 질투하기 시작하였으며, 신통력으로 아자따삿뚜 왕자의 추앙을 받게 되는데, 이를 계기로 자신이 승단의 지도자가 돼야 한다는 야심을 품게 된다. 이러한 야심으로 인해 그에게서 신통력은 점점 사라지게 된다. 그리고 그는 붓다에게 연로하니 자신에게 지도권을 넘겨 달라고 요구하다가, 이를 거절당하자 붓다를 시해할 계획을 세우게 된다. 16명의 궁술사로 시해하려 하고, 바위를 굴려 해를 끼치려 한다. 그리고 취한 상태의 사나운 코끼리로 붓다를 시해하려 한다. 그러나 이러한 계획들은 실패로 돌아가게 되고, 바위 조각에 의해 붓다의 발에 피가 나게 한다. 이러한 실패 뒤에 그는 교단을 분열시켜, 새로 수행승이 된 500명을 데리고 교단을 떠나게 된다. 그러나 이들도 바로 교단으로 다시 돌아가게 된다. 이를 안 데바닷따는 피를 토하고 아홉 달 동안 심하게 앓게 된다. 자신의 죽음이 가까워지자, 붓다를 뵙고자 제따바나 숲에 도착하게 된다. 그때 들것이 연못가에 멈추게 되고, 물속으로 빨려 들어가 땅이 열려 무간지옥에 떨어지게 된다. 그는 마지막으로 "붓다 외에는 어떤 귀의처도 없다."라고 고백했다. 이렇게 데바닷따는 뒤늦게 그의 죄를 뉘우쳤지만, 붓다의 몸에 위해를 가하고 교단을 분열시켰던 행으로 인해 무간지옥에 떨어지는 과보를 피할 수는 없었다(S. Ⅰ. 153; 전재성 2014: 182).

이와 같이 모든 이는 업의 과보에서 자유로울 수는 없다. 반드시 지은 업에 의한 과보를 받게 되며, 이때 남아 있는 업이 있다면, 이러한 업에 의해 삼계에 윤회하게 된다. 그렇기 때문에 삼악도인 지옥·아귀·축생의 생을 받지 않도록 청정범행을 닦아야 한다. 그리고 시간이 있을 때마다, 있을지 모르는 무거운 업을 소멸시키기 위해, 현생에서 청정범행을 닦는 것이 좋다. 이러한 수행을 통해 악업의 발생을 소멸시키는 것이 다음 생에서 선행을 닦을 수 있는 바탕을 만들 수 있기 때문이다.

- 위쪽: 보리수 나무 아래에서 수행하는 수행자들. (쉐다곤파고다)
- 아래 왼쪽: 대표적인 황금탑, 주변에 64탑이 있고, 74개의 부속 건물이 있다. (쉐다곤파고다)
- 아래 오른쪽: 수학여행을 사원으로 와서 공양물을 올리고 수행하는 학생들. (쉐다곤파고다)

6.
누가 보나? 어떻게 보나? 무엇을 보나?

불교적 입장에서 보면 대상을 바라보는 것에 대해, "누가 보나? 어떻게 보나? 무엇을 보나?"라는 말은 자아가 있다는 입장에서 나오는 무제의 질문이다. 그래서 무상·고·무아의 입장에서는 맞지 않는 질문이다. 그러나 현세에서 몸과 마음이 있다는 전제하에 살고 있는 인간에게는 개념적으로라도 이해를 구하고 싶은 질문이기도 하다. 그리고 실상에 대한 분명한 앎이 형성되기 전까지는 이러한 구분에 대한 앎을 추구할 수도 있다. 이를 통해서 수행의 길을 따라가는 수행자의 길에서 안내자의 역할로 수행 정진할 수도 있기 때문이다. 이러한 바라보는 것에 대한 세 가지 의미에 대해 살펴보겠다.

먼저, "누가 보나?"

고정된 실체로서의 보는 자는 없는 것이다. 마음의 기능은 아는 것이며, 조건 발생적으로 변하는 대상에 대해 아는 것이다. 이러한 마음은 초기 불교의 주석적 입장에서는 의식·정신과 동의어로 보고 있다. 여기서 의식은 마음의 인식적인 기능을 나타내며, 이는 대상을 구별하고, 분별하여 아는 기능을 하고 있다. 그래서 마음에 의해 대상을 알 수 있게 된다. 그래서 "누가 보나?"라고 한다면, 몸과 마음이 존재하는 인간에게 있어서는 조건 발생적으로 항상 변화하고 있는 마음에 의해서라고 할 수 있을 것이다.

두 번째, "어떻게 보나?"

바라보는 방법에 대해『니까야』에 나와 있는 자세한 설명은「대념처경」에 나와 있는 신념처·수념처·심념처·법념처의 사념처 수행에서 찾아볼 수 있다. 이를 통한 성찰과 통찰로 중도인 팔정도 수행을 통해 삼십칠조도품을 수지하게 되며, 이를 통해 대상에 대한 바른 앎을 형성하게 된다. 그리고 이를 기반으로 깨달음을 얻게 되며, 이에 따른 탐·진·치의 소멸로 괴로움이 소멸되는 청정한 삶을 증득할 수 있게 된다.『쌍윳따니까야』「거센 흐름을 건넘의 경」에서 붓다는 거센 흐름을 건너는 방법에 대해 말하고 있다. "나는 참으로 머무르지 않고 애쓰지도 않고 거센 흐름을 건넜습니다. 벗이여, 내가 머무를 때에는 가라앉으며 내가 애쓸 때에는 휘말려 들었습니다. 그래서 나는 이처럼 머무르지 않고 애쓰지도 않으면서 거센 흐름을 건넜던 것입니다(S. Ⅰ. 1; 전재성 2014: 55)." 이와 같이 애쓰지도 말고, 끊임없이 정진하되, 성찰하려는 의도를 갖고 수행을 통하면 삼독심의 강을 건널 수 있다는 것이다. 그래서 수행을 통해 본다는 것은 선한 마음작용에 의해 일어나는 마음을 본다는 것이다. 이러한 선한 마음작용도 결국은 마음에 의한 것이므로 "어떻게 보나?"라는 것도 마음에 의해 본다는 것이다.

마지막으로, "무엇을 보나?"

수행을 통해 바라보는 대상은 일체법인 이 세상을 구성하고 있는 육식, 십이처, 십팔계이다. 육식은 안식·이식·비식·설식·신식·의식이다. 십이처는 안근·이근·비근·설근·신근·의근과 색경·성경·향경·미경·촉경·법경이며, 십팔계는 여기에 육식을 포함하게 된다. 이러한 일체법인 십팔계의 일어나고 사라짐에 대해 관찰하게 되며, 촉발에 의해 일어나게 되는 대상의 성상인 무상·고·무아를 통찰하게 된다. 이렇게 일체법에 대한 앎이 일어나게 되는 '본다.'라는 것은 마음에서 일어나게 되는 마음의 실상을 보게 된다는 것이다. 그래서 "무엇을 보나?"라는 것도 조건 발생적으로 항상 변화하고 있는 마음을 본다는 것이다.

이와 같이 "누가 보나? 어떻게 보나? 무엇을 보나?"라는 것은 마음이 보며, 마음에 의해 보게 되고, 마음의 일어남을 본다는 것이다. 그래서 일체유심조라고 하여 이 세상은 마음에 의해 형성되고, 마음에 의해 작용되며, 마음이 생멸하는 것이다. 결국은 인간 삶의 괴로움을 소멸시키기 위해서는 마음을 잘 다스려야 한다.

〈봄 6〉 올바른 수행에 대한 비파의 비유

『앙굿따라니까야』「쏘나의 경」에서 쏘나는 대부호의 아들로 불교에 귀의하여, 홀로 떨어져 열심히 수행정진 하였으나, 심해탈을 얻지 못하게 된다. 그래서 그는 있는 재산을 향유하고, 이를 갖고 공덕을 지으면서 삶을 영위하면 어떨까 하는 생각을 하게 된다. 이를 알아차리신 붓다는 쏘나에게 비파를 연주하는 예를 들어 수행을 정진한다는 것에 대해 설명하고 있다.

"'쏘나여, 그대는 어떻게 생각하는가? 그대는 이전에 가정에 살면서 비파를 타는 데 능숙했는가?' '세존이시여 그렇습니다.' '쏘나여, 그대는 어떻게 생각하는가? 그대가 비파의 현을 너무 당기면, 그때에 그대의 비파가 온전한 소리를 내거나 사용하기 적당한가?' '세존이시여, 그렇지 않습니다.' '쏘나여, 그대는 어떻게 생각하는가? 그대가 비파의 현을 너무 느슨하게 하면, 그때에 그대의 비파가 온전한 소리를 내거나 사용하기 적당한가?' '세존이시여, 그렇지 않습니다.' '쏘나여, 그대가 비파의 현을 너무 당기지도 않고 너무 느슨하게 하지도 않으면, 그때에 그대의 비파가 온전한 소리를 내거나 사용하기 적당한가?' '세존이시여, 그렇습니다.' '이와 같이 쏘나여, 너무 지나치게 열심히 정진하면 흥분으로 이끌어진다. 너무 느슨하게 정진하면 나태로 이끌어진다. 그러므로 쏘나여, 그대는 정진을 조화롭게 확립하고, 능력을 조화롭게 수호하고, 거기서 명상의 인상을 파악하라.' '세존이시여, 그렇게 하겠습니다.'(A. Ⅲ. 374; 전재성 6 2013: 198-199.)"

여기에 등장하는 쏘나 꼴리비싸는 붓다의 제자 가운데 '열심히 노력하는 데 제일'이었다. 너무 열심히 정진하다 보니, 정도를 넘치게 되어서 오히려 수행에 어려움을 겪게 된 것이다. 그리고 그는 비파의 비유를 통해 붓다의 가르침을 받고 올바로 정진하여 해탈·열반을 증득하게 된다. 이와 같이 수행도 너무 지나치면 마음이 흥분하게 되고, 너무 느슨하면 마음이 나태하게 되므로, 수행 시에도 마음에 정진과 능력을 조화롭게 해야 바른 결과를 얻을 수 있게 된다는 것이다. 그러므로 수행의 단계별로 지도자와 인터뷰 등의 점검을 통해 올바른 방법으로 조화롭게 마음을 잘 닦아야 한다.

7.
붓다가 개발한 수행 방법은?

붓다는 인도 동북부 까삘라국에서 숫도다나 왕과 마야왕비 사이에서 BC 624년에 태어나게 된다. 왕은 그의 이름을 고타마 싯다르타라고 하였다. 싯다르타는 7세에 학문과 기예를 닦았으며, 잠부나무 아래에서 선정에 들기도 했다. 19세에 야소다라 공주와 결혼하여 29세 때 아들 라훌라가 출생하게 된다. 이후에 성문의 네 곳을 관찰하게 되는 사문유관으로 성 밖에서 일어나는 생·노·병·사에 대한 괴로움을 목격하게 되며, 인간 삶의 괴로움에서 벗어나고자 출가를 하게 된다. 그리고 알라리깔라마, 웃다까라마뿟따라고 하는 당대의 유명한 수행자들에게서 선정 수행의 최고봉인 무소유처정과 비상비비상처정에 드는 수행 방법을 전수 받게 된다. 그러나 이렇게 해서 얻은 선정에 들어 있을 때는 고요하고 평화로우나, 여기에서 나오게 되면 다시 인간 삶의 괴로움에 놓이게 된다. 그래서 그는 다시 육 년간 고행 수행을 하게 된다. 숨을 멈추는 수행을 통해 죽음 직전에까지 이르기도 한다. 그리고 금식으로 배와 등가죽이 달라붙을 정도의 고행 수행을 하기도 한다. 그러나 육신을 학대하는 고행 수행은 고통만을 남길 뿐 이를 통해 해탈·열반을 증득할 수는 없었다. 그래서 여기서도 결국 깨달음을 얻지 못하게 되자, 어릴 적에 부왕과 함께 농경제에 참석하여, 잠부나무 아래에서 했던 선정의 고요함을 생각하게 된다. 그리고 이를 바탕으로 고요한 명상에 들어 무상·고·무아라는 삼법인과 인간 삶에 대한 고·집·멸·도의 사성제를 살펴보게 되는 중도인 팔정도 수행을 통해 보드가야의 보리수나무 아래에서 깨달아 해탈·열반에 들게 된다(BC 589). 이때 행하게 되는 수행 방법이 지혜 수행인 통찰(위빠사나) 수행이며, 이를 통해 실상에 대한 분명한 앎으로 통찰지혜를 증득하게 된다. 이와 같은 내용이 경전을 통해 선정 수행[사마타 수행]과 지혜 수행[위빠사나 수행]으로 알려지게 되었으며, 선정 수행은 고요함을 얻게 되는 수행이고, 지혜 수행은 깨달음을 얻게 되는 수행이다. 특히 지혜 수행인 위빠사나 수행은 깨달음을 얻기 위해 붓다가 계발한 통찰 수행 방법으로, 이것에는 삼십칠조도품이 있으며, 이는 사념처, 사정근, 사여의족, 오근, 오력, 칠각지, 팔정도가 있다. 이러한 지혜 수행의 수행 방법에 대해 붓다는 BC 544년 완전열반에 들기 전까지 중생제도를 위해 설하였으며, 이러한 깨달음을 위해 붓다가 계발한 수행 방법이 선정 수행, 지혜 수행으로 경전을 통해 전해져 내려오고 있다.

〈봄 7〉 붓다는 진보적 사회 계몽가

『디가 니까야』「수행자의 삶의 결실에 대한 경」의 주석에 보면 지와까 꼬마라밧짜는 마가다국의 수도인 라자가하에서 태어났다. 고급 창부의 버려진 아들로 태어나, 왕자 아바야에 의해 키워지게 된다. 그리고 앗떼이야라는 의사의 문하생으로 들어가 그에게서 7년에 걸쳐 치료술과 의학을 배우게 된다. 이를 통해 터득한 치료술에 의해 그 지역의 모든 초목을 조사하여 약에 사용하지 못할 푸성귀는 하나도 없을 정도로 의술을 익히게 된다. 그만큼 그의 의술은 인정을 받았으며, 그리고 출신 성분이나 지나온 환경과는 상관없이 그는 후에 붓다의 시의가 된다. 또한, 그는 붓다께 귀의하여 예류자인 성인의 도와 과를 성취하게 된다(전재성 2011: 133 주석 187 인용). 비록 그는 비천한 신분으로 태어나 자랐으나, 올바른 스승을 만나 올바른 가르침을 받으며 성장하게 된다. 그리고 이러한 행은 그에게 올바른 사고를 형성할 수 있는 기회를 제공하게 된다. 특히 그는 인생의 귀중한 스승이신 붓다의 가르침을 받고 성인의 흐름에 들게 된다. 이와 같이 붓다는 똥꾼인 니디, 무지한 쭐라빤타까 등 신분이나 출신 등과는 상관없이 많은 이를 제자로 받아들여 깨달음을 얻게 한다. 그리고 그 당시 철저한 계급 사회인 인도에서 신분을 넘어서고, 남녀의 차별을 하지 않는 평등적인 사회를 구현하고자 한다. 그래서 그 당시에는 구현하기 힘든, 이러한 진보적인 사고에 의한 종교관을 구축하여 전파하게 된다. 이것은 그가 까필라국의 왕자였던 것도 이러한 전법이 가능하게 된 하나의 발판이 되었을 것이다. 어쨌든 그는 지위 고하를 막론하고(경전의 언어인 빠알리어는 서민의 언어일 정도로 오히려 서민과 빈민을 위한 가르침을 펼침.) 철저한 행을 닦음으로써 누구나 삶의 괴로움에서 벗어날 수 있으며, 성인의 흐름에 들어 아라한의 도와 과를 증득할 수 있음을 설명하고 있다. 그리고 붓다는 이렇게 성인의 도와 과를 증득하게 되는 그가 계발한 수행 방법을 사십오 년간의 전법 활동을 통해 남녀노소, 지위 고하 등을 막론하고 평등하게 전파하게 된다. 이와 같이 붓다는 그 당시에는 행하기 어려웠던 신분과 성별의 차이에 대한 관습을 깨고자 하였으며, 오히려 사회적 약자에 대한 구제를 위해 노력하게 된다. 그리고 이를 통해 모든 이가 평등하게 괴로움에서 벗어날 수 있는 보편타당한 사회를 구현하기 위해 전법 활동을 하게 된다. 이러한 행은 그 당시에는 실현하기 어려웠던 진보적 성격의 사회 계몽 활동이라고 할 수 있다.

8.
세계의 형성과 소멸은?

붓다는 이 세상은 조건에 의한 화합에 의해 생성되었다가, 조건에 의한 흩어짐으로 소멸하게 된다고 한다. 그리고 이 세상은 성·주·괴·공하며 변화하는 형태를 갖게 된다. 이러한 세계의 형성과 소멸에 대해 세 가지 의미로 살펴보겠다.

먼저, 얼룩의 증장과 소멸에 의한 세계의 생멸에 대해 살펴보겠다.

태초의 세상은 평온하고, 평정하며, 불가견이고, 모든 곳에서 빛나며, 무한인 상태이다. 이러한 상태는 열반의 상태를 말한다. 오랜 세월이 흘러 여기에 흐름이 생기고, 얼룩(asava, 번뇌, 얼룩, 흠결)이 생기며, 그리고 이것으로 인해 새로운 얼룩의 무더기들이 나타나게 된다. 이것들이 청정하고 무한인 청정의 상태에 흠을 내어, 업이 되고 얼룩이 되어 생명체가 생겨나며, 이는 다시 얼룩을 증장시켜 무더기의 변화와 진화를 통해 세계의 생성을 가져오게 된다. 이때, 인간은 얼룩에 의해 생성되는 업의 굴레에 의해 윤회의 연결 고리를 생성하게 된다. 그리고 다시 세월이 흘러 얼룩의 소멸로 점차 수승한 세계로의 변화를 가져오게 되며, 이를 통한 청정함으로 이 세계는 청정한 열반으로 다시 돌아가게 되는 세계의 소멸 구조를 갖게 된다. 이와 같이 얼룩의 증장과 소멸에 의해 세계의 생성과 소멸을 가져오게 된다.

두 번째, 연기법에 의한 세계의 생멸에 대해 살펴보겠다.

세계의 발생에 대해 『쌍윳따니까야』 「세계의 경」에서 붓다는 다음과 같이 말하고 있다. 인간은 근·경·식 삼사화합에 의해 접촉이 일어나며, 접촉을 조건으로 수가, 수를 조건으로 애가, 애를 조건으로 취가, 취를 조건으로 유가, 유를 조건으로 생이 발생한다고 한다. 이러한 생을 조건으로 우·비·고·수·뇌가 생겨난다고 하며, 이것이 세계의 발생이라고 말한다(S. II. 73). 그리고 붓다는 『디가 니까야』의 「세상에 기원에 대한 경」에서 세상의 기원에 대해, 아주 오랜 세월이 지나면, 이 세계가 괴멸하는 시기가 있게 된다고 한다. 그리고 이곳에 살던 대부분의 중생은 광음천에 다시 태어나며, 기쁨을 음식으로 하고 스스로 빛을 내며, 허공을 날며 긴 수명을 누린다고 한다. 그리고 오랜 세월이 흘러 이 세계가 생성하는 시기가 오면 땅이 출현하고, 달과 태양이 출현하게 된다. 균류가 출현하며, 바달라따초(길상의 넝쿨 식물)가 출현하고, 쌀이 나타나게 된다. 남녀의 특징이 나타나고, 다툼이 일어나며, 왕 등의 계급이 출현한다. 바라문, 평민, 노예, 수행자, 악행, 선행, 깨달음이 있게 된다고 한다(D. III. 85-97; 전재성 3 2011: 1171-1185). 이와 같이 연기법에 의한 원인과 결과에 의해 이 세계는 생성되고, 소멸되는 변화의 단계를 거치게 된다.

마지막으로, 성·주·괴·공하는 세계의 생멸에 대해 살펴보겠다.

성의 단계에서 세계의 형성은 열반에서 무색계, 색계, 욕계의 순서로 형성된다. 반대로 괴의 단계에서 세계의 소멸은 욕계, 색계, 무색계의 순서로 소멸되는 과정을 거치게 된다. 이러한 성·주·괴·공하는 세계의 형성과 소멸을 표로 나타내면 다음과 같다.

〈표 I-4〉 세계의 형성과 소멸

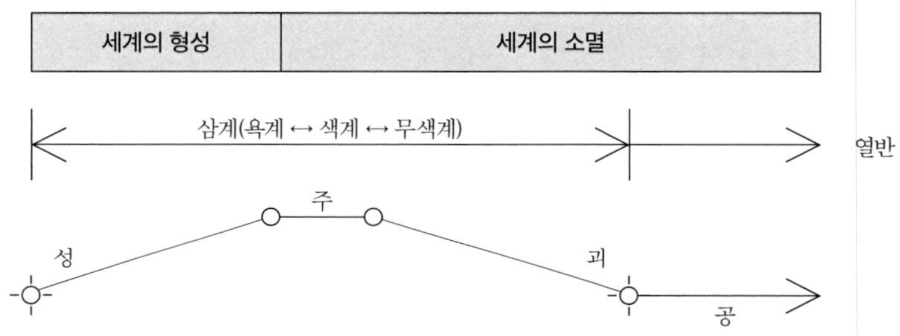

그리고 현재 우리가 살고 있는 이 우주는 지금으로부터 약 130억 내지 150억 년 전에 대폭발을 통해 생성되었다고 과학자들은 주장하고 있다. 또한, 지구는 50억 년 전에 생겨난 것으로 보며, 지구에 생명체가 나타난 것은 25억 년 전, 그리고 인류인 생명체가 나타난 것은 지금으로부터 수백만 년 전이라고 보고 있다. 또한 현 인류 문명은 5천여 년의 역사를 거쳐 농경 사회와 산업 사회 그리고 정보화 사회를 거치게 된다. 또한, 최근에는 AI 시대를 맞이하며 새로운 인류의 탄생도 예고하고 있다. 이러한 세계는 성·주·괴·공(成·住·壞·空)으로 변화하는 과정을 통해 형성과 소멸을 가져오게 되는 변화의 회전 구조를 갖게 된다. 여기서 무색계인 비상비비상처의 수명은 84,000겁이며(전재성 2018: 1475), 만약 1겁을 50억 년이라고 한다면 이는 420조 년이 된다. 이러한 영겁의 시간을 거쳐 변화를 가져오는 무상한 세계에서 100년은 찰나의 순간이다. 이렇게 찰나의 순간에 스쳐 가는 존재인데 실로 나라고 할 만한 것은 없는 것이다.

〈봄 8〉 긴 것도 짧은 것도 믿지 마라

붓다는 계율의 이행 문제로 서로 싸움을 계속하고 있는 승단 내 무리들에게 원한과 우정 사이에 관한 디가부의 이야기를 들려주어 그들을 화합시키고자 한다. 그것이 율장대품인 『마하박가』에 나온다. 여기서 「제10장 꼬삼비의 다발」에 보면, 바라나시 근처 까시국의 '부라우마 닷따'라는 왕과 '꼬살라국 디깃따'라는 왕이 있었다. 그 당시에는 까시국이 꼬살라국보다 더 강대국이었다. 까시국이 재물, 군사력, 영토가 더 넓었다. 이때, 꼬살라국의 왕은 첩보와 정보에 의해 까시국이 침략해 오는 것을 인지하고 디깃따왕은 싸울 것인지 고민하다가 군사력으로 볼 때 승산이 없자, 자신만 피하면 백성들은 괜찮을 것으로 생각하고 피신하여, 한 도공의 집에 머물게 된다. 침략한 닷따왕은 디깃따왕의 모든 재산을 가져가게 된다. 얼마간 시간이 흘러 디깃따왕의 부인은 임신을 하게 되고, 아들을 낳게 된다. 그리고 아들 이름을 디가부로 짓게 되며, 도망자 신분이므로 아들은 다른 곳에서 키우게 된다. 시간은 흘러 흘러 디깃따왕은 그의 이발사의 신고로 붙잡히게 되고, 그는 줄에 묶여 끌려 다니게 된다. 때마침 집으로 오게 된 디가부가 이를 보고 부친께 달려간다. 그러자 디깃따왕은 디가부에게 다음과 같이 말한다. "긴 것도 짧은 것도 믿지 마라. 의지하지 마라. 원한은 원한으로 풀 수 없다."라고 유언하고, 사형 집행으로 사지가 잘려 죽게 된다. 닷따왕은 그의 힘과 권위를 보이고자 이 시체를 사방에 흩트려 놓고, 병사들로 하여금 이를 지키게 한다. 이에 디가부는 술을 사 병사들에게 먹이고 시신을 수습하게 된다. 시간이 흘러 디가부는 코끼리 조련사가 되어 구슬프게 노래한다. 이때, 잠에서 깬 닷따왕은 그 노래에 반해 주변에 디가부를 두고 신뢰를 쌓아 간다. 하루는 사슴 사냥 중간에 디가부의 허벅지에서 잠을 청하게 된다. 디가부는 고민을 하게 된다. '부모님과 나라의 원수, 왼손으로 머리를 잡고 오른손으로 목을 찔러야지.' 이때, 디가부는 부친의 유언을 떠올리게 된다. "원한은 원한으로 갚을 수 없다." 잠시 후에 닷따왕이 잠에서 깨서 디가부가 왼손으로 머리를 잡고 오른손으로 목을 찌르는 꿈 이야기를 하게 된다. "사실입니다. 제가 디깃따왕의 아들입니다." "제발 목숨만 살려다오." "아닙니다. 제 목숨을 살려 주세요." 서로 부친의 유언을 공유하게 된다. 여기서 긴 것은 원한이었고, 짧은 것은 우정이었다. 원한과 우정에 대해 마음을 깊게 갖지 말고, 원한은 원한으로 풀 수 없다는 것이다. 딧따왕은 디가부에게 모든 재산을 돌려주고, 딸도 주게 된다. 붓다는 다투는 비구들에게 이러한 디가부의 이야기를 들려주며 "심지어 배와 칼로 전쟁을 하는 그들도 원한을 원한으로 갚으려고 하지 않는데 너희들은 그것 싫어 출가한 수행자들이 왜 원한을 원한으로 갚으려 하느냐 그러지 마라 싸움을 멈추어라."라고 말한다 (전재성 2014ⓐ: 859-972). 결국 원한을 갚는다고 다시 다른 이에게 해를 주는 것은 또 다른 원한을 낳게 한다. 또한 이것은 본인의 마음을 해치게 되는 악업을 낳게 한다. 그러므로 이 세상에서 원한을 행한다면, 불선한 원인에 의한 불선한 세계가 형성된다. 이와는 반대로 바르게 보게 되는 선한 의도를 갖게 된다면 선한 원인에 의한 선한 세계가 형성된다. 이렇게 이 세계가 악처가 될지, 아니면 선처가 될지는 그 자신의 마음에 달린 것이다. 이렇게 이 세계는 그 자신에 의해 형성되고 소멸되는 성·주·괴·공하는 세계이다.

9.
물질의 형성 조건은?

이 세상의 구성에 대해 『아비담마』에서는 궁극적인 것으로 마음·마음작용·물질·열반을 들고 있으며, 이를 구경법이라고 한다. 여기서 마음은 1가지로 구분하고, 마음작용은 52가지, 물질은 28가지, 열반은 1가지로 구분하고 있다. 그래서 이들을 합쳐 82가지의 구경법이 있다고 한다. 여기서 마음, 마음작용, 물질을 유위법(有爲法, 조건 지어진 것)이라 하고, 열반을 무위법(無爲法, 조건 지어지지 않은 것)이라 한다. 이중에서 욕계인 인간계에서 인간이 삶을 영위하는 데 있어 구성하게 되는 물질의 구성을 28가지로 보고 있다. 이러한 물질의 형성 조건에 대해 살펴보겠다.

먼저, 인간 삶에서 물질의 구성에 대해 살펴보겠다.

인간으로의 구성 물질은 구체적 물질과 추상적 물질로 구성된다. 그리고 구체적 물질인 18가지는 고유 성질을 가진 물질이며, 무상·고·무아의 성상을 갖게 된다. 그래서 이는 지혜 수행의 대상이 될 수 있다. 추상적 물질인 10가지는 업·마음·온도·음식에 의해 직접적으로 생기는 물질은 아니며, 또한 이는 토대가 될 수 있는 법도 아니다. 이러한 인간 삶에서 구성하게 되는 물질의 분류를 표로 나타내면 다음과 같다.

〈표 I-5〉 인간 삶에서 구성 물질의 분류

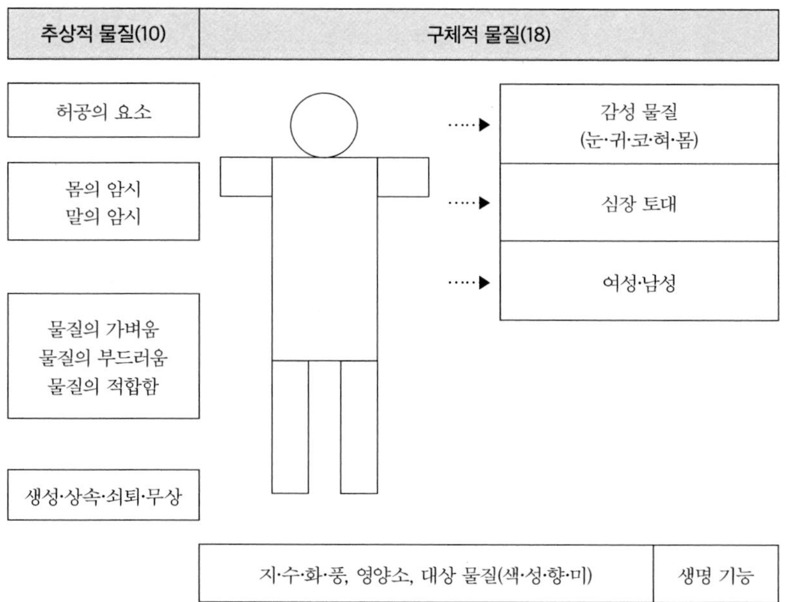

이는 물질의 덩어리(깔라빠)이며, 모든 물질의 특징은 원인은 없고, 조건을 가지며, 번뇌와 같이하고, 형성되며, 세간적이고, 욕계에 속하며, 대상은 없다는 것이다(Abh. 30). 여기서 촉은 지·화·풍의 요소이므로 제외하게 된다.

두 번째, 물질의 형성 조건에 대해 살펴보겠다.

물질은 업·마음·온도·음식이라는 네 가지 조건에 의해 나타나게 되며, 이는 변형되는 특징이 있다. 이러한 네 가지 조건에 의한 물질의 분류를 살펴보면 다음과 같다. 여기서 ① 네 가지 조건을 통해 생긴 것은 깔라빠의 최소 단위(분리할 수 없는 것)인 지·수·화·풍, 영양소, 색·향·미의 8가지에다 허공의 요소이다. 그리고 ② 업의 조건에서 생긴 것은 눈·귀·코·혀·몸, 심장 토대·여성·남성·생명 기능이다. ③ 마음의 조건에서 생긴 것은 성(소리), 몸의 암시·말의 암시, 가벼움·부드러움·적합함이다. ④ 온도의 조건에서 생긴 것은 성(소리), 가벼움·부드러움·적합함이다. ⑤ 음식의 조건에서 생긴 것은 가벼움·부드러움·적합함이다. 그리고 ⑥ 생성, 상속, 쇠퇴함, 무상함은 추상적 물질에서 특징의 물질이다(대림·각묵 2 2017: 90-91).

이와 같이 이 세상에서 궁극적인 것을 마음·마음작용·물질·열반이라고 보았을 때, 물질은 구체적 물질과 추상적 물질로 구별할 수 있으며, 이를 통해 인간은 업·마음·온도·음식이라는 네 가지 조건에 의해 생·노·병·사하는 윤회의 삶을 영위하게 된다.

〈봄 9〉 노인과 쥐 연기의 세상

「부잣집 노인과 쥐」라는 전해지는 이야기가 있다. 옛날 옛적 한 마을에 마음씨 고운 한 부자가 있었다. 하루는 창고를 청소하고 비워두려 하였다. 그래서 모든 쌀가마니를 머슴을 시켜 들어내게 하였다. 그리고 마지막 쌀가마니를 들어내려 하자, 주인은 "그 한 가마니는 그대로 두어라."라고 했다. "왜 그러시는데요?" "그래야 그 창고 안에 있는 쥐도 먹고살 것 아니냐." 그래서 한 가마니는 그대로 두게 되었다. 그리고 얼마 후에 바깥 마당에서 시끌벅적한 소동이 일어나게 된다. "주인마님 밖으로 나와 보시지요?" "왜 그러느냐?" "아니 글쎄 쥐가 쪽박을 쓰고 마당을 돌고 있습니다." "그래 어디 보자" 노부부는 그것을 보기 위해 문을 열고 바깥 마당으로 나갔다. 그때 오래되어 지붕과 기둥이 썩은 집이 큰 소리와 함께 순식간에 무너져 내렸다. 그래서 이 노부부는 목숨을 건질 수 있었다(https://blog.naver.com/mhks0620/221409409217). 굳이 옛이야기라고 하기에는 마음에 새겨 봐야 할 내용이다. 불교에서는 인과와 연기의 법칙인 인연법을 말하고 있다. 그리고 인과응보, 즉 원인이 있으면 결과가 있으며, '선인락과이며 악인고과'라는 것이다. 선한 원인은 즐거움을 낳게 하고, 악한 원인은 고통을 낳게 한다. 그래서 이는 '뿌린 대로 거두리라!'라고 하여, 원인과 조건인 인연에 의해 결과가 나타나게 된다는 것이다. 이것이 연기법이다. 이렇듯 따뜻한 노부부의 마음에 작은 동물도 은혜를 베풀었다는 것이다. 물론 쥐가 의식적으로 그러한 행을 했든, 아니면 지붕이 무너져 내릴 것에 대한 두려움으로 단순히 마당을 돈 것이든 어쨌든 이러한 행에는 원인과 결과가 있다는 것이다. 그리고 이러한 행은 연기법에 의해 서로 간에 영향을 미치게 된다. 그래서 이 세상에 의도를 갖고 행한 모든 것은 과보를 받게 된다. 어느 것 하나 헛되이 지나가는 것은 없다. 선행은 선업으로 나타나고, 불선한 행은 불선한 업으로 나타나게 된다. 이를 잘 이해하게 되면 시시각각으로 행해지는 모든 행에 대해 어떤 방향으로 마음을 움직여야 하는지를 알 수 있게 된다. 그리고 이것은 물질의 과보에 대해서도 마찬가지이다. 금생에서 사용하였으며, 앞으로도 사용해야 할 물질은 업·마음·온도·음식에 의해 조건 지어지게 된다. 그래서 이를 나누어 주고, 회향하게 되면, 금생이나 후생에서 다시 나누어 받게 된다. 이것이 뿌린 대로 거두게 되는 연기 세상에서 발생하는 연기의 법칙이다. 따라서 갖고 있는 공덕과 물질을 널리 나누고 베푸는 것이 미래생을 위한 투자가 될 수 있다.

10.
불성은 누구에게나 있나?

불성은 부처님의 성품을 말한다. "그러면 모든 사람에게 부처님의 성품이 있는가?"라는 물음은 답하기 어려운 질문이다. 이것은 상황과 조건에 따라 다른 설명이 가능하기 때문이다. 그리고 붓다가 되려면 사아승지 십만 겁의 생을 거쳐 보살행을 닦아야 한다. 그래서 여래십호인 여래, 응공, 정변지, 명행족, 선서, 세간해, 무상사, 조어장부, 천인사, 불세존에서 알 수 있듯이 이 모든 것을 구족한 붓다의 성품을 갖춘다는 것은 현생에서는 어려울 것이다. 그렇기 때문에 불성을 붓다의 성품 중에서도 이를 깨달음을 뜻하는 열반으로 보고, 이를 사람의 성품인 성선설과 성악설의 입장에서 살펴보고자 한다. 본 장에서의 성선설을 '인간의 본 성품에 불성이 있다.'라는 선으로 보며, 성악설을 '인간의 본 성품에 불성이 없다.'는 불선으로 정의하고 이를 네 가지 의미로 살펴보겠다.

먼저, 인간에게는 성선설에 의한 불성이 있다는 것이다.

성선설은 인간의 성품에 불성은 있으며 날 때부터 본래 선하다는 것이다. 이때 인간의 본래선(善)은 보통 인간의 내면 깊숙이 있다고 볼 수 있다. 이러한 붓다의 선한 성품을 모든 곳에서 빛나며, 무한이고, 불가견인 열반 의식으로 본다(D. Ⅰ. 223)면, 인간 자체는 선한 존재로부터 왔다고 볼 수 있다. 그래서 인간은 본래선으로 돌아갈 수 있으며, '본래 얼룩이 없으며, 선하다.'라는 성선설이 나올 수 있다. 이와 같이 인간의 마음은 성선설에 의해 열반을 가져오는 불성에 의해 본래선으로 돌아갈 수 있다는 것이다.

두 번째, 인간에게는 성악설에 의해 불성이 없다는 것이다.

성악설은 인간의 성품에 불성은 없으며, 날 때부터 불선하다는 것이다. 그런데 이 세상에 인간으로 태어났다는 것은 탐·진·치에 의한 업이라고 하는 재생연결식을 갖고 태어나며, 이것은 업이고, 얼룩의 산물이다. 그리고 이것이 선업이든 악업이든 이생을 통해 이것의 해소를 위한 삶을 살게 된다. 그러나 인간은 어떤 경우에는 이의 해소는 고사하고, 더 큰 얼룩을 만들어 내기도 한다. 그래서 다음 생에서는 더 큰 얼룩을 갖고 태어나기도 한다. 이런 업인 얼룩을 갖고 태어나는 인간으로 본다면 인간으로의 태어남은 얼룩에 적셔진 불선한 마음을 갖고 태어나게 된다는 것이다. 그리고 이러한 마음은 욕망으로 씌워져 있어 불성과는 다른 마음의 상태에 있게 된다. 따라서 모든 존재에게 불성이 있다고 하더라도, 지금 몸을 받고 태어난 현생에서는 그것이 발현될 경우의 수가 없다면, 결국 이생에서의 존재는 불성이 없다고도 할 수 있다. 현생에서의 존재와 타생에서의 존재는 다른 것이며, 현생에서는 현생의 재생연결식에 의해 작동되므로, 최심층 의식은 다른 생에 영향을 미치게 된다. "그래서 모든 사람에게 불성이 있냐?"라고 한다면, 현생의 기준으로만 본다면 '그렇지 않다.'라고 할 것이다.

세 번째, 인간에게는 성선설과 성악설의 복합적인 성품이 있다.

불성의 유무에 대한 성선설과 성악설의 해석은 성·주·괴·공을 통해 보느냐, 가까운 현생만을 보느냐에 따라 달라지게 된다. 그래서 이것은 인간의 내면에 동시에 존재한다고 볼 수 있을 것이다. 다만 사향사과인 성인의 성품을 갖고 태어나면 선한 성품에 의한 불성을 갖고 있다고 볼 수 있다. 그리고 얼룩이라고 하는 업의 증장 구조를 갖고 태어나는 범부의 존재로 보면 이러한 얼룩에 적셔진 인간에게는 불성이 없다고 볼 수 있다. 그래서 인간에게서 불성을 보려면 완전히 인간의 종성이 변하게 되는 성인의 단계에서 볼 수 있을 것이다.

마지막으로, 이를 다른 동물에게도 살펴볼 수 있다.

특히 개에게도 불성이 있느냐고 한다면, 현생에서 개의 존재로만 본다면 개에게는 불성이 없다고 할 것이다. 그래서 "개에게도 불성이 있는가?"라는 질문에는 불성을 열반 의식의 상태라고 본다면, 요소의 본래인 청정함으로 돌아간다는 의미로 생각해서는 불성이 있다고도 볼 수 있으며, 현생에서 개의 요소를 떠난 최심층 의식에서는 이 또한 개에게도 불성이 있다고 할 것이다. 그러나 그것이 발현될 가능성이 전혀 없는 개의 현생으로 얼룩과 탐·진·치로 물들여진 의식의 존재로 본다면 개에게는 불성은 없다고 할 수 있다.

이와 같이 불성의 유무에 대해서는 그것을 보고자 하는 사람의 마음에 따라 다르게 보여질 수 있다. 그래서 이를 성·주·괴·공의 전

과정을 통해서 살펴볼 것인지에 따라 다르며, 그 사람의 근기가 어떠한지 등에 따라 달리 설명될 수 있을 것이다.

〈봄 10〉 감각적 욕망의 열 가지 비유

감각적 욕망은 수행에 방해를 주는 다섯 장애 중에 하나이다. 이 다섯 가지 장애는 '감각적 욕망·성냄·회의적 의심·들뜸과 후회·해태와 혼침'이다. 여기서 욕계에 있는 인간의 성품인 각각적 욕망에 대해, 『니까야』에서는 10가지 비유를 들어 이를 제거해야 한다고 한다. 이것이 『맛지마 니까야』의 「뱀의 비유경」에 나온다. 붓다가 독수리 사냥꾼이었던 아릿타비구에게 말한 것은 다음과 같다(M. Ⅰ. 130; M. Ⅰ. 364-366).

① 뼈다귀의 비유를 통해: 만약 개에게 피 묻은 뼈만 주면 아무리 빨아도 굶주림은 해결되지 못하니, 이 상황에서 빨리 빠져나와야 한다고 한다.

② 고깃덩이의 비유를 통해: 독수리 또는 까마귀가 고깃덩이를 물고 가면, 주변의 독수리 등이 그를 가만히 두지 않으니, 이를 빨리 내려놓아야 한다고 한다.

③ 건초 횃불의 비유를 통해: 바람 부는 방향으로 횃불을 들고 가면 온몸에 화상을 입을 것이니, 이를 빨리 내려놓아야 한다고 한다.

④ 숯불 구덩이의 비유를 통해: 키보다 큰 숯불 구덩이에 빠지는 것과 같으니, 거기서 빨리 빠져나와야 한다고 한다.

⑤ 꿈의 비유를 통해: 아름다운 꿈도 깨고 나면 허무해지니, 거기서 빨리 빠져나와야 한다고 한다.

⑥ 빌린 물건의 비유를 통해: 빌린 물건은 주인이 와서 달래면 주

어야 하니, 이에 집착한다는 것은 허무한 것이며, 이를 빨리 내려놓아야 한다고 한다.

⑦ 과일이 열린 나무의 비유를 통해: 사과나무에 올라가서, 먹고 싶은 사과를 따려 하나, 밑에서는 나무를 자르고 있어서 잘리는 나무 위에 있는 것과 같이 위험하니, 거기서 빨리 내려와야 한다고 한다.

⑧ 칼의 비유를 통해: 칼에 의해 파내지기도 하고 잘려지는 것과 같으니, 그것을 빨리 내려놓아야 한다고 한다.

⑨ 창의 비유를 통해: 창끝처럼 날카로와 찔리는 것과 같으니, 그것을 빨리 내려놓아야 한다고 한다.

⑩ 뱀 머리의 비유를 통해: 뱀의 머리를 잡지 못하고 잘못 잡으면 거꾸로 물려 고통을 당하게 된다. 뱀의 머리를 잘 잡으면, 꼬리로 휘감을지언정 죽거나 죽을 정도의 고통을 당하지는 않을 것이다. 그래서 실천하지 않고 머리로만 알려고 할 때, 뱀 머리처럼 뱀이 머리를 돌려 물릴 수 있음을 암시하고 있다.

이와 같이 감각적 욕망은 마음에 얼룩을 지게 하여, 마음의 청정함에 흠결을 내게 한다. 그래서 감각적 욕망으로 청정함을 추구하려 하나, 이는 오히려 마음을 청정하지 못하게 한다. 그래서 이는 열반이며, 불성인 청정함의 실상을 제대로 보지 못하게 하여, 탐·진·치의 업을 발생시키게 된다. 이렇게 현생에서 일어나는 감각적 욕망은 열반의 발현을 어렵게 만든다. 따라서 감각적 욕망이 있는 현생만을 놓고 본다면, 열반의 발현은 어려울 수 있다. 그래서 불성을 열반으로 본다면, 감각적 욕망으로 물든 현생에서는 불성은 없다고 할 것이다. 그래서 마음의 실상을 제대로 보고, 알아차림을 통해 탐·진·치가 제거되어야 불성으로의 종성의 변화가 일어날 수 있게 된다. 그렇지 않고 감각적 욕망에 계속 잡혀 있으면, 전도몽상이라 좋아지려고 하는 행을 통해 더 많은 고통을 받을 수 있다.

〈인생 100년은 찰나생〉

불법의 세계와 비교하면 인간의 인생 100년은 항하사에 있는 모래알보다도 작은 시간이다.

중국 고서에 보면 숫자의 개념을 만(10^4), 억(10^8), 조(10^{12}), 경(10^{16}), 해(10^{20}), 지(10^{24}), 양(10^{28}), 구(10^{32}), 간(10^{36}), 정(10^{40}), 재(10^{44}), 극(10^{48})으로 보고 있다. 그리고 경전에서는 항하사(10^{52}), 아승지(10^{56}), 나유타(10^{60}), 불가사의(10^{64}), 무량대수(10^{68})라는 삼천대천세계의 무량겁의 시간이 있다. 최근에 천체 물리학에서는 태양계 전체의 물질인 '양성자+중성자'의 수(數)를 3무량대수($3x10^{68}$)로 추측하고 있다. 요사이 새로운 수를 규정하고 있는 google은 10^{100}을 나타내며, googleplex는 $10^{10\text{^}100}$의 수개념을 이야기하고 있다. 앞으로 펼쳐질 무한 공간의 세계, 열반의 세계에서는 이보다 훨씬 더 큰 수의 개념이 필요할 수도 있을 것이다. 실로 인생 100년에서 겪게 되는 희·노·애·락은 이러한 시간의 개념과 비교해서는 실로 항하사에 있는 모래알보다 작은 찰나의 시간이다. 이 찰라의 시간에 불성이 그 힘을 발휘할 수 있도록 불법을 만나 마음의 청정함으로 마음을 깨끗이 닦아 미래생을 준비해야 할 것이다.

- 위 왼쪽: 모곡수행센터 수행 홀
- 위 오른쪽: 모곡수행센터 12연기 설명
- 중간 왼쪽: 마하시 중앙 홀
- 중간 오른쪽: 마하시수행센터 홀
- 아래 왼쪽: 마하시수행센터 경행 모습

11.
수행을 통해 얻어지는 신통력은?

신통력은 "보통 사람이 할 수 없는 일을 마음대로 하는 영묘한 힘(최태경 2008: 1465)"을 가진 것을 말한다. 이러한 신통력을 얻기 위해서는 선정 수행을 해야 하며, 이를 통해 얻는 사선정에서 뛰어난 집중력과 고요함을 얻게 되면, 수행자는 다섯 가지의 신통력을 얻게 될 수 있다. 또한, 이를 얻기 위해서는 깨달음으로 가는 수행 방법인 삼십칠조도품에서 신통력을 얻기 위한 네 가지 성취 수단인 열의여의족·정진여의족·마음여의족·사유여의족의 사여의족을 닦아야 한다. 그리고 이러한 수행을 통해 얻게 되는 신통력은 신족통·타심통·천이통·천안통·숙명통이 있다. '① 신족통'은 여럿이 되기도 하고, 사라지기도 하며, 벽·담·산을 통과하기도 하며, 물 위를 걷기도 하고, 하늘을 날며, 하늘나라까지 자유자재로 왕래하게 된다. 이를 통해 남의 괴로움을 구제하기 위해 자유자재하게 된다. '② 천이통'은 천상이나 인간의 소리를 멀든 짧든 자유자재로 들을 수 있게 된다. 이를 통해 남의 괴로움을 잘 듣게 된다. '③ 타심통'은 다른 중생들과 다른 인간들의 마음을 꿰뚫어 아는 것을 말한다. 이를 통해 남을 잘 이해하게 된다. '④ 숙명통'은 수많은 전생의 삶을 기억해 내며, 장소·시간·용모·이름·수명 등을 세세하게 기억해 낸다. 이를 통해 한량없는 과거생을 알게 된다. '⑤ 천안통'은 중생들의 죽음과 다시 태어남을 알게 된다. 이를 통해 연기법과 인과법에 의해 지혜로써 중생들이 지은 바 그 업에 따라 가게 되는 곳을 꿰뚫어 알게 된다.

그리고 지혜 수행을 통해 열 가지 족쇄가 끊어지고 통찰지혜를 통한 혜해탈을 구족하여, 깨달아 해탈·열반에 들게 되면 신통력인 천안명, 숙명명 그리고 모든 번뇌가 소멸되는 누진명인 삼명을 구족하게 된다. 물론 이러한 신통력은 육체와는 구별되는 정신적인 성격을 띠게 된다.

이와 같이 수행을 통해 신통력을 얻고자 한다면, 이를 얻고자 하는 수행을 해야 얻어지게 된다. 그리고 이를 통해 깨달음을 증득한 아라한은 "태어남은 부수어졌고, 해야 할 일은 마쳤으니, 다시는 윤회하지 않는다."라고 분명히 알게 된다.

〈봄 11〉 남을 해한 자의 해탈 1

붓다 시대에 '앙굴리달마'라는 바라문이 있었다. 그는 성인의 흐름에 들었으며, 다시 이 세상에 7번 윤회하여 남은 과보를 남김없이 소멸하게 되고, 깨달아 해탈·열반에 들게 된다. 『맛지마 니까야』「앙굴리말라의 경」에서는 그에 대해 다음과 같이 설명하고 있다.

꼬살라국 빠세나디왕 영토에 앙굴리말라라는 도적이 있었다. 그는 난폭하고, 무자비하며, 살육과 파괴로 해친 사람의 손가락을 목걸이로 하여 걸고 다녔다. 붓다는 아침 일찍 탁발을 마치고 앙굴리말라에게 가려 한다. 소몰이꾼, 양치기, 농부들은 놀라 붓다께 그 길에는 무자비하고 난폭한 살인마가 있음을 알린다. 그러나 붓다는 신통력으로 묵묵히 앞으로 간다. 이에 앙굴리말라는 칼, 방패, 화살을 갖고 붓다의 뒤를 쫓는다. 그러나 그는 도저히 붓다를 따라잡을 수 없었다.

"멈춰라 사문이여."

"나는 멈추었으나 해치고 파괴하여 자제할 줄 모르니, 나는 멈추었고 그대는 멈추지 않고 있다."

이때, 앙굴리말라는 "붓다가 나를 교화시키기 위해 스스로 오셨구나."라는 생각을 하게 된다. 그리고 그러한 생각에 놀라 무기를 버리고, 붓다께 귀의하게 된다. 이를 계기로 붓다는 그를 시자로 삼는다. 그 당시에 많은 백성은 앙굴리말라의 악행에 두려워하여, 빠세나디왕께 그를 잡아들여 벌을 주라고 청원을 하고 있었다. 이에 왕은 500여 명의 군사를 이끌고 그를 잡으려고 출정을 하게 된다. 그리고 가는 길에 그는 붓다가 있는 승원을 방문하여 뵙기를 청하게 된다. 붓다가 말한다.

"한낮에 무슨 일이십니까? 마가다국의 빔비사라왕이나, 웨살리의 릿차위나왕 등 다른 왕들이 공격했습니까?"

"저의 고민은 파괴와 살육을 일삼는 앙굴리말라입니다. 저는 도저히 그를 막을 수 없습니다."

"만일 앙굴리말라가 머리 깎고, 출가하여, 계율을 지키면서 청정한 생활을 하면 그를 어떻게 하시겠습니까?"

"우리는 그에게 절을 올리고 옷, 음식, 필요한 약을 보시하겠습니다. 그러나 어찌 그가 그것을 제어할 수 있겠습니까?"

"대왕이시여, 저기 저 수행자가 앙굴리말라입니다."

주변에 500여 명의 군사가 있었으나, 대왕은 두려워하였다. 그러나 그가 출가 수행자임을 알게 된다. 그리고 그 후로 대왕은 그에게 보시하고자 하게 된다. 그러나 그는 누더기 옷 세 벌로 만족한다고 말하며, 수행정진을 하게 된다(M. Ⅱ. 97-105; 대림 3 2012: 332-348).

붓다는 제자를 받아들임에 있어, 출신 성분이나 지위 고하를 고려하지 않았다. 오직 그가 출가하여 수행을 할 수 있을지에 관한, 그의 성품만을 보았다. 이는 이 세상의 어느 누구라도 존귀한 존재로서 삶을 영위할 가치가 있다고 보았다. 붓다도 몸소 살인마인 앙굴리말라를 신통력으로 조복하여 선한 길로 인도하게 된다. 이를 통해 그에게서 일어나는 살인이라는 극도의 분노와 욕망을 잠재우게 된다. 이와 같이 지관 수행을 통해 육신통과 삼명을 얻을 수 있으며, 이러한 신통력으로 그 사람의 근기에 맞는 수행을 지도할 수 있게 된다. 붓다도 이러한 삼명의 증득을 통해 숙명명, 천안명, 누진명으로 세상의 이치를 꿰뚫게 된다. 그리고 이를 통해 이 세상에 선한 길로 인도하지 못할 자는 없는 것이다.

12.
인간의 괴로움은 치유 가능한가?

수백만 년 전에 이 세상에 인간의 존재가 생겨날 때부터 현재에 이르기까지 인간은 삶의 괴로움에서 벗어나고자 노력하고 있다. 불교에서 말하는 여덟 가지 괴로움인 팔고는 생, 노, 병, 사, 애별이고, 원증회고, 구부득고, 오음성고이며, 이는 인간의 삶 자체를 괴로움의 씨앗으로 본다. 이는 태어남, 늙음, 병듦, 죽음 네 가지 괴로움에다 사랑하는 이와 헤어지는 괴로움, 원수와 만나게 되는 괴로움, 얻으려고 하나 얻지 못하게 되는 괴로움, 인간을 구성하는 색·수·상·행·식 형성 자체의 괴로움까지 여덟 가지 괴로움을 말한다. 그리고 인간은 이러한 여덟 가지 괴로움을 가진 존재라는 것이다. 물론 그 안에는 다양한 감정의 변화가 있을 수 있으며, 인간은 여기에서 행복을 느끼며 살기도 한다. 그러나 이러한 행복의 감정은 영원할 수는 없으며, 필연적으로 죽음을 맞이하게 되는 인간은 죽음을 맞이함으로써 이 모든 것이 다 괴로움의 원인이라는 것을 알게 된다. 그렇기 때문에 삶은 영원하며, 그것은 나의 것이라는 사견에서 벗어나야 한다. 이를 바탕으로 이러한 인간의 괴로움이 치유 가능한지에 대해 세 가지 의미로 살펴보겠다.

먼저, 인간은 일어나는 실상에 마음을 현존하게 할 수 있다.

인간은 과거에 대한 불안으로 우울함을 갖게 되고, 미래에 대한 불안으로 근심이나 걱정을 갖게 된다. 그래서 과거나 미래로 가지 말고 현존의 상태에서 일어나는 것을 있는 그대로 바라보게 되면, 인간의 마음에 있는 선한 마음작용에 의해 이러한 괴로움은 치유될 수 있게 된다. 이를 통해 과거에 집착하지 않게 되고, 오지 않은 미래를 걱정하지 않게 되며, 현재에 존재하면서 마음을 다스려 평온하고 평정한 상태를 유지할 수 있게 된다.

두 번째로, 인간은 일어나는 실상에 마음을 수용하게 할 수 있다.

인간의 마음에는 불선한 마음작용보다 일어나는 실상을 있는 그대로 수용할 수 있는 선한 마음작용이 훨씬 더 많이 내재해 있다. 그래서 시간이 흐르면 인간의 마음은 일어나는 실상을 수용하게 된다. 그러나 이렇게 시간이 일어나는 괴로움을 해결해 준다는 것을 모른다면, 전도몽상이라 괴로움에서 벗어나려는 그릇된 행을 통해 오히려 괴로움이 증장될 수 있다. 그래서 이러한 일체법의 실상을 있는 그대로 수용함으로써 인간의 마음은 평온해질 수 있다.

마지막으로, 대상에 대한 실상을 바르게 자각할 수 있게 된다.

인간의 마음을 바르게 바라봄으로써 사성제인 고·집·멸·도에서 괴로움이라는 것, 괴로움의 원인이라는 것, 괴로움의 소멸이라는 것, 그리고 괴로움의 소멸에 이르는 길이라는 것에 대해 바르게 자각할 수 있게 된다. 그리고 이러한 실상에 관한 삼법인의 특성을 바르게 스스로 깨닫게 되면, 괴로움에서 벗어날 수 있게 된다.

이와 같이 붓다가 계발한 수행 방법을 통해 인간의 괴로움은 치유될 수 있으며, 이러한 마음에 현존하고 수용하게 되고, 자각함을 통해 대자유와 대행복을 얻을 수 있게 된다.

〈봄 12〉 남을 해한 자의 해탈 2

『맛지마 니까야』「앙굴리말라의 경」에 보면, 앙굴리말라는 바라문 집안에서 태어나 이름은 아힘사까(不害者)였다. 딱까실라에서 수학하였으며, 남들보다 뛰어난 통찰지를 가졌으며, 맡은 바 소임도 잘하고, 출신도 좋아 다른 이들의 시기를 받았다. 이렇게 시기하는 자들의 계략에 의해 그가 스승의 부인과 부정한 관계라는 소문이 돈다. 이에 스승은 대노하여, 앙굴리말라를 불러 그가 배운 학업에 결실을 보려면 천명의 오른 손가락을 갖고 오라고 지시한다. 앙굴리말라는 본래 수행을 통해 통찰지를 갖고 있었지만, 스승의 가르침을 그대로 믿어 사람을 해함으로써 그의 마음은 점점 안정을 잃게 된다. 그리고 사람을 해한 손가락으로 화환을 만들어 목에 걸고 다녔다. 그래서 사람들은 그를 앙굴리말라(손가락 목걸이)라고 부르게 된다. 이러한 상황에서 붓다는 앙굴리말라가 999명을 해한 뒤, 1000번째 대상으로 삼은 것이 앙굴리말라의 모친인 '만따니'라는 것을 아시고, "내가 가면 그는 출가하여 육신통을 얻을 것이며, 내가 가지 않으면 모친에게 죄를 저지를 것이다. 그에게 호의를 베풀리라."라고 생각하고 그를 거두고자 승원을 나서게 된다. 그리고 붓다는 신통력으로 앙굴리말라를 조복시키게 되며, 그는 불교에 귀의하게 된다. 이렇게 출가한 앙굴리말라에게 빠세나디왕은 만따니뿟따라는 이름을 지어 주고, 그에게 공양을 올리게 된다. 이는 붓다의 가르침을 따르는 붓다의 영역이 국법을 떠나 보호를 받았다는 것을 말해 주고 있다. 결국 앙굴리말라는 그 후에 뛰어난 스승 아래서 방일하지 않고 열심히 정진하여 청정범행을 완성하고 최상의 지혜를 증득하여 아라한과를 증득하게 된다. 그 후에 앙굴리말라 존자는 탁발을 나가게 된다. 이때, 어떤 이가 던진 흙뭉치에 맞고, 또 다른 이가 던진 몽둥이에 맞으며, 머리에 상처가 나고 피를 흘리며, 발우는 부서졌다. 붓다는 "견뎌라 수행자여."라며, 이를 2회 반복하신다. "그대가 수 년, 수백 년, 수천 년 지옥에서 고통 받을 업의 과보를 지금 여기에서 겪는 것이다." 그래서 살인에 대한 지옥의 과보를 현생에서 모두 마치게 되고, 그는 열반에 들게 된다. 이렇게 해탈을 얻은 앙굴리말라는 다음과 같은 계송을 읊게 된다. "한때 게을렀어도 지금 게으르지 않는 자. 그는 이 세상을 비추네. 구름을 벗어난 달처럼 저질러진 악업을 선업으로 덮으니 그는 이 세상을 비추네 구름을 벗어난 달처럼. 나의 적들이여 법문을 듣고 붓다의 가르침을 따르라. 바른 가르침으로 이끄는 훌륭한 사람들과 사귀라. 바른 가르침을 수행하면 나태하지 않고 남도 해치지 않으리. 그는 최상의 평온을 얻어 약한 자도 강한 자도 모두 보호하리. 물 대는 자는 물을 다루고, 목수들은 나무를 다루고, 현자는 자신을 다스린다. 예전에 살인자였지만, 지금은 붓다의 안식처를 얻어 누구도 해치지 않는 자가 되었네. 잘 왔노라, 잘 못 오지 않았노라. 이제 나는 세 가지 밝은 지혜를 얻어 붓다의 가르침을 성취하였노라.(M. Ⅱ. 97-105; 대림 3 2012: 332-348)."

이 이야기를 통해 붓다는 살인자를 어떻게 교화시키는지, 어떤 수행 정진을 통해 참다운 이가 되는지를 알 수 있게 해 준다. 이렇게 살인의 큰 죄를 지은 자도 그가 이전에 지었던 업에 의한 과보를 소멸시키고, 진정한 지혜의 깨달음을 얻게 된다면 탐·진·치의 삼독심이 완전히 제거되는 해탈·열반을 증득할 수 있게 된다. 그러기 위해서는 앙굴리말라경에서 볼 수 있듯이 참된 지도자나 스승에 의한 가르침이 올바르게 전달되어 인간의 실상에 대한 현존과 수용을 통해 바르게 자각할 수 있는 힘을 길러야 한다. 이와 같이 살인자인 앙굴리말라도 붓다의 가르침으로 현존·수용·자각을 통해 인간사의 괴로움에서 벗어나게 된다. 이렇게 붓다가 계발한 수행 방법에 의해 인간의 괴로움은 치유가 가능하게 된다.

13.
자존감은 키워야 하나?

인간은 욕계·색계·무색계에서 윤회하는 삶을 살게 되며, 인간으로서의 자존감을 지키며 살아가고 있다. 이때 욕계의 세계에서 선한 마음으로 자존감을 키워 확립시키게 된다. 그리고 색계와 무색계에서는 고요한 마음의 안정을 얻게 되고, 이를 통해 성인의 단계에서 자존감은 통찰지혜로 변화되며, 인간 삶의 괴로움에서 벗어나게 된다. 이러한 자존감의 형성과 변화에 대해 세 가지 의미로 살펴보겠다.

먼저, 자존감의 의미에 대해 살펴보겠다.

자존으로 표현되는 ahaṃkāra는 selfishness(이기적임), egotism(자만), arrogance(오만)으로도 해석(PED. 105.)되며, 이를 "나라는 생각"이나, "나라는 환상"이라고 표현하기도 한다. 그리고 이러한 나라는 존재인 자존에서도 떠나 자만을 뛰어넘어야 적멸로 들어가게 된다(S. Ⅱ. 253; 전재성 2014: 538). 또한 자존감은 '스스로 품위를 지키고 자기를 존중하는 마음'이라고 한다. 그래서 이러한 자존감은 스스로를 지키고 현생의 삶을 살아가기 위해서는 필요한 마음 중의 하나이다.

두 번째, 자존감의 확립과 변화에 대해 살펴보겠다.

현대의 각종 정신적인 질환인 우울증, 강박증, 자살 충동 등을 치유하는 데도 자존감의 확립은 좋은 기제로 활용되고 있다. 이러한 자존감의 확립을 위해 범부의 단계별(우인, 선인, 양인)로 마음에서 "무언가 의도하고 도모하는 경향을 갖는다면, 이것이 의식의 바탕이 되어 의식이 확립(남일희 2017: 22)"된다고 한다. 이렇게 자존감의 확립은 의식의 확립을 통해 증장될 수 있다. 의식의 확립을 선한 쪽으로 작용하려 한다면, 이를 위해서는 자존감을 선한 쪽으로 확립해야 한다. 이를 통해 의식이 통찰지혜와 결합하게 되면, 마음은 점차 성인의 단계로 나아가게 된다. 그리고 성인의 단계별로 족쇄의 소멸을 가져와 탐·진·치의 뿌리까지 제거된다면, 수행을 통한 성인의 단계인 수다원, 사다함, 아나함, 아라한의 단계를 성취하게 된다. 이때 성인의 흐름에 들게 되는 수다원에서는 유신견, 계금취, 회의적 의심이 끊어지게 된다. 그리고 사다함에서는 감각적 욕망과 악의가 엷어지게 된다. 또한, 아나함에서는 감각적 욕망과 악의가 끊어지게 된다. 그리고 아라한에서는 색계에 대한 욕탐, 무색계에 대한 욕탐, 들뜸, 자만, 무명도 없는 청정한 상태가 된다. 이와 같이 비로소 아라한의 단계에 들어서야 들뜸, 자만, 무명이 소멸하게 된다. 이러한 자존감의 확립과 변화를 표로 나타내면 다음과 같다.

〈표 I-6〉 자존감의 확립과 변화

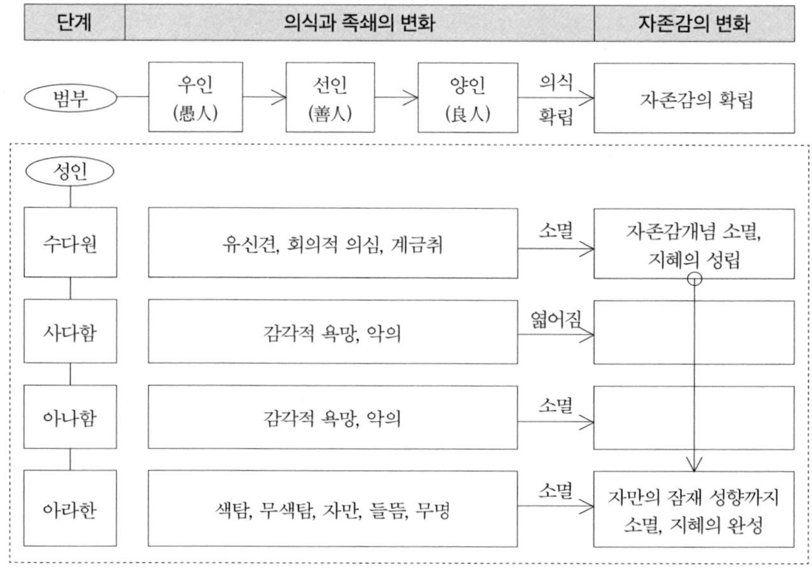

마지막으로, 자존감의 소멸에 대해 살펴보겠다.

수행을 통해 성인의 단계에 들더라도 아라한의 단계에 들 때까지는 선한 마음의 자존감은 남아 있게 된다. 그리고 아라한의 도와 과를 성취하게 되면, 이때서야 남아 있던 미세한 자존감마저 그 뿌리인 들뜸, 자만, 무명까지 사라져 남김없이 소멸하게 된다. 그리고 삼계로부터 벗어나게 되는 청정한 지혜를 증득하게 된다. 따라서 완전히 해탈·열반에 들 때까지는 미세하게나마 선한 마음의 자존감은 유지된다. 그리고 해탈·열반에 들게 되는 아라한의 단계에 들어서야 비로소 미세한 자존감마저도 완전히 사라지게 되며, 완전히 청정한 상태가 된다.

이와 같이 수행을 지속하기 위해서는 자존감을 키워야 한다. 그리고 성인의 첫 단계인 수다원에서 유신견이 사라지며, 자존감의 개념은 사라지게 된다. 이러한 자존감은 지혜의 형태로 바뀌게 되고, 미세한 자존감만 남아 있게 된다. 이렇게 족쇄의 형태로 남아 있게 되는 자존감은 자만의 잠재 성향까지 완전히 사라져 무명까지 소멸되는 아라한의 단계에서 완전히 소멸하게 된다.

〈봄 13〉 자기 자신을 위한 길

『쌍윳따니까야』의 「말리까의 경」에서 인간은 세상에서 가장 사랑스러운 것은 자기 자신이라고 한다. "마음이 어느 곳으로 돌아다녀도 자기보다 더 사랑스러운 것을 찾지 못하듯, 다른 사람에게도 자기는 사랑스러우니 자신을 위해 남을 해쳐서는 안 되리(S. Ⅰ. 75; 전재성 1 2014: 120)." 이렇게 이 세상에서 가장 사랑스러운 것이 자기 자신이라면 이러한 자신을 삶의 괴로움에서 벗어나고 행복을 추구할 수 있는 길로 인도해야 한다. 그리고 이렇게 삶의 괴로움으로부터 벗어나는 길이 깨달음의 길이며, 해탈·열반의 길인 것이다. 이렇게 사랑하는 자신을 위한 길인 해탈·열반에 대해 살펴보겠다.

먼저, 해탈에 대해 살펴보겠다.

해탈(위뭇띠)은 탐·진·치의 탈을 벗게 되는 것이다. 집중력을 키워 선정에 들어 탐·진·치에 대한 촉발의 끊어짐으로 탐·진·치에서 벗어나게 되는 것을 말한다. 여기에는 팔해탈이 있다. 색해탈, 무색해탈, 청정해탈, 공무변처의 해탈, 식무변처의 해탈, 무소유처의 해탈, 비상비비상처의 해탈, 멸진정에 드는 해탈이 있다(D. Ⅲ. 262). 그리고 구해탈은 여기에 덧붙여 탐·진·치에 대한 촉발의 소멸로 아라한의 지혜를 얻는 해탈을 말한다. 그래서 이러한 해탈을 통해 마음은 청정해질 수 있으며, 마음은 대자유를 얻게 된다.

두 번째, 열반에 대해 살펴보겠다.

열반(닙바나)은 탐·진·치를 다 제거하고, 소멸시키는 것을 말한다. 이는 삼독심에 대한 실상을 속속들이 분명히 알게 됨으로써, 이들을 다 태워서 소멸시킨 것을 말한다. 여기서 열반은 유여열반과 무여열반으로 구분할 수 있다. 유여열반은 탐·진·치의 소멸 후에도 남아 있는 과보의 소멸을 위해 감각을 기반으로 하는 의식(S)을 통해 지혜의 행을 하게 된다. 무여열반은 감각을 기반으로 하는 의식(S) 마저 남김없이 소멸되며, 이를 통해 이 세상에 다시 오지 않는 불사의 상태를 증득하며, 마음은 대행복을 얻게 된다. 이러한 자신을 위한 길인 해탈·열반의 길을 표로 나타내면 다음과 같다.

〈표 I-7〉 해탈·열반의 관계

<table>
<tr><th>구분</th><th>기제의 작용</th><th>삼독심의 관계</th><th>성취 단계</th></tr>
<tr><td rowspan="2">해탈</td><td>탐·진·치에 촉발의 끊어짐</td><td>탐·진·치에서 벗어남</td><td>팔해탈</td></tr>
<tr><td>탐·진·치에 촉발의 소멸</td><td rowspan="2">탐·진·치의 소멸</td><td>구해탈</td></tr>
<tr><td>열반</td><td>탐·진·치의 소멸</td><td>유여·무여열반</td></tr>
</table>

이와 같이 수행을 통해 수행자는 열반을 성취할 수 있다는 믿음을 가짐으로써, 자존감을 갖고 수행에 대한 정진을 계속할 수 있게 된다. 그리고 이를 통해 계를 지키고, 선정을 얻게 되며, 지혜를 증득하게 되면 이때 남아 있던 미세한 선한 마음의 자존감마저 사라

지게 되고, 지혜의 행을 하게 된다. 그리고 마침내 아라한의 도와 과를 증득하게 되며, 탐·진·치에서 벗어나 해탈·열반을 증득하게 된다. 이것이 사랑스러운 자기 자신을 위한 해탈·열반의 길인 것이다.

14.
왜 '무상·고·무아'인가?

깨달음을 얻게 되는 팔정도 수행을 통해 삼법인을 통찰하게 된다. 이때 삼법인인 무상·고·무아에 대한 통찰은 불교 수행에서 중요한 수행 요소가 된다. 이러한 형성되는 모든 것에 관한 삼법인을 세 가지 의미로 살펴보겠다.

먼저, 형성되는 모든 것에 관한 실상은 '무상'하다는 것이다.

이는 일체법에 대한 실상은 영원하지 못하며, 항상 변화한다는 것이다. 같은 대상이라도 바라보는 조건이 달라짐으로 인해 느낌·지각·형성(수·상·행)은 다르게 나타난다. 그리고 같은 대상에 접촉하더라도, 시간의 흐름에 따라 일어나는 마음작용은 다르게 된다. 이는 모양과 색깔(形色)이 비슷하다고 해도 그를 바라보는 사람의 마음작용이 달라지기 때문에, 같은 대상을 보더라도 여기에서 나타나는 마음은 매 순간 다르게 나타나게 된다. 이와 같이 이 세상 모든 것 중 영원히 고정불변한 것은 없으며, 항상 변화하는 흐름을 갖게 된다. 그래서 과거도 있고, 현재도 있고, 미래도 있게 된다. 그리고 이러한 무상성에 기인해 인류의 발전도 기대할 수 있는 것이다.

두 번째, 형성되는 모든 것에 대한 실상은 '고'라는 것이다.

인간은 좋은 것이 영원하기를 바라며, 싫어하는 것은 오지 않기를 원한다. 그러나 그렇지 못하기 때문에 대상에 대한 갈애가 발생하며, 갈애는 채워질 수 없는 욕구를 발생시킨다. 그래서 높아진 욕구만큼 갈애의 수준도 다시 높아지게 된다. 그래서 채워질 수 없는 욕망과 갈애로 인해 발생하게 되는 인간의 탐·진·치는 인간을 괴로움으로 이끈다. 이는 인간으로 하여금 뛰면 걷고 싶고, 걸으면 앉고 싶고, 앉으면 눕고 싶듯 더 감각적인 것을 추구하게 한다. 이렇게 인간의 갈애는 끝이 없는 증장 구조를 갖게 된다. 이것은 인간의 오욕락인 물욕(物欲)·성욕(性欲)·식욕(食欲)·명예욕(名譽欲)·수면욕(睡眠欲)은 영원히 채워질 수 없는 감각적인 구조를 갖고 있기 때문이다. 그래서 태어나서 죽음을 맞이하는 인간의 삶 자체는 고의 씨앗이라는 것이다. 그래서 이를 통해 인지하여 형성되는 모든 것은 '고'로 나타나게 된다.

마지막으로, 형성되는 모든 것에 대한 실상은 '무아'라는 것이다.

오욕락과 팔고를 내 의지대로 없앴다가, 살리고, 영원히 고정시킬 수도 있는 고정된 자아는 없다. 인간은 물질(색)·느낌(수)·지각(상)·형성(행)·의식(식)인 오온이 흩어 졌다가 뭉쳐짐을 반복하는 무더기의 조합일 뿐이다. 그렇기 때문에 무아인 것이다. 이것은 계속 변화하기 때문에 고정불변의 나라고 할 만한 실체는 없는 것이다. 백정이 소를 잡는다고 한다. 이때 각 부위별로 이를 나누어 놓았다. 팔이 소인가? 다리가 소인가? 머리가 소인가? 그러면 의식이 소인가? 이것을 다 모아 놓은 것이 소인가. 그러면 이것이 흩어지면 방금 전의 소는 어디 갔으며, 지금의 소는 무엇인가. 무엇이 다른가. 소라고 이름 하지만 그 소의 실체는 없는 것이다. 그래서 이 세상에 영원히 변치 않는 자아라는 실체는 없는 것이다.

이와 같이 형성되는 모든 것에 대한 실상은 무상·고·무아이며, 이것이야 말로 진정한 진리라는 것이다. 이러한 무상·고·무아에 대한 삼법인을 이론적으로 안다고 해도 직접 몸과 마음으로 이를 체득해야 한다. 이를 몸과 마음으로 직접 체득하지 못하면, 지혜의 깨달음으로 승화되기는 어렵다. 그래서 이것을 있는 그대로 볼 수 있을 때 무상·고·무아는 깨달음으로 다가오게 된다.

〈봄 14〉 인간사 새옹지마

중국 『회남자(淮南子)』의 「인간훈(人間訓)」에 '새옹지마'란 이야기가 있다. 이는 중국의 북방 국경 가라이에 점을 잘 치는 새옹이란 영감이 살고 있었다고 한다. 하루는 말이 아무 까닭 없이 도망쳐 오랑캐 들이 사는 국경 너머로 갔다. 마을 사람들이 찾아와 동정하고 위로 했다. 그는 대수롭지 않게 말했다. "이것이 복이 될 줄 어찌 알겠소!" 그럭저럭 몇 달이 지나고 하루는 뜻밖에 도망쳤던 말이 오랑캐의 좋은 말 한필을 대리고 왔다. 사람들이 찾아와 횡재 했다며 축하하자. 영감은 또 "그것이 어찌 화가 되라는 법이 없겠소!"라며 조금도 기뻐하는 기색이 없었다. 그런데 집에 좋은 말 한필이 더 생기자. 전부터 말타기를 좋아 했던 영감 아들이 타고 들판을 달리다 그만 말에서 떨어져 다리를 다쳤다. 사람들이 또 와서 안타까워하자 영감은 “그것이 복이 될 줄 누가 알겠소!”라며 담담한 표정을 지었다. 그 후 일년이 지나 오랑캐들이 국경을 넘어 대규모 침략을 감행해 왔다. 장정들은 징병 되어 적과 싸웠다. 그리하여 국경 근처의 사람들은 열에 아홉은 목숨을 잃고 말았다. 유독 영감 아들만이 다친 다리 덕에 징병을 면할 수 있었다. 이러한 새옹의 말과 같이 인생은 변하는 것이며, 무상인 것이다(https://blog.naver.com/factor520878/221935787784). 우리가 살고 있는 인생은 돌고 도는 수레바퀴와 같다. 무상이며, 고이고, 무아인 것이다. 영원한 슬픔도, 영원한 기쁨도 없다. 그리고 그것을 끊임없이 누리는 불멸의 주체도 없는 것이다. 이렇게 몸과 마음은 계속 변화하니, 무엇을 기뻐하고 무엇을 슬퍼할 것인가. 웃음도 눈물도 끊임없이 지속 되지는 않는다. 산이 높으면 골도 깊게 된다. 그리고 사랑·미움·욕망도 있을 때는 영원할 것 같지만, 지나고 나면 덧없는 과거일 뿐이다. 이렇듯 인간의 길흉화복은 새옹지마와 같아서, 덧없이 변화하며 돌고, 돌게 되는 것이다. 그래서 거기에 너무 집착하고 취착하면, 이는 괴로움인 고를 잉태하게 될 뿐이다. 그러니 무상·고·무아인 현생에서 일어나는 현상에 너무 기뻐할 일도, 너무 슬퍼할 일도 없는 것이다.

15.
생각을 어떻게 해야 인류가 발전하나?

인간의 생활을 위한 생각6은 생계의 유지를 위해 필연적으로 필요하다. 또한 미래의 발전을 위한 생각도 필요하게 된다. 그리고 이렇게 생각을 지속시키고, 발전시킴으로써 현재의 문명사회는 발전을 거듭하고 있다. 그러나 똑같이 생각을 하더라도 감정에 치우친 망상으로 빠지게 되면 이는 문명의 발전이 아닌 인간의 마음에 괴로움을 가져다주게 된다. 그래서 생각의 발생과 발전에 대해 세 가지 의미로 살펴보고자 한다.

먼저, 생각의 발생에 대해 살펴보겠다.

생각의 발생은 의식에 저장되어 있는 것이 의문 전향을 거쳐 발생하게 된다. 그리고 이는 지각(산냐)으로 나타나게 된다. 이러한 지각은 정신(이성적 작용)과 의도의 개입에 의한 이성적 작용에 의해 일으킨 생각(위딱까)으로 발전하며, 이는 선한 마음작용과 불선한 마음

---

6 생각: 무엇을 이루거나 하려고 마음먹음(최태경 2008: 1264).

작용으로 나타나게 된다. 이때 선한 마음작용이 일어나도록 수행을 통해 지속적 고찰(위짜라)과 성찰 등으로 정견과 정사유가 나타나도록 해야 한다. 이러한 생각의 발생과 발전을 표로 나타내면 다음과 같다.

〈표 I-8〉 생각의 발생과 발전

생각의 발생	생각의 발전	
(일어난 생각)	(일으킨 생각)	(지속적 고찰)

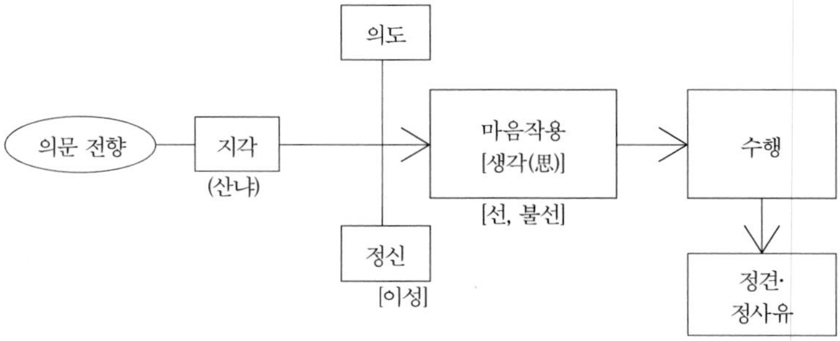

이렇게 사람은 생각을 하지 않고는 살 수 없으며, 생각과 사고에 의해 삼행은 일을 하게 된다. 그래서 몸이 움직이고, 말을 하게 되며, 이에 따른 행동을 하게 된다. 그러나 대상에 대해 일어나는 생각의 방향성은 사람마다 다르게 나타난다. 그래서 생각에 바탕이 되고 토대가 되는 마음에 길을 잘 만들어 놓아야 한다. 그리고 항상 이를 잘 다스리도록 노력해야 한다.

두 번째, 생각의 발전적 방향에 대해 살펴보겠다.

과거의 후회나 미래의 걱정에 휩싸이지 말고 현재를 직시해 올바른 판단을 할 수 있도록 현존하는 자세가 필요하다. 그래서 이런 생각의 발전적 방향에 대해 다섯 가지 의미로 살펴보겠다.

① 생각이 탈자동화·탈동일시·탈중심화되도록 해야 한다.

물론 아무 생각을 안 한다고 여길 때도 있지만, 이때에도 마음에서는 끊임없이 일을 하고 있다. 그리고 이것이 생각으로 나타나게 되는데, 이를 인지할 때도 있고, 인지하지 못할 때도 있을 뿐이다. 이때 주의해야 하는 것이 생각의 자동화·동일화·중심화이다. 이것이 인간의 마음에 문제를 발생시키기 때문이다. 그래서 이러한 생각이 올바른 지혜로 걸러지지 않고 사견과 편견 그리고 감정이 섞여서 자동적으로 발생하는 것(자동화)은 막아야 하며, 자기와 생각을 일체화(동일시)해 갈애를 확대하는 것에서 벗어나야 한다. 그리고 이러한 생각은 나를 중심으로 일어나고, 나만을 위해 일어난다. 내가 이를 조정할 수 있다는 자기중심 사고(중심화)에서 벗어나야 한다. 그래서 마음에서 일어나는 생각에 대해 주시(사띠)를 두어서, 생각이 탈자동화·탈동일시·탈중심화되도록 하여 마음이 괴로움의 증장으로 가지 않도록 해야 한다. 그러면 이를 통해 올바른 견해에 의한 올바른 생각으로 인류의 발전에 기여할 수 있게 된다.

② 현존할 수 있는 바른 생각을 해야 한다.

생각이 문제를 일으키는 것은 이 생각에 감정이나 갈애가 결합되어 지나간 과거에 대한 후회와 집착, 미래에 대한 걱정과 근심으로 괴로움을 갖게 하기 때문이다. 그것은 실상을 바르게 보지 못하는 망상을 낳는다. 그래서 생각에 감정이 개입되면 괴로움으로 나타나게 된다. 그래서 생각을 하더라도 과거에 집착하지 말고, 미래를 걱정하지 말며, 현재 상태의 실상을 바르게 볼 수 있는 바른 생각을 해야 한다.

③ 일으킨 생각과 지속적 고찰은 뛰어난 집중력을 얻게 한다.

이는 집중을 통한 수행으로 초선에서 일어날 수 있는 선지 요소이다. 그리고 이를 활용하면 일상생활이나 사회생활에서 뛰어난 집중력에 의해 탁월한 처리 능력을 발휘할 수 있게 된다. 또한 미래 세대를 위한 인류 문명의 발전에도 기여할 수 있다. 그러므로 대상에 대한 집중력을 높여 주는 일으킨 생각과 지속적 고찰로 바른 정진을 해야 한다.

④ 생각을 일체법에 대한 관찰, 성찰, 통찰로 전환해야 한다.

이러한 지혜 수행을 통해 깨닫는 것은 지혜의 증득을 말하며, 이는 알아채고(산자나띠), 식별하며(위자나띠), 분명히 아는(빤자나띠) 작용을 거쳐 성찰, 통찰로 전환하게 되며, 이를 통해 생각을 통찰지혜의 작용으로 변화시켜야 한다. 이렇게 건전한 방향으로 생각이 변화되도록 해야 한다.

⑤ 생각에 탐·진·치가 개입되지 않도록 정견과 정사유를 계발한다.

이를 위해 수행에서는 바른말(정어)을 하며, 바른 직업(정업)을 갖고, 바른 생활(정명)을 해야 한다. 이를 통해 바른 견해(정견)와 바른 사유(정사유)를 얻게 된다. 이러한 바른 견해와 바른 생각은 삶을 올바른 방향으로 흘러 들어가게 하는 데 유익한 역할을 하게 된다.

세 번째, 생각의 형성과 정견의 구축에 대해 살펴보겠다.

사회생활에서도 일어난 생각을 통해 일으킨 생각을 하게 되며, 이를 통한 지속적 고찰을 통해 이것이 과거나 미래의 감정에 휩싸이지 않고, 현재의 실상에 현존하게 된다. 따라서 이러한 현존을 통해 바른 생각을 할 때, 사회의 발전과 평안은 이루어지게 된다. 그러므로 일으킨 생각을 통해 사고·식별·숙고 등으로 수행 대상에 대한 관찰·고찰·성찰·통찰 등을 통해 올바른 생각으로 정견과 정사유가 구축될 수 있도록 해야 한다. 이러한 생각의 일어남과 정견의 구축을 표로 나타내면 다음과 같다.

〈표 I-9〉 생각의 일어남과 정견의 구축

일어난 생각	일으킨 생각	정견의 구축
생각 →	사고, 식별, 숙고 →	관찰, 고찰, 성찰, 통찰 ↓ 정견, 정사유

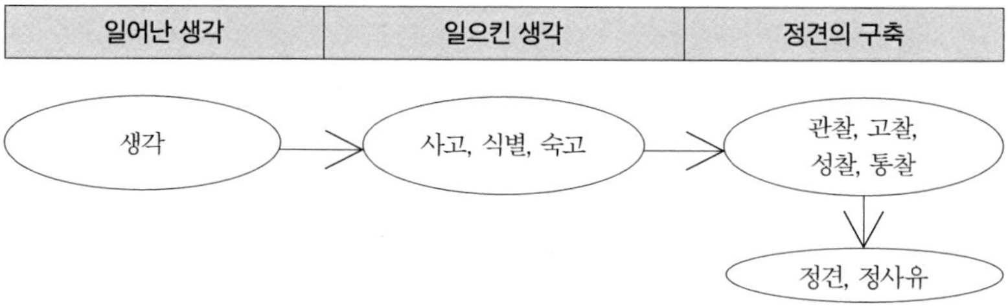

〈봄 15〉 말과 톱에 대한 비유

인간은 말을 하지 않고서는 살기 어렵다. 서로 의사소통하기 위해서는 생각에 의해 일어난 것을 말이라는 도구로 전달하게 된다. 그래서 소통을 위한 언어는 생각을 통해 형성되어, 말로 전달된다. 이와 같이 생각과 말은 연결되어 있으며, 바른 생각을 해야 바른말이 전달될 수 있는 것이다. 이러한 말의 올바른 방법에 대해 세 가지 의미로 살펴보겠다.

먼저, 말하는 것에 대한 다섯 가지 길에 대해 살펴보겠다.

『맛지마 니까야』「톱의 비유의 경」에서 붓다는 말하는 것에는 다섯 가지 길이 있다고 한다. ① 때에 맞는 말을 하거나, 때에 맞지 않는 말을 하는 것. ② 진실을 말하거나, 거짓으로 말하는 것. ③ 부드러운 말을 하거나, 거친 말을 하는 것. ④ 유익한 말을 하거나, 유익하지 않은 말을 하는 것. ⑤ 자애로운 말을 말을 하거나, 증오에 찬 말을 하는 것. 그리고 이러한 말을 듣더라도 여기에 영향을 받지 말고, 연민과 자애를 갖고 마음을 채우라고 한다. 또한, 말하는 자가 그것을 어떻게 말하더라도 듣는 자가 그것을 어떻게 받아들이느냐에 따라 상황이 달라지므로 받아들이는 방법도 중요하다고 한다 (M. Ⅰ. 126; 대림 1 2012: 526).

두 번째, 말의 실체에 대해 살펴보겠다.

「톱의 비유의 경」에서 붓다는 말에 대한 비유를 들고 있다. 어떤 사람이 괭이와 바구니로 여기저기 땅을 파헤치고 "땅 아닌 것이 되어라."라고 외친들 이것이 땅 아닌 것이 되겠는가? "아닙니다. 세존이시여 머지않아 그는 지치고 파멸할 것입니다." 어떤 사람이 염료와 물감을 허공에 뿌리고 "이 허공에 그림 그리리라."리고 외친들 허공에 그림이 그려지겠는가? "아닙니다. 세존이시여 머지않아 그는 지치고 파멸할 것입니다." 어떤 사람이 활활 타오르는 횃불로 "갠지스강을 완전히 태워 버리리라."라고 한들 갠지스강이 완전히 태워 없어지겠는가? "아닙니다. 세존이시여 머지않아 그는 지치고 파멸할 것입니다." 그러니 날카로운 톱(말)으로 도적들이 잔인하게 그대의 사지를 잘라 낸다고 하더라도 결코 동요치 말라. 그것은 말일 뿐이지, 그 사람은 실제로 그렇게 할 수 없다. 주변 사람이 너를 비난하고 욕해도 그것은 말일 뿐이지, 너는 오염되지 않는다. 그러므로 주변 말에 개의치 말고 오히려 그런 사람을 사랑으로 대하라. 화를 내면 적은 이를 기뻐한다. 분노와 성냄을 다스리고 주변 말에 흔들리지 말고, 어떤 대상이더라도 자애로운 마음으로 그 대상을 대하라 (M. Ⅰ. 127-128).

이렇게 말은 무상성이고, 이의 실체는 없으며, 그것은 받아들이는 사람의 마음에 따라 다르게 작용하게 될 뿐이다.

마지막으로, 올바른 말의 방향성에 대해 살펴보겠다.

생각에서 나온 말로 인해 사람 간의 관계가 소원해지기도 하고, 친근해지기도 한다. '한마디 말로 천 냥 빚을 갚는다.'라는 말도 있듯이, 바른 생각에 의한 바른말은 사회 발전의 원동력이 된다. 그리고 바르게 말하는 것은 인간사에서 사람 간의 소통과 화합에 있어서 좋은 관계를 유지할 수 있게 한다. 그래서 바른 관계는 바른말에서 나온다. 그러나 말은 하는 사람의 생각과 다르게 전달될 수 있다. 그래서 듣기도 잘 들어야 하며, 말하는 사람의 의도와 진의와는 다르게 오해하지도 말아야 한다. 무엇보다도 말은 생각을 온전히 다 담을 수는 없다. 그러니 생각은 잘 하되, 불필요한 생각과 말은 제어하는 것이 인류의 발전을 위해 바람직한 길이다.

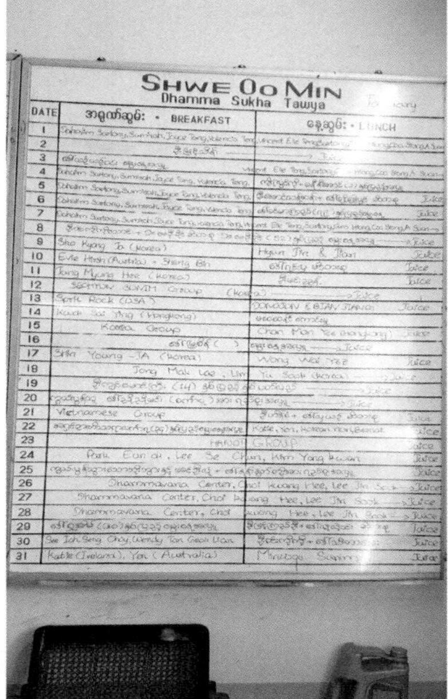

- 위 왼쪽: 쉐우민수행센터 종무소
- 위 오른쪽: 쉐우민수행센터 기념관
- 아래 왼쪽: 쉐우민수행센터 수행자 배정(거의 모든 숙소가 상시 차 있음을 볼 수 있다.)
- 아래 오른쪽: 쉐우민수행센터 수행 홀(수행 정진하는 모습이 경건하다.)

16.
어떤 마음을 촉발시켜야 하나?

'의도와 결합한 접촉인 촉발'(이하 촉발)의 단어를 『니까야』를 통해 살펴보았다. 『니까야』를 통해 이십여 가지 이상의 촉발과 그의 연관어가 있음을 살펴볼 수 있다. 그리고 마음작용이 일어나려면 촉발이 일어나야 한다. 그래서 의도와 결합한 접촉인 촉발이 일어나야만 마음작용이 발생하게 된다. 여기서 무기의 의도는 뒤에 따라붙는 마음작용의 종류에 의해 선과 불선으로 구분된다. 이를 통해 촉발의 의도를 무기의 의도, 선한 의도, 불선한 의도로 구분할 수 있다. 이렇게 구분되는 의도 중에서 선한 의도를 수행의 작용 기제로 사용할 수 있다. 그리고 불선한 의도는 바라보는 기제를 통해 소멸시켜야 할 수행 대상이 된다. 이러한 선한 바라보는 기제에 의한 통찰을 통해 불선한 의도는 소멸하게 된다. 그래서 선한 마음작용이 일어나도록 선한 의도를 내야 한다. 이와 같이 촉발되어 일어나는 의도에는 다양한 의도가 있음을 알 수 있다. 그리고 선한 의도에 의한 촉발을 불교 수행의 목표를 달성하는 데 바라보는 기제로 활용할 수 있게 된다(남일희 2019: 93-94). 이렇게 마음에서 일어나는 다양한 촉발 및 촉발의 의도를 표로 나타내면 다음과 같다.

〈표 I-10〉 마음에서 일어나는 촉발 및 의도

촉발의 구분		접촉의 의미	의도의 의미
		PED	PED와 『니까야』
무기의 의도 (3)	phussa	접촉하는 (touching)	실현하는(realising)
	paṭimasati	접촉하다 (to touch)	닿다(to hold on to)
	omaṭṭha	접촉된(touched)	닿은(touched)
선한 의도 (7)	sammasati	접촉하다 (to touch)	완벽하게 알다, 성찰하다 (know thoroughly, master)
	nimmadana	접촉하는 (touching)	분쇄(crushing)
	parimasati	접촉하다 (to touch)	만지다(to stroke)
	parimajjati	접촉하다 (to touch)	쓰다듬다(to rub)
	parippharati	접촉하여 널리 퍼지다 (to pervade)	널리 퍼지다(to pervade)
	pharitvā	접촉하여 두루 퍼진 (being pervaded)	두루 퍼진(being pervaded)
	āhacca	접촉하다(touch)	도달하는(beating)
불선한 의도 (10)	samputṭṭha	접촉된(touched)	만나다 (to come in contact with)
	samphusī	접촉된(touched)	접촉을 지닌(touched)
	ghaṭṭesi	접촉하다 (to touch)	접촉하여 건드리다, 방해하다 (to knock against)
	saccessati	접촉하는 (to touch)	방해하다(to disturb)
	phussita	접촉된(touched)	잠겨진(with fastened bolts)
	āmasati	접촉하다(to touch)	쥐다(밟다)(lay hold on)

불선한 의도 (10)	āhanati	접촉하다(touch)	때리다(to beat), 치다(to strike)
	sampalimaṭṭha	접촉된(touched)	파괴된(destroyed)
	parāmaṭṭha	접촉된(touched)	집착된, 취착된(grasped)
	parāmassa	접촉하는 (touching)	집착한(seizing)

이와 같이 '의도와 결합한 접촉인 촉발'에서 선한 의도에 의한 촉발은 수행의 선한 바라보는 기제로 활용할 수 있다. 그리고 표에서 제시한 것 이외에도 다양한 촉발이 있으며, 이렇게 다양한 촉발이 있다는 것은 촉발이 인간의 삶에 매 순간 영향을 미친다는 것을 말해 주고 있다. 그러므로 선한 의도가 있는 촉발을 통해 선한 마음 작용이 일어나도록 해야 하며, 이를 마음의 치유에 활용할 수 있게 된다.

〈봄 16〉 지혜 제일과 설법 제일

붓다의 십대 제자 중에 사리뿟타 존자는 지혜 제일이고, 뿐나(부루나) 존자는 설법 제일이다. 이들이 마가다국의 라자가하에서 처음 대면하여 열반에 대한 의견을 교환하게 된다. 그리고 지혜 제일인 사리뿟타는 깨달음의 길에 대한 뿐나의 답변을 듣고 감탄을 금하지 못하게 된다. 이러한 내용이 『맛지마 니까야』의 「역마차 교대경」에 설명되어 있다. 뿐나는 여기서 깨달음으로 가는 길인 청정의 길을 일곱 마차에 비유하고 있다. 그리고 이러한 깨달음으로 가는 길에 취하게 되는 계청정, 심청정, 견청정, 의심 제거의 청정, 도와 비도의 지견청정, 도의 지견청정, 지견청정을 위해 청정범행을 닦는 것이 아니라고 한다. 그리고 이러한 각각의 취함이 완전 열반은 아니라는 것이다. 이는 일곱 마차가 목적지에 도달하기 위해 각각 다음 역마차의 조건이 되듯이, 칠청정도 각각 다음 단계를 위한 조건이 될 뿐이라는 것이다. 그때서야 비로소 이러한 설명을 들은 지혜 제일인 사리뿟타 존자는 서로 간에 통성명을 하게 된다. 그리고 설법으로 뛰어난 뿐나의 지혜에 축복을 보내게 된다. 이와 같이 서로 간에 유익한 법거량을 한 두 존자는 서로에게 이득이 되는 만남을 통해 서로를 축복하게 된다(M. I. 147-151). 이렇게 서로 간에 이득이 되는 만남은 서로 축복하고, 법에 대한 확신을 가지며, 올바른 법을 일으키고자 하는 촉발을 가져오게 된다.

여기서 촉발의 올바른 방향성에 대해 살펴보겠다. 마음작용이 일어나기 위해서는 일으키고자 하는 의도에 의한 촉발이 있어야 한다. 이는 앞의 역마차의 도착이 뒤의 역마차가 출발하는 데 조건이 되듯이, 선한 촉발은 선한 마음작용이 일어나는 데 조건이 된다. 이렇게 이 세상에서 발생하는 마음작용은 촉발의 연기성상에 있게 된다. 그래서 서로 간에 선함을 촉발시키는 만남은 법을 잘 수지하고 전달하는 것이며, 이를 통해 이 세상은 청정한 곳이 될 수 있다. 서로 간에 내가 제일이고, 훌륭하며, 내가 맞고 당신이 틀리다고 시시비비를 가려 보았자 그것은 깨달음의 길을 가는 데 도움이 되지 않는다. 이는 지나온 생에서 닦은 업이 다르며, 현생에서 닦은 업도 다르기 때문에 같은 대상이라도 촉발되어 일어나는 현상은 다르게 나타나기 때문이다. 그러므로 서로를 인정해 주고 받아들이며, 서로 간의 장점을 조화롭게 발전시켜 나가야 한다. 이것이야말로, 서로 간에 이득이 되며, 성장을 촉발시킬 수 있는 만남이 되는 것이다. 이와 같이 인간의 삶과 수행자의 삶에서 의도를 갖고 있는 촉발은 삶의 방향을 제시하는 데 중요한 작용을 하게 된다.

17.
능동적인 삶을 살아야 하나?

인간은 항상 무언가에 접촉하며 살고 있다. 이때 접촉 대상에 대해 수동적으로 보이는 것이 있으며, 능동적으로 보는 것이 있다. 그리고 인간의 일반 삶과 수행자의 삶에서는 능동적으로 선한 행을 함으로써 인간 삶의 괴로움에서 벗어나고자 해야 한다. 이러한 능동적인 삶에 대해 세 가지 의미로 살펴보겠다.

먼저, 의도에 의한 수동·능동의 구분에 대해 살펴보겠다.
『위방가』에 의하면 눈·귀·코·혀·몸(이하 안·이·비·설·신)인 오근에 의해 일어나는 전오식(안식·이식·비식·설식·신식)은 과보의 발현에 의해 일어난 것이며, 이는 단지 업의 발현일 뿐이고, 업을 발생시키지는 않는다고 한다. 그리고 제육식(의식)은 과보의 발현일 수도 있고, 과보의 발현이 아닐 수도 있으며, 업을 생기게 하거나, 업이 생기지 않는 것일 수도 있다고 한다(각묵 2018: 470). 그래서 과보에 의해 발생된 전오식은 의도가 없는 순수한 의식이며, 이는 업을 발생시키지 않는 수동의 작용이다. 그리고 의도에 의한 촉발에 의해 발생된 의식은 업을 발생시키며, 이는 추후에 과보를 받게 하는 능동의 의식이다. 이러한 의도에 의한 수동·능동의 구분을 표로 나타내면 다음과 같다.

〈표 I-11〉 의도에 의한 수동·능동의 구분

구분	과보 발현/의도 형성	업의 저장
수동	과보 발현 → 전오식	(없음)
수동	과보 발현 → 의식(제육식)	(없음)
능동	의도 형성 → 의식(제육식)	업 생성 → 업의 저장

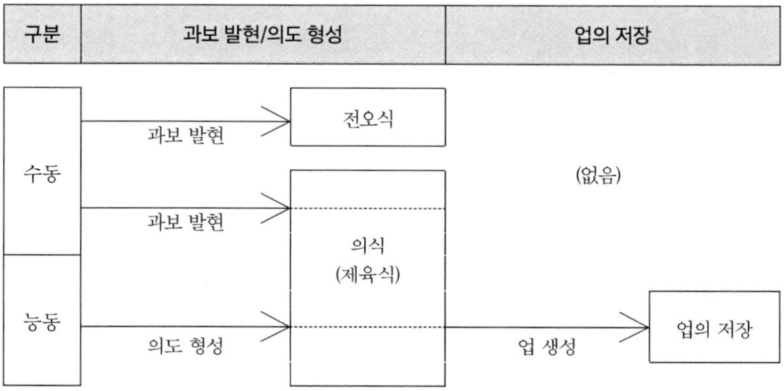

여기서 과보의 발현에 의한 행은 행을 함으로써 임무가 종료되어 소멸되지만, 의도의 행은 새로운 업을 형성하며, 후생에 새로운 과보의 형성을 갖게 한다. 이렇게 의도에 의한 업의 생성 유무에 의해 수동과 능동의 작용으로 구분해 볼 수 있다.

두 번째, 수동·능동의 행에 대해 살펴보겠다.

『위숫디막가』에서 붓다고사는 행(saṅkhāra)을 구분하며, 이를 조건에 의한 업에 의해 형성된 행인 소행적 형성(abhisaṅkhātasankhāra)과 의도에 의해 형성된 행인 능행적 형성(abhisaṅkharaṇakasaṅkhāra) 등으로 이를 구분하고 있다(Vism. 526-527.; 전재성 2018: 1312-1313). 여기서 업에 의해 형성된 소행적 행은 수동으로 볼 수 있으며, 의도에 의해 형성된

능행적 행은 능동으로 볼 수 있다. 근·경·식 삼사화합에 의해 전오식이 형성되는데, 이때 발생되는 행은 의도가 없는 소행적인 수동적 행이다. 이때 의식에 내재된 것이 자연 발생적으로 일어나게 된다. 이렇게 발생된 전오식에 의도가 작용하게 되면 이때는 의도에 의한 업이 발생하게 되는데, 이때는 의도가 있는 능행적인 능동적 행이 발생된다. 이러한 수동·능동의 행을 표로 나타내면 다음과 같다.

〈표 I-12〉 수동·능동의 행

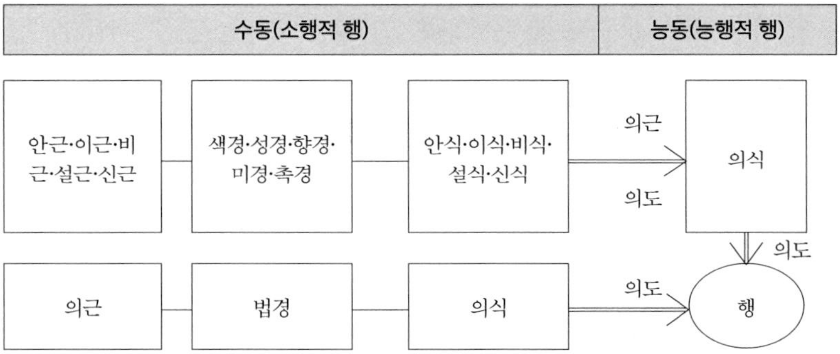

수동(소행적 행)				능동(능행적 행)
안근·이근·비근·설근·신근	색경·성경·향경·미경·촉경	안식·이식·비식·설식·신식	의근 / 의도 ⇒	의식
				↓ 의도
의근	법경	의식	의도 ⇒	행

세 번째, 세간과 출세간의 능동의 행에 대해 살펴보겠다.

인간이 행하는 능동의 행을 세간과 출세간으로 구분하여 살펴볼 수 있다. 세간인 욕계·색계·무색계와 출세간의 수다원과 사다함에서는 의도에 의한 능동적인 행을 함으로써 업의 발생으로 윤회하는 삶을 살게 된다. 그리고 출세간의 아나함과 아라한은 의도가 없는 지혜의 행을 함으로써 업의 발생이 없게 되어 더 이상 윤회하지 않게 된다. 특히, 아라한에게 일어나는 행은 의도가 없는 지혜로만 일어나는 행이거나, 과보로만 일어나는 행이며, 작용만 하는 행일 수 있다. 그래서 이러한 행은 업을 발생시키지 않는다. 이러한 아라한의 행에서는 이를 능동이냐 수동이냐로 구별하기보다는 이를 지혜의 행으로 봐야 할 것이다. 이러한 세간과 출세간의 능동의 행을 표로 나타내면 다음과 같다.

〈표 I-13〉 세간과 출세간의 능동의 행

구분		능동의 행
세간	욕계·색계·무색계	대상 —의도→ 행
출세간	수다원·사다함	대상 —의도→ 행
	아나함·아라한	대상 —지혜→ 행

이와 같이 능동과 수동의 구분은 의도의 작용으로 구분해 볼 수 있으며, 의도에 의해 업을 발생시키는 행은 능동적인 작용으로 볼 수 있다. 그리고 의도가 있지 않은 단순한 과보의 발현이거나, 작용만 하는 행이거나, 업의 발생이 없는 행은 수동적인 작용으로 볼 수 있다. 그리고 수행은 능동적으로 선한 마음작용을 촉발시켜 불선한 마음작용에 촉발되는 것을 끊어 버리는 능동적인 행이다. 이를 통해 계속 선한 것에 주시가 가능하다면 이러한 주시의 확립을 통해 탐·진·치에 촉발되는 것은 소멸되게 된다. 그래서 이 세상의 삶에서 일어나는 괴로움에서 벗어나기 위해서는 능동적으로 선한 마음의 기제를 활성화시키며, 지혜로운 삶을 살아야 한다.

〈봄 17〉 고통을 선물로

인간은 살면서 고통을 경험하게 된다. 그러나 이러한 고통도 어떠한 능동적인 자세를 취하며, 이를 잘 활용하느냐에 따라 인간의 삶에 이득을 줄 수도 있고, 슬픔을 안겨 줄 수도 있다. 「누에고치에 대한 이야기」가 있다. '나'는 하루는 누에고치를 관찰하고 있었다. 그런데 그 누에고치들은 탈을 벗고 나비가 되어 날기 위해 그 작은 구멍을 통해 빠져나오려고 애를 쓰고 있었다. 신기하게도 작은 구멍을 통해 힘겹게 빠져나온 누에고치들은 나오자마자 기다렸다는 듯이 허공을 향해 힘차게 날아오르기 시작했다. 그래서 나는 그들을 도와주려 마음을 먹고, 그들이 빠져나오는 입구를 넓게 잘라 주었다. 그러자 그 누에고치들은 커진 구멍을 통해서 쉽게 빠져나올 수 있었다. 그러나 이렇게 쉽게 빠져나온 누에고치들의 나비들은 공중으로 높이 날지 못하고 땅바닥을 맴돌게 된다. 그들은 그 좁은 구멍을 통해 힘들게 빠져나오려고 애쓰면서 몸의 영양분이 날개에까지 전달되었던 것이다. 그리고 구멍을 통해 빠져나올 때 날개가 마찰하면서 훨씬 강한 날개를 만들게 되었던 것이다(https://cafe.naver.com/gobuja6788/7620). 이와 같이 인생에서 겪게 되는 모든 행에는 다 나름대로의 의미가 있는 것이다. 비록 그것이 고통을 준다고 하더라도 그 고통을 이겨 내려고 하는 능동적인 삶을 통해서 발생된 업이 소멸되거나 새로운 발전을 기대할 수 있게 된다. 그래서 고통은 고통으로 그치는 것이 아니라, 나를 훨씬 강하게 만들어 주는 선물이 될 수 있다. 그러나 그러한 고통을 선물로 만들지, 아니면 괴로움으로 만들지는 그것에 대해 능동적으로 의도를 내는 자의 손에 달렸다. 어차피 일어난 일이고, 되돌릴 수 없는 일이라면, 이것을 변화의 기회와 발전의 디딤돌로 삼는 선한 능동적인 자세가 바람직할 것이다. 그래서 이 세상에 업을 갖고 태어나면서 받게 되는 괴로움을 오근과 오력의 밑거름으로 삼아 더욱 정진하여, 칠각지와 팔정도의 방향으로 작용될 수 있도록 하는 것이 이 세상을 지혜롭게 사는 길이다. 그래서 지혜의 길은 능동적인 삶의 길인 것이다. 그러나 마지막 깨달음의 단계에서는 의도 없이 수동적으로 깨달음의 단계에 들어가는 의도의 소멸을 경험하게 된다.

18.
의식을 통한 열반 의식의 증득은 무엇인가?

인간의 삶에 의식이 없다면 인간의 연속성은 기대할 수 없게 된다. 이와 같이 의식은 다양하게 우리의 삶에 관여하게 된다. 그렇게 인간의 삶에 다양하게 나타나는 것이 의식이며, 수행을 통한 깨달음으로 의식은 열반 의식으로 변화를 가져오게 된다. 이러한 의식을 통한 열반 의식의 증득에 대해 두 가지 의미로 살펴보겠다.

먼저, 의식의 구분에 대해 살펴보겠다.

의식은 전오식, 현행 의식, 심층 의식, 최심층 의식 그리고 열반 의식[7]으로 구분된다. 여기서 현행 의식은 육근(안근·이근·비근·설근·신근·

---

7 열반 의식을 불가견이며, 무한이고, 모든 곳에서 빛나는 의식으로 보았다. 「께밧따의 경」에서 붓다는 의식은 불가견(anidssana)이며, 무한(ananta)이고 모든 곳에서 빛난다고 한다. 여기서 지수화풍이 기반을 잃게 되며, 명색이 남김없이 소멸(nirodha)하고, 의식이 소멸된다고 한다(D. Ⅰ. 223). 그리고 이의 주석서인 『수망갈라위라시니』에서 앞의 의식은 "이것을 열반(nibbāna)이라 칭한다. 이것의 특징적 본성은 불가견이다. 생기거나, 사라지거나, 견고하거나, 변화되는 한계가 한량없고 끝이 없으므로 무한이다(Smv. 393)."라고 하여, 불가견이며, 무한이고, 모든 곳에서 빛나는(pabhaṃ) 의식을 열반 의식으로 보았다.

의근)과 육경(색경·성경·향경·미경·촉경·법경)의 화합에 의해 전오식(안식·이식·비식·설식·신식)과 제육식인 의식을 발생시킨다. 여기서 의근은 전오식을 총괄해 의식을 발생시키기도 하고, 법경과 화합해 의식을 발생시키기도 한다.(이필원 2014: 89) 이러한 의식은 대상을 분별하고 판단하여 아는 작용을 하기도 한다. 현행 의식은 현생에서 삶을 발생시키는 의식으로 이숙식·사심·무한 의식·최후 의식 등이 있다. 심층의식은 현생의 업과 관련이 있으며, 바왕가·재생연결식·결생식·잠재의식 등으로 연결된다. 그리고 심층 의식은 현행 의식에 영향을 주며, 최심층 의식과 의식의 연결 고리 역할을 하기도 한다. 최심층 의식은 미래에 발현될 업과 관련이 있으며, 심층 의식과 현행 의식이 실현되는데 발판을 만들어 주게 된다. 그래서 최심층 의식은 현행 의식과 심층 의식에 종자를 제공하며, 미래업을 저장하고 출력하기도 하며, 최심층 의식의 소멸을 통해 열반 의식을 증득하기도 한다. 열반 의식은 무여열반과 유여열반으로 구분한다. 유여열반은 업을 기반으로하는 의식(K)은 소멸하며 감각을 기반으로하는 의식(S)이 남아 지혜의 행을 하게 된다. 그리고 무여열반은 감각을 기반으로 하는 의식(S) 마저도 소멸하여 불사의 상태에 이르게 된 것을 말한다. 이러한 의식의 구분을 표로 나타내면 다음과 같다.

〈표 I-14〉 의식의 구분

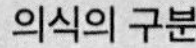

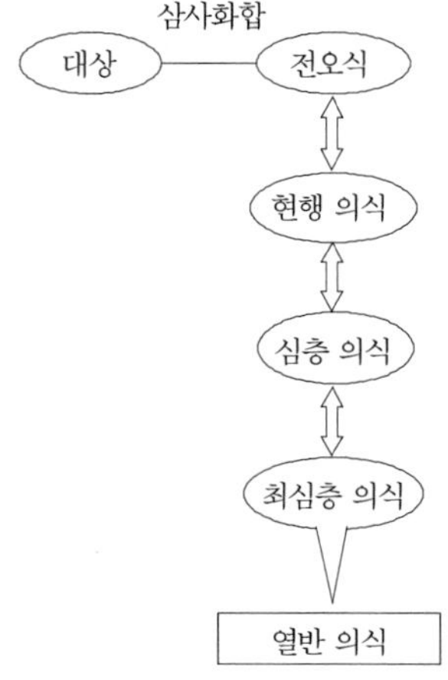

의식의 구분	종류
대상 — 삼사화합 — 전오식	- 眼識·耳識·鼻識·舌識·身識 근·경·식 삼사화합에 의해 발생
현행 의식	- 현생에 나타나는 의식 이숙식·사심·무한의식·최후의식
심층 의식	- 현행 의식에 영향을 줌 재생연결식·바왕가·잠재의식
최심층 의식	- 미래업에 영향, 심층 의식에 영향 열반 의식과 연결, 종자의식의 제공·저장
열반 의식	- 불가견이며, 무한이고, 모든 곳에서 빛난다. - 유여열반과 무여열반으로 구분된다.

두 번째, 의식을 통한 열반 의식의 증득에 대해 살펴보겠다.

수행을 통한 이러한 의식의 변화 단계는 지혜의 성숙에 따라 달라지게 된다. 윤회하는 인간의 의식은 사량분별(빠빤짜)을 통한 의식의 증장 구조를 가진다. 그리고 구분하여, 알아채는 지각작용(산자냐티)을 하게 된다. 또한 이는 수행을 통해 대상을 식별하여(위자냐티), 분명하게 알게 되고(빠자냐티), 분명한 앎(삼빠잔냐)이 일어나게 한다. 그리고 지혜(빤냐)를 증득한 아라한은 열반 의식을 증득하게 된다. 이러한 열반 의식의 발현을 표로 나타내면 다음과 같다.

<표 I-15> 의식을 통한 열반 의식의 증득

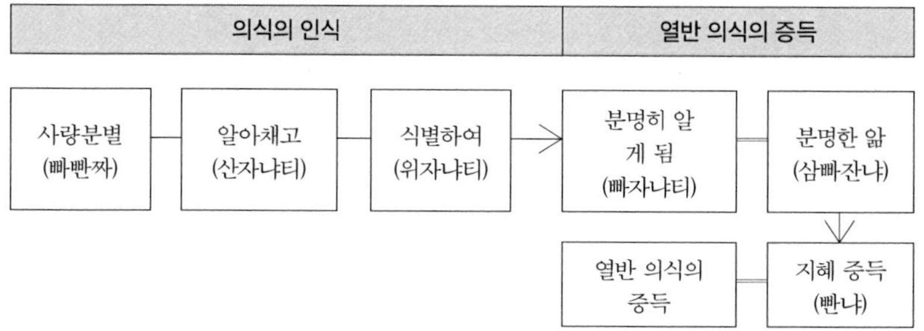

이와 같이 인간은 다양한 의식을 갖고 삶을 살게 된다. 그리고 깨달아 증득하게 되는 열반 의식에 의해 더 이상 이 세계에 윤회하지 않는 불사를 성취하게 된다.

〈봄 18〉 인생무상

이 세상에는 오래갈 수 없는 중요한 네 가지가 있다. 이것은 영원한 것, 부귀한 것, 만나는 것, 건강한 것이다. 『法句 比喩經』「道行品」에 보면, 부자(父子) 간의 이야기가 있다. 사랑하는 어린 아들이 죽자, 저승까지 가서 아들을 찾으려 했던 아버지의 이야기이다. 그 아버지는 저승까지 가서 아들을 만나게 된다. 하지만 아들은 다른 아이들과 노느라 아버지가 온 것도 모르고 있다. 아버지는 달려가 아들을 안으며 외쳤다. "우리 아들 여기 있었구나. 자 이제 집에 가자. 네 생각에 엄마 아빠는 밥도 못 먹고, 잠도 못 잔단다. 많이 보고 싶었다." 하지만 아들은 오히려 깜짝 놀라며 이렇게 외친다. "대체 무슨 말씀을 하시는 건가요? 이 끝없는 윤회의 시간에 잠깐 당신께 위탁해 아들이 되었지만, 이제는 아닙니다. 나는 또 다른 분의 자식이 되었습니다." 아버지는 아들의 냉정한 태도에 너무 실망해 붓다를 찾아뵙고 하소연한다. 이에 붓다는 말한다. "그게 이치 아니겠소. 죽으면 이내 다른 곳에서 또 다른 몸을 받습니다. 부모와 아들의 인연으로 모여 사는 것은 마치 여관에 묵은 나그네와 같으며, 아침이 되면 일어나서 떠나는 것과 다르지 않습니다. 이내 흩어지고 마는 것이 당연한 이치이거늘 자기 것이라 생각하며, 놓지 않으려 애쓰고 번민하고 슬퍼하는 것이 사람입니다." 아버지는 그제야 목숨은 덧없는 것이며, 처자는 손님과 같다는 것을 깨닫게 된다(『法句 比喩經』, 134-137). 이 세상은 업의 해소를 위해 잠깐 들른 것뿐인 인생인 것이다. 죽음 앞에서는 고관 백작의 삶도, 부귀영화의 삶도 다 부질없는 것이다. 결국은 죽음을 통해서는, 남겨진 업 이외에는 다 소멸하게 되는 것이다. 이렇게 인생은 청정함으로 가는 길목에서 잠시 머물다 가는 곳으로, 이 세상에 영구불변한 존재와 의식은 없다. 무한겁을 살더라도 그 끝은 있다. 이를 통해 매 순간의 의식은 전 순간의 의식과는 다르게 생성된다. 이는 찰나생·찰나멸로 변하는 의식에서 현생의 의식은 다음 생에서는 다른 존재로의 변화를 갖게 된다는 것이다. 이렇게 의식의 변화에 의해 윤회하는 삶을 살게 된다.

19.
신비 체험은 좋은 것인가?

지혜 수행인 위빠사나 수행을 통해 깨달음의 단계인 17단계를 경험하게 된다. 이때, 4번째 단계인 생멸의 단계에서 십관수염이라는 신비 체험을 경험하기도 한다. 이는 수행을 통해 얻어지는 신통력과는 다르며, 길을 떠난 나그네가 여행의 고단함을 잠시 잊고 휴식을 취할 수 있는 주막과도 같은 것이다. 그래서 깨달음의 정진을 위해서는 여기로부터 떠나 다음 단계로 나아갈 수 있도록 선한 의도를 내어 수행 정진을 해야 한다. 이러한 신비 체험에 대해 두 가지 의미로 살펴보겠다.

먼저, 신비 체험의 구분에 대해 살펴보겠다.

『위숫디막가』에서는 이를 열 가지 오염이라고 하여, 이를 십관수염(十觀隨染, vipassanā upakkilesā)이라고 한다. 이를 통해 수행 중에 얻는 작은 행복을 맛보게 된다. 그러나 여기에 집착하면 수행을 방해한다고 해서 이를 통찰 장애, 또는 십관수염이라고도 한다. 이에 대해 살펴보면 다음과 같다. ① 광명(光明, obhāsa)을 얻으며, 번쩍이는 불빛을 보기도 한다. ② 지식(智, ñāṇa)을 얻으며, 대상에 대한 분석, 구분, 예리한 이해력이 생겨 경전이나 교리의 깊은 뜻을 꿰뚫듯이 이해한다. ③ 기쁨(觀喜, pīti)을 얻으며, 육체적·정신적 기쁨으로 온몸에 전율을 느끼게 된다. ④ 경안(輕安, passaddhi)을 얻으며, 마음이 아주 안정되고, 고요함과 평화로움을 느끼게 된다. ⑤ 즐거움(樂, sukha)을 얻으며, 마음에서 강렬한 즐거움을 느끼기도 한다. ⑥ 결심(勝解, adhimokkha)을 얻으며, 수행 방법과 지도자에 대한 강한 믿음과 결심이 생긴다. ⑦ 노력(努力, paggaho)을 얻으며, 자기 수준보다 강한 수행으로 전념하게 된다. ⑧ 확립(現起, upaṭṭhāna)을 얻으며, 주의가 한 곳에 집중돼서 흔들림 없는 마음챙김이 일어난다. ⑨ 평온(捨, upekkhā)을 얻으며, 생겨났다가 사라지는 현상들에 마음은 더욱 평온해진다. 무심해서 혼침에 빠질 수도 있다. ⑩ 욕구(欲求, nikantī)를 얻으며, 자기 수행에 대한 만족감이 생기고, 이러한 현상들에 대한 미세한 집착과 욕망이 일어나게 된다(Vism. 633; Buddhapala 2006: 420-433).

두 번째, 신비 체험의 작용에 대해 살펴보겠다.

수행 중에 나타나는 신비 체험은 수행에 달콤함을 제공해 주기도 한다. 그러나 이것을 다시 기대하고, 찾고자 애쓴다면 이를 통한 욕구와 갈망에 의해 수행의 진전에 어려움을 겪게 된다. 그래서 여기에 머물러 있으려 하고, 이것을 수행의 목표로 삼으면 안 된다. 인간 삶의 괴로움의 해소라는 목적지를 향해 가기 위해서는 여기로부터 벗어나 다음 단계로 나아가야 한다. 이러한 과정에서 수행자는 소멸의 아픔을 겪기도 하고, 두려움, 위험함과 싫어함 등이 나타나기도 한다. 그러나 이를 극복하고 해탈하고자 하며, 성찰하고, 평온과 수순의 지혜를 얻으면, 성인으로의 종성의 변화를 가져오게 된다.

이와 같이 신비 체험을 하고 나서는, 이곳에서 잠시 쉬었다가 다시 이를 버리고 목적지를 향해 무소의 뿔처럼 길을 떠나야 한다.

〈봄 19〉 아자따삿뚜왕의 후회

『디가 니까야』「수행자의 삶의 결실에 대한 경」에 보면, 빔비사라왕과 아자따삿뚜는 마가다국의 두 왕으로, 부자지간이다. 빔비사라왕은 불교에 귀의하였으며, 불교를 전폭적으로 지원하게 된다. 그리고 그 당시 붓다를 시기하여 시해하려 했던 데바닷따는 왕의 아들인 아자따삿뚜를 부추겨서 왕권을 탈환하고, 빔비사라왕을 시해한다. 그러나 후에 아자따삿뚜왕은 데바닷따와 공모하여 붓다를 시해하려 했던 것을 후회하고, 불교에 귀의하게 된다. 그러나 그는 붓다께서 완전 열반에 드신 뒤에 붓다 생전에 허락하지 않았던 밧지국을 멸망시키고, 꼬살라국과 합병하게 된다. 그리고 이는 나중에 아쇼까대왕의 등장으로 이어지며, 마가다국은 삼차 결집 이후에 불교를 전 세계로 전파한다. 한편, 아자따삿뚜왕은 부친을 시해한 업보에 대한 두려움으로 이에 대한 조언을 받고자 당대 유명한 출가자들의 추천을 받게 된다. 이때 대신들은 교단을 갖추고, 무리를 이끌며, 명성이 있는 육사 외도를 추천하게 된다.

① 뿌라나 깟사빠: 우연론자, 무인과론자, 비결정론자, 허무주의, 연기를 믿지 말라.

② 막칼리 고살라: 운명론자, 숙명론자, 모든 것은 다 결정되어

있다.

③ 아지따 께사깜발린: 유물론자, 단멸론자, 영혼부정, 지수화풍 사대만이 참된 실재이며, 죽으면 다 그만이다.

④ 빠꾸다 깟짜야나: 요소론자, 유물론자, 허무주의, 세상은 7가지 요소(지·수·화·풍·고·락·영혼)로 구분되어 있으며, 영혼도 물질이다.

⑤ 산자야 벨랏띠뿟타: 회의론자, 이런 경우도 있고, 저런 경우도 있다. 그래서 정의하지 못하고, 결정하지 못한다.

⑥ 니간타 나타뿟타: 금계제어론자, 자이나교의 교주

아자따삿뚜왕은 대신들이 이들을 추천함에도 침묵한다. 그리고 의사 지와까[붓다의 시의(侍醫)]에 의해 붓다가 추천되자, 이를 받아들이고 드디어 붓다를 찾아뵙게 된다. 여기서 그는 붓다에게서 계·정·혜 삼학에 대한 가르침을 받게 되고, 불교에 귀의한다. 그러나 그는 아버지를 해쳤던 과보로 인해 그의 아들에 의해 시해를 당하는 업보를 받게 된다. 붓다는 제자들에게 그가 그러한 업보가 없었다면 바로 이 자리에서 진리의 눈이 생겼을 것이라고 말한다(D. Ⅰ. 47-86; 전재성 2011: 134-185). 이와 같이 아자따삿뚜왕은 데바닷따가 행한 삿된 신비 현상에 매료되어 그를 신봉하게 되었으며, 데바닷따는 그의 야욕을 채우기 위해 붓다를 시해하려는 삿된 음모를 꾸미게 된다. 뒤늦게 아자따삿뚜왕은 이를 후회하고 불교에 귀의하게 되나, 이미 행해진 과보는 받아야 하는 것이다. 이와 같이 삿된 신비 현상은 일시적인 것으로, 삿된 요소가 있는 신비 현상은 순간적으로 사람을 현혹시키는 현상일 뿐이다. 또한 외도에 의한 삿된 신비 현상에도 현혹되지 말아야 한다. 이러한 신비 현상은 거기에 안주하게 만들어, 수행에 더 이상의 발전을 주지 못한다. 그러므로 수행의 바른길은 정법에 의한 바른 행으로 계·정·혜 삼학을 바르게 닦아 삼명을 갖추는 길이다.

20.
죽음은 새로운 시작인가?

죽음이란, 생명이 있는 것이 현생에서의 생존 발판을 잃는 것을 말한다. 윤회하는 삶에서는 이러한 죽음은 끝이 아니고, 새로운 삶을 나타내기도 한다. 본 장은 죽음에 대한 네 가지 의미를 살펴보겠다.

먼저, 죽음은 현생의 업과 명색이 발판을 잃게 되는 것을 말한다.

인간을 구성하는 것은 몸과 정신이다. 이를 불교에서는 명색이라고 하며, 이는 오온인 색·수·상·행·식으로 표현된다. 그리고 이생에서 사용하게 될 업에 의해 생성된 재생연결식과 명색이 결합하여, 이 세상에 존재로서 태어나게 된다. 『앙굿따라니까야』「존재의 경」에서는 이 세상에 존재로 태어나게 된 인간은 생활하는 데 있어서 업은 밭이 되고, 의식은 종자가 되며, 갈애는 수분이 된다고 한다. 그리고 이러한 무명과 갈애로 인해 의식이 확립되어 미래의 재생존재로 태어난다고 한다(A. 1. 223). 이와 같이 현생에서 사용하게 될 밭이 되는 업이 있으며, 죽음이라는 것은 이렇게 현생에서 사용하게 될 업의 소진을 말한다. 그리고 다음 생에 사용하게 될 업이 새로이 생성되며, 현생에서 사용했던 색·수·상·행·식의 무더기는 흩어져 소멸하게 되는 것을 말한다. 그리고 새로이 윤회하게 되는 다음 생을 맞이하게 된다. 이와 같이 죽음은 현생에서 사용하게 되는 업의 소진을 말하며, 또한, 이를 발판으로 하는 명색은 흩어져 사라지게 된다. 이를 통해 새로이 형성된 재생연결식에 의해 새로운 삶의 탄생을 의미하기도 한다. 그리고 모든 업이 소진되어, 더 이상 사용하게 될 업이 남아 있지 않게 된 경우에는 더 이상 이 세상에 윤회하지 않으며, 불사의 상태가 된다.

두 번째, 죽음은 현생에서의 생명력, 체열, 의식의 사라짐을 의미한다.

인간은 몸과 정신으로 구성된다. 이러한 인간의 생에 대해 『쌍윳따니까야』「포말비유의 경」에서는 인간은 생명력, 체열, 의식으로 구성된다고 한다(S. Ⅲ. 143). 그래서 죽음이라는 것은 생명력, 체열, 의식의 사라짐을 의미하며, 여기서 신·구·의(身·口·意) 삼행도 소멸하여 가라앉게 된다. 이와 같이 의식·생명력·체열은 인간으로 윤회하게 되는 삶을 사는 데 필요한 요소가 된다. 따라서 이러한 요소가 새로이 형성되면 삼계에 윤회하는 존재로 태어나게 된다.

세 번째, 죽음은 현생의 주처와 자양을 공급받지 못한다는 것이다.

의식이 생성되어 자라나는 의식의 주처에서 칠식주는 욕계와 색계인 초선, 이선, 삼선이며, 무색계의 공무변처, 식무변처, 무소유처이다. 사식주는 색·수·상·행을 말한다. 그래서 의식이 머물러 성장하게 되는 주처를 찾지 못하게 되면 의식은 사라지며, 이는 죽음을 의미하게 된다. 그리고 태어나고자 하는 삶에 자양을 제공하고, 태어난 삶의 섭생을 보호하는 네 가지 자양(cattāro āhārā)은 물질의 자양(kabaliṃkāra āhārā), 접촉의 자양(phassa āhārā), 의도의 자양(cetanā āhārā), 의식의 자양(viññāna āhārā)이다. 이러한 자양은 인간의 삶에 연속성을 부여하게 된다. 그래서 이러한 네 가지 자양에 발판이 없어진다면, 인간으로서의 삶에 끊어짐이 발생하게 된다. 또한, 이러한 네 가지 자양이 공급된다면, 공급되는 세계로 윤회하게 되는 존재로 태어나게 된다.

마지막으로, 죽음과 비슷한 상태인 상수멸정의 상태가 있다.

이러한 상태는 생명력도 있고, 체열도 있으며, 감각 기능도 아주 분명하다. 다만, 신구의 삼행이 가라앉아 일어나지 않는 상태가 됨을 말한다(M. Ⅰ. 296). 수행을 통해 도달하게 되는 상수멸정은 무색계 선정을 취득한 후에 들게 된다. 이때는 느낌과 지각이 정지되고 의식이 중지된 상태가 된다. 그래서 탐·진·치와 번뇌가 일어나지 않는 고요한 상태가 된다. 따라서 이러한 상태는 번뇌가 소멸 된 열반의 상태와 같다. 그리고 이는 유사열반의 상태로 볼 수 있으며, 무여열반의 일시적 상태로 볼 수 있다.

이와 같이 죽음이란 현생에서 사용하게 될 업이 소멸된 것을 말하며, 또한 의식·생명력·체열 등이 사라지게 된다. 그리고 현생에서 의식이 유지되는 발판(사식주, 칠식주)을 찾지 못하게 되며, 삶을 지탱하게 되는 네 가지 자양의 공급이 없게 되기도 한다. 그래서 이러한 업과 재생연결식에 의해 의식의 주처가 발생되며, 여기서 자양이 공급된다면, 공급되는 세계로 윤회하게 되는 존재로 태어나게 된다.

〈봄 20〉 한정된 시간

서양 연극에 '단지 15분'이라는 연극이 있다. 여기에 등장하는 주인공은 총명하며, 뛰어난 성적으로 박사 과정을 수료하고, 논문 심사에서 극찬을 받았다. 앞날은 창창하며, 학위를 받을 날만 기다리고 있었다. 이런 와중에 그는 가슴에 통증이 와서 정밀 검사를 받게 된다. 그리고 검사 결과는 그에게 시한부 인생이라는 선고를 내리게 된다. 이제 그에게 남은 인생의 시간은 단지 15분이다. 그리고 벌써 5분이라는 시간이 흘러갔다. 이제 남은 인생은 10분, 이때 그에게 한 통의 전보가 도착하게 된다.

'억만장자인 삼촌이 돌아가시며, 재산상속인으로 당신을 지정했다.' 상속 절차를 받으라는 전보다. 그러나 남은 시간은 10분, 이러한 상속은 아무런 의미가 없다. 그때 허탈한 그에게 또 한 통의 전보가 날아들게 된다.

'당신의 박사학위 논문이 올해 최우수상으로 선정되었다. 축하한다.' 그러나 이러한 상황에 처하자, 축하받는다는 기쁨은 이를 누리지 못한다는 슬픔으로 변해 다가온다. 이것은 위안이 아니고 고통이 된다. 그리고 또다시 그에게 한 통의 전보가 온다.

그동안 그토록 애타게 기다리던 연인으로부터 결혼 승낙 답신이 온 것이다. 그러나 그는 이렇게 기뻐해야 할 상황을 앞에 두고도 기뻐할 수 없다. 왜냐하면 그에게 다가온 죽음의 시계를 어느 누구도 멈추게 할 수 없기 때문이다. 이렇게 그는 10분이 지나자 숨을 멈추게 된다(https://www.onday.or.kr/wp/?p=3490).

그가 전 인생에 걸쳐 꿈꾸었던, 재산과 명예 그리고 사랑. 이것이 죽음 앞에서는 허탈, 슬픔, 괴로움으로 다가왔다. 그는 그것을 얻기 위해 젊은 시절을 꿈을 좇아 정신없이 보냈다. 이제 그 꿈을 이루려는 순간, 더 이상 인생의 시간은 그에게 허락되지 않았다. 이렇게 모든 사람에게는 인생에서 주어진 시간이 있다. 그것이 영원할 것이라고 믿고 살았으나, 어느 순간 시간이 얼마 남지 않았음을 알게 된다. 인생의 의미를 조금이라도 깨달을 즈음, 뒤를 돌아보고 앞을 바라보니 남은 시간이 얼마 없다는 사실을 발견하게 된다.

이와 같이 죽음은 인간에게 필연적으로 다가온다. 그리고 죽음의 시간에서는 부귀영화와 인생의 쾌락도 다 부질없는 일이 되어 버린다. 왜냐하면 이것을 갖고 다음 생으로 갈 수 없기 때문이다. 이렇게 성공한 삶이든 귀중한 삶이든 이 세상에서 인간에게는 현생을 살기 위한 한정된 시간만이 있을 뿐이다. 그리고 이 세상에서 떠날 때는, 이 세상에서 이룬 것은 업 이외에는 다 두고 떠나야 하며, 이전에 지은 업에 의해 다음 생의 생성이 있을 뿐이다. 그래서 죽음은 새로운 윤회의 시작을 의미한다. 그렇기 때문에 현생에서 다음 생을 위해 우리가 할 수 있는 가장 좋은 것은 선처에 날 수 있도록 선업을 쌓는 일뿐이다.

〈청정한 삶의 기회 인생〉

"지옥에는 오로지 고통만이 있고, 천계에는 오로지 행복만이 있으며, 인간의 세계란 고통과 행복이 섞인 상태이다. 그대가 인간의 상태를 얻은 것 때문에 그대에게 청정한 삶의 기회가 획득되는 것이다(S. IV. 126, Srp. II. 400)."

21.
지혜의 눈과 탐·진·치의 소멸은?

수행자는 지혜 수행을 통해 깨달음을 얻어 성인의 단계로 나아가게 된다. 그리고 이러한 깨달음으로 지혜의 눈을 증득하게 되며, 이렇게 얻어진 지혜의 눈을 통해 바르게 바라봄으로써 탐·진·치는 소멸의 길을 가게 된다. 이러한 지혜의 눈과 탐·진·치의 소멸에 대해 살펴보겠다.

먼저, 깨달음을 통해 증득하게 되는 지혜의 눈에 대해 살펴보겠다.

『쌍윳따니가야』의 주석서인 『사랏탑빠까시니』에서는 이렇게 말한다.

시각(視覺)에는 두 개의 눈(dvecakkhu)이 있다. 지혜의 눈(慧眼: ñāṇacakkhu)과 육신의 눈(肉眼: maṃsacakkhu)이다. 그런데 지혜의 눈에는 다섯 가지 의미가 있다.

① 부처의 눈(佛眼 Buddhacakkhu): 존재의 성향 내지 잠재적인 경향에 대한 지혜나 감각 능력의 성숙 정도에 대한 지혜

② 진리의 눈(法眼: dhammacakkhu): 낮은 세 단계의 길(向)과 경지(果)에 대한 지혜

③ 보편의 눈(普眼: samantacakkhu): 부처님의 모든 것을 아는 지혜

④ 하늘의 눈(天眼: dibbacakkhu): 빛의 가득 퍼짐에 의해 생겨나는 지혜

⑤ 지혜의 눈(慧眼: paññācakkhu): 네 가지 거룩한 진리(四聖諦)를 구별하는 지혜이다.

그리고 육신의 눈에는 두 가지 의미가 있다.

① 구성적인 눈(種眼; sasambhāracakkhu): 신체적인 눈동자

② 감각적인 눈(淨眼: pasādacakkhu): 형상에 반응하는 시각 기관

(Srp. Ⅱ. 354; 전재성 2014: 1041.)

이와 같은 다섯 가지 의미인 지혜의 눈을 갖고 대상을 바라보게 되면 마음에 괴로움은 형성되지 않는다. 그리고 이를 통해 잘 배운 고귀한 제자는 "'태어남은 부수어졌고, 청정한 삶은 이루어졌으며, 해야 할 일은 다 마쳤으니, 더 이상 윤회하지 않는다.'라고 분명히 알게 된다(S. Ⅳ. 1)." 이와 같이 지혜의 눈으로 이 세상을 바라봄으로써 탐·진·치가 소멸되며, 인간 삶의 괴로움에서 벗어나게 된다.

두 번째, 지혜의 눈에 의해 탐·진·치가 소멸되는 두 가지 방법이 있다.

하나는, 탐·진·치에 촉발하려는 마음작용 자체를 끊는 방법이며, 그리고 다른 하나는 사성제와 삼법인에 대한 깨달음으로 열반을 증득하게 되는 방법이다. 이러한 방법을 일곱 부류의 사람인 무학(양

면해탈자, 혜해탈자)과 유학(몸으로 체험한 자, 믿음으로 해탈한 자, 믿음을 따르는 자, 법을 따르는 자, 견해를 성취한 자)으로 구분할 수 있다(M. I. 477-480). 이를 위한 수행 방법에는 지혜 수행이 있으며, 이러한 탐·진·치의 소멸 방법을 표로 나타내면 다음과 같다.

〈표 I-16〉 탐·진·치의 소멸 방법

<table>
<tr><th>소멸 방법</th><th colspan="2">일곱 부류의 사람[8)]</th><th>수행 방법</th></tr>
<tr><td>탐·진·치에
촉발을 끊음</td><td>몸으로 체험한 자</td><td rowspan="2">양면
해탈자</td><td rowspan="2">지혜 수행</td></tr>
<tr><td>깨달음</td><td>혜해탈자, 믿음으로 해탈한 자, 믿음을 따르는 자,
법을 따르는 자, 견해를 성취한 자</td></tr>
</table>

이렇게 탐·진·치에 대한 촉발이 끊어지는 것을 몸으로 체험하게 되는 수행이 있다. 그리고 사성제와 삼법인의 실상에 대한 깨달음을 통한 탐·진·치의 소멸로 괴로움에서 벗어나게 되는 수행이 있다. 붓다 재세 시에도 열반을 얻은 많은 제자가 있었다. 붓다의 제자 오백 명 중에 육십 명은 삼명을 얻은 자, 육십 명은 육신통을 얻은 자, 육십 명은 양면해탈자, 삼백이십 명은 혜해탈자라고 한다(S. I. 191). 이들은 붓다의 가르침에 의한 수행을 통해 해탈·열반을 얻게 된 자들이다.

이와 같이 바라보는 기제를 활용하여 현존하고 수용하게 되는 수행을 통해 자각하게 되며, 이를 통해 깨달음의 눈을 얻고, 탐·진·치

8 일곱 부류 사람의 성취 단계: 아라한과(혜해탈자, 양면해탈자), 아라한도(몸으로 체험한 자, 믿음으로 해탈한 자, 견해를 성취한 자), 수다원도(믿음을 따르는 자, 법을 따르는 자)

의 소멸로 해탈·열반을 증득하게 된다.

〈봄 21〉 지혜의 눈을 갖추자

수행을 통해 대상을 바라보면, 같은 대상이라도 수행의 단계별로 보여지는 바가 달라지는 경험을 하게 된다. 그리고 이렇게 대상을 바라봄에 의해 앎이 발생하게 된다. 그래서 대상을 있는 그대로 바라보는 힘이 생기면, 네 가지 성스러운 진리인 사성제를 바르게 볼 수 있는 지혜의 눈이 생기게 된다. 이렇게 대상을 바르게 바라볼 수 있는 지혜의 눈은 탐·진·치로 인해 발생되는 괴로움에서 벗어나게 해 준다. 이렇게 대상을 있는 그대로 바라볼 수 있는 지혜의 눈에 대해, 『맛지마 니까야』「사꿀루다이 긴 경」에서 붓다는 우다이에게 심혜탈과 혜해탈을 증득하는 것에 대해 설명하고 있다. "우다이여, 예를 들면 산속 깊은 곳에 맑고 투명하고 깨끗한 호수가 있어, 눈 있는 어떤 사람이 그곳 강둑에 서서 조개껍데기, 자갈, 조약돌, 움직이거나 가만히 서 있는 물고기 떼를 보는 것과 같다. 그에게 이런 생각이 들 것이다. '이 호수는 참 맑고 투명하구나, 여기 이런 조개껍데기도 있고, 자갈도 있고, 조약돌도 있고, 물고기 떼도 있어 움직이기도 하고 가만히 서 있기도 하는구나.'라고(M. Ⅱ. 22; 대림 2 2012: 204)." 대상을 있는 그대로 볼 수 있게 된다. 거기에는 탐·진·치도 없고, 괴로움도 없다. 이렇게 마음이 맑아지면 지혜의 눈으로 일어나는 현상을 있는 그대로 볼 수 있게 된다. 그래서 이러한 지혜의 눈은 마음을 맑게 하여 더 이상 탐·진·치로 마음이 더렵혀지지 않게 한다.

이와 같이 수행자가 심혜탈과 혜해탈을 통해 증득한 지혜의 눈으로 대상을 바라보면, 이 세상에 보여지는 것에 대해, 그것을 있는 그대로 볼 수 있게 된다. 그래서 지혜의 눈에 의해 사성제와 삼법인에 대한 실상을 있는 그대로 볼 수 있게 되며, 이를 통해 해탈·열반을 증득하며, 다시는 괴로움의 세계에 들지 않게 된다.

종합 평론

바라만 봐도 치유되는 마음은 마음의 현상이다. 그리고 이러한 마음의 메커니즘의 자연 치유 현상에 의해 인류의 문명은 안정적으로 발전을 거듭해 왔다. 이것은 인간에게 선한 마음작용이 있기 때문이며, 만약에 인간에게 불선한 마음작용이 더 많이 발달되었다면, 인간은 동물과 다르지 않았을 것이다. 이렇게 인간에게는 선한 마음작용이 더 많기에 윤리관과 도덕관이 생기고 서로 배려하며, 동반 성장의 길을 가게 된다. 다가올 5차 혁명인 영성의 시대에는 더욱이 독창적이고 개인화된 시대에 접어들 것이다. 그래서 마음 내면의 세계를 잘 다스릴 줄 아는 기술이 필요하게 된다. 또한, 이때의 세계는 신통력의 세계가 될 수도 있다. 이 세계가 성·주·괴·공의 괴겁 단계에 접어들면 인간은 천상 세계와 범천의 세계로 윤회하는 삶을 살게 된다. 그러면 괴로움은 줄어들고 즐거움이 가득한 세계가 된다. 물론 이러한 세계에 들려면 그러한 행을 닦아야 한다. 법에 대한 복잡한 지식이 없더라도, 다만 마음을 바르게 바라만 보는 수행으로 이러한 선처에 태어날 수 있게 된다. 그래서 미래를 위한 투자의 개념으로 매일 한 번에 5분씩이라도 자신을 위해 투자한다는 생각으로 마음을 바르게 바라보는 수행을 해야 한다. 이것이 영성의 시대를 대비하고, 미래를 대비하며, 가장 사랑스러운 자기 자신을 보호하고 사랑하는 길인 것이다. 그래서 이를 위해 바라보는 수행 방법을 활용할 수 있어야 한다.

바라보는 수행 방법

고요한 곳에 자리를 펴고, 가장 편한 자세로 앉아서 내 심신에서 무슨 일이 일어나고 있는지 현존하고, 수용하면 자각하게 된다. (자세는 중요하지 않다. 언제 어디서든 편안한 자세로 하면 된다.) 이때 망상이나, 개념, 감정으로 빠지지 말고, 일어나는 현상을 있는 그대로 수용하며, 편안하게 바라만 보면 된다. 이러한 바라보는 수행 방법의 대행복으로 가는 3단계 수행을 표로 나타내면 다음과 같다.

〈표 I-17〉 대행복으로 가는 3단계 수행

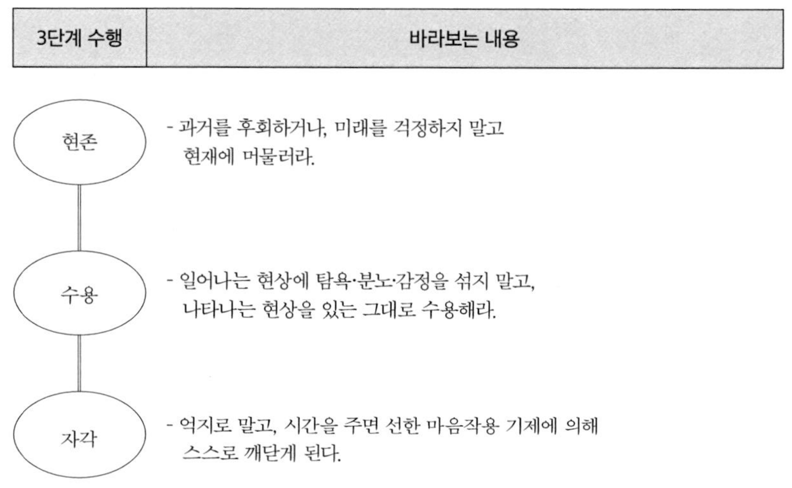

3단계 수행	바라보는 내용
현존	- 과거를 후회하거나, 미래를 걱정하지 말고 현재에 머물러라.
수용	- 일어나는 현상에 탐욕·분노·감정을 섞지 말고, 나타나는 현상을 있는 그대로 수용해라.
자각	- 억지로 말고, 시간을 주면 선한 마음작용 기제에 의해 스스로 깨닫게 된다.

바라본다는 것은 고요히 침묵하며, 현재에 머무르고, 몸과 마음에서 일어나는 현상을 수용하며, 마음이 스스로 자각할 시간을 주는 것이다. 이를 통해 탐·진·치에 대한 촉발이 점점 끊어지고, 엷어지며, 소멸함을 경험하게 된다. 그리고 바라봄을 통해 생각을 정리하면 문제의 해결 방법이 나타나게 된다. 그래서 과거를 반성하고 미래를 대비해야 하나, 감정이나 망상에 휩싸여 과거에 대한 후회나 미래에 대한 걱정으로 괴로움을 쌓아 놓으면 안 된다. 이와 같이 현재에 머물러 침묵하고 수용하며, 시간을 주면 마음은 스스로 자각의 힘으로 고요하게 되며, 탐·진·치는 제거되고, 깨달음을 증득하게 되는 대행복의 길로 나아가게 된다.

바라보는 작용

이러한 현존·수용의 작용으로 바라보는 작용은 침묵하며, 고요하게 된다. 그리고 이를 통한 자각으로 깨달음과 행복을 증득하게 된다. 이러한 바라보는 단계별작용을 표로 나타내면 다음과 같다.

〈표 I-18〉 바라보는 단계별 작용

구분	현존	수용	자각
작용	침묵·바라봄	고요·수용	깨달음·행복

이렇게 현존하며, 수용하기 위해 활용하게 되는 바라보는 수행 기제를 다음 장에서 살펴보겠다. 이러한 바라보는 수행 기제의 주 기능은 현존으로 침묵하여 바라보게 되고, 수용으로 고요하게 있는

그대로를 받아들이게 되며, 자각에 의한 깨달음으로 행복을 증득하게 된다는 것이다. 이러한 내용을 바탕으로 Ⅱ, Ⅲ장에서는 마음에 현존하며, 수용하고, 이를 통해 자각하게 되는 바라보는 기제 및 치유되는 마음에 대한 구체적인 내용에 대해 알아보겠다.

- 위쪽: 마하무니 사원
- 중간 왼쪽: 순룬수행센터
- 중간 오른쪽: 순룬수행센터 수행 홀
- 아래 왼쪽: 마하간다용 사원(대규모 대중공양, 수행자 2000명)

II

바라보는 기제

마음에서 다양하게 작용되고 있는 '선한 바라보는 기제'로 마음을 바라보기만 해도 마음은 고요하고, 평온하게 된다. 그러나 인간의 마음에는 망상(사량분별)에 의해 실재를 왜곡하려는 불선한 마음작용도 작용하기 때문에, 이런 망상은 대상을 바라보는 기제의 마음을 수시로 방해하게 된다. 그래서 수행을 통해 평상시에도 선한 바라보는 기제의 방향으로 마음이 현존하도록 마음에 길을 들여야 한다. 이를 위해서는 선정 수행과 지혜 수행이 필요하며, 이런 수행을 통해 점차 마음에서 바라보는 선한 기제는 활성화된다. 그리고 이렇게 활성화된 바라보는 기제에 의해 마음은 현존의 상태를 유지하게 된다. 이러한 선정 수행을 통해 마음을 고요하게 다스리면 범천인 색계·무색계의 세계에 들게 된다. 그리고 지혜 수행을 통해서는 탐·진·치의 소멸을 가져오며, 이로 인해 인간 삶의 괴로움에서 벗어나 성인의 흐름에 들게 된다. 이와 같이 바라보는 기제는 다양한 치유작용을 하게 된다.

이렇게 붓다가 계발하여 깨달음을 얻게 된 바라보는 기제를 활용한 수행 전통은 현재의 남방 상좌부로 그 전통의 맥이 이어져 내려오고 있다. 그리고 현재의 남방 상좌부는 AD 5세기에 붓다고사에 의해 지어진 『청정도론』을 수행의 지침서로 삼고 있으며, AD 11세기에 아누룻다 스님에 의해 지어진 『아비담마길라잡이』를 수승한 법으로 여기고 있다. 그래서 본 장에서는 『청정도론』과 『아비담마길라잡이』를 중심으로 이를 오부『니까야』를 통해 살펴볼 것이며, 이를 통해 수행에서 활용하게 되는 바라보는 기제에 대해 알아보도록 하겠다.

1.
바라보는 기제

수행 시에 활용하게 되는 바라보는 기제는 마음에서 의도에 의해 일어나는 주시(사띠) 등과 같은 선한 마음작용들이다. 그리고 이러한 다양한 기제들을 활용하여 실상에 현존하게 되고, 이를 수용하여 이를 통한 자각으로 깨달음을 증득하고, 인간 삶의 괴로움에서 벗어나게 된다. 이러한 바라보는 기제의 종류 및 활용에 대해 살펴보겠다.

1) 기제의 종류

바라보기 위해 활용하는 기제에는 '작의', '주시', '촉발', '성찰', '분명한 앎', '집중', '지혜' 등의 다양한 기제가 있으며, 이를 활용하여 수행을 하게 된다. 그리고 수행 시에는 일어나는 대상에 현존하며, 이를 수용하면 된다. 그러면 수행자의 근기가 바뀌어 감에 따라 수행기제는 변화를 갖게 된다. 그리고 마음의 기능은 아는 것이므로 이를 통해 스스로 자각할 수 있는 길로 가게 된다. 이것이 선한 마음작용에 의한 선한 바라보는 기제의 작용이다. 그러나 애쓰거나 조바심을 내면 불선한 마음작용이 일어나게 되므로, 일어나는 대상에 현존하며, 수용하려는 자세가 중요하다. 그래서 믿음과 정진이 포함되어 있는 오근과 오력의 단련이 필요하다. 이러한 바라보는 기제의 종류를 표로 나타내면 다음과 같다.

〈표 II-1〉 바라보는 기제의 종류

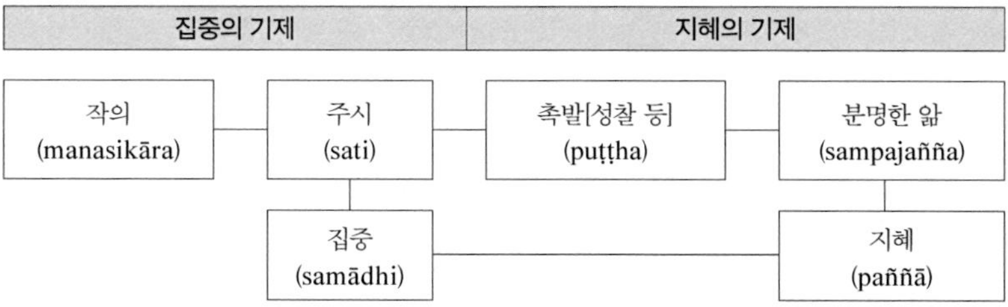

집중의 기제		지혜의 기제	
작의 (manasikāra)	주시 (sati)	촉발[성찰 등] (puṭṭha)	분명한 앎 (sampajañña)
	집중 (samādhi)		지혜 (paññā)

2) 기제의 작용

바라보는 기제의 작용을 위해서는 우선 인간 삶의 일상생활에서 대상에 대한 '작의'가 필요하다. 그리고 이를 통해 대상을 인식하고, 구별하는 마음작용이 일어나게 된다. 이때 수행자가 활용할 수 있는 선한 바라보는 기제로는 '주시', '성찰', '촉발', '분명한 앎', '집중', '지혜'가 있다. 여기서 '작의'와 '주시'는 이완 작용을 하게 되며, 이를 잘 다스리면 삶에 선함을 유지하게 된다. 그리고 '주시'와 '집중'으로 고요함을 계발하며, 이를 잘 다스리면 마음에 청정을 얻게 된다. 또한 '주시', '촉발', '성찰', '분명한 앎', 그리고 '지혜'로써 마음을 계발하면, 깨달음을 증득할 수 있게 된다. 그래서 수행자는 수행자가 갖게 되는 수행의 목표가 이완 작용인지, 고요함의 계발인지, 또는 깨달음의 증득인지에 대해 먼저 살펴보아야 한다. 그리고 이를 설정한 후

이에 맞는 바라보는 기제를 선정해서 이러한 바라보는 기제를 활용하는 수행처 및 수행 방법으로 수행을 하면 된다. 이렇게 불교 수행에서는 수행의 단계별로 작용하게 되는 다양한 바라보는 기제가 있으며, 이를 활용하여 수행을 하게 된다. 본 장에서는 이러한 바라보는 기제의 작용에 대해 살펴보겠다.

(1) 작의의 이동

작의(manasikāra)는 무기의 마음작용이며, 이는 선도 아니고 불선도 아니며, 뒤에 일어나는 마음작용에 의해 선이나 불선으로 나타나게 된다. 이러한 작의에 의해 대상으로의 마음작용이 일어나게 된다. 이렇게 마음작용을 일으키는 작의의 역할에 대해 다섯 가지 의미로 살펴보겠다.

먼저 작의의 의미에 대해 살펴보겠다.

작의는 manasikāra로, 이는 attention(주의하다), pondering(숙고하다), fixed thought(생각을 정하다) 등의 의미를 갖는다(PED. 579). 이는 자극이 되는 대상으로, 마음이 움직이는 것을 말하며 이를 바탕으로 뒤이어 마음작용이 일어나게 된다.

두 번째, 작의에 의한 마음작용의 일어남에 대해 살펴보겠다.

대상과의 접촉을 통해 오문 전향과 의문 전향이 일어나게 된다. 이때 오문 전향은 바왕가의 상태에서 끊어져서, 오근인 안·이·비·설·신과 오경인 색·성·향·미·촉이 만나 마음을 대상으로 전환시키게 된다. 그리고 의문 전향은 바왕가 상태에서 끊어져서 의근과 법경이 만나 마음을 대상으로 전환시키는 것을 말한다. 이러한 오문 전향과 의문 전향이 일어나게 되면, 여기에 정신(mano)의 작용에 의해 마음에서 마음작용이 일어나게 되는데, 이때 마음에서 일어나는 마음작용으로 마음을 두는 것을 작의라고 한다. 이러한 작의의 이동을 표로 나타내면 다음과 같다.

〈표 II-2〉 작의의 이동

의근의 작용		작의의 이동	마음작용
안식·이식·비식·설식·신식	의근	작의	마음작용의 일어남 (무기, 선, 불선)
		의식 [제육식]	
법경	의근	작의	

이와 같이 전오식과 법경에서 의근에 의해 발생하는 의식에서 작의에 의해 마음작용이 일어나게 된다. 이러한 작의의 작용에 의해 마음작용이 일어나고 인식작용이 발생하게 된다. 여기서 일어나는 작의는 일반 범부에게는 탐·진·치에 뿌리를 두고 일어날 수 있으며, 수행자에게는 지혜에 뿌리를 두고 일어날 수 있다.

세 번째, 작의의 작용(동일시·자동화·중심화)에 대해 살펴보겠다.

작의에 의해 일어난 행이 인간의 삶에 괴로움을 일으키기도 한다. 왜냐하면 작의를 제어하지 않으면 몸과 마음을 동일시하고, 나와 행을 동일시하며(동일시), 행이 마음에 맞추어 일어나지 않으면 괴로워하고 분노를 일으키게 된다. 또한, 작의는 의도를 내어 제어하지 않으면 생각하지도 못하는 사이에 자동적으로 발생되며(자동화), 이는 행에 문제를 일으키기도 한다. 그리고 이러한 행을 하게 되는 내가 있으며, 이는 모든 것의 중심이 되므로 다른 것은 여기에 따라야 하며(중심화), 그렇게 되지 않으면 괴로움이 일어나게 된다. 그래서 정신에 의해 일어나는 작의를 가만히 놓아 두면 괴로움을 유발하는 동일시, 자동화, 중심화의 방향으로 진행될 수 있다.

네 번째, 작의의 계발에 대해 살펴보겠다.

작의는 무기의 마음작용이기 때문에 뒤이어 일어나는 선한 마음작용에 의해 선한 작용을 할 수도 있다. 그리고 작의는 마음에 괴로움이라는 불선한 마음작용을 일으키게 할 수도 있다. 이와 같이 작의는 대상에 마음을 두려는 정신에 의해 일어나게 되며, 이를 통해 인간 삶에서 대상에 바르게 마음을 두는 것(善)과 바르지 않게 마음을 두는 것(不善)이 있게 된다. 그래서 이러한 작의가 선한 마음작용의 방향으로 진행될 수 있도록 수행을 통해 이를 제어해야 한다.

마지막으로, 작의와 주시와의 관계에 대해 살펴보겠다.

작의가 선한 방향으로 일어나게 되면, 주시(사띠)와 연결되게 된다. 그리고 이러한 작의와 주시의 연결에 의해 수행은 진전을 보이게 된다. 수행의 초기에 일으키는 주시는 오히려 작의일 가능성이 크며, 특히 망상과 탐·진·치의 방향으로 마음을 움직일 가능성이 있다. 그래서 수시로 의도를 일으켜 선한 마음작용 방향으로 작의가 이동되도록 해야 한다. 그러나 의도를 내어 대상을 바라보고 있다면, 망상 등이 일어나더라도 이러한 망상이 일어남을 알아차린다는 것은 수행이 진전을 보이고 있다는 것이다. 그래서 작의를 선한 마음작용 쪽으로 움직이도록 하는 것은 수행에서 중요한 작용을 하게 된다. 이러한 작의와 주시의 관계를 표로 나타내면 다음과 같다.

〈표 II-3〉 작의와 주시의 관계

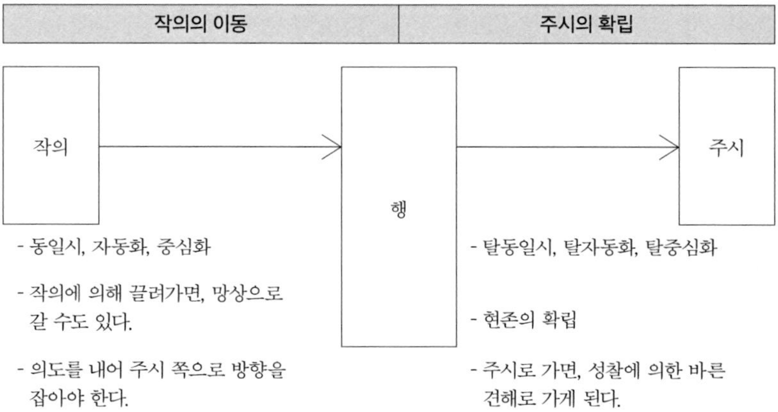

작의의 이동	주시의 확립
작의 → 행	행 → 주시
- 동일시, 자동화, 중심화	- 탈동일시, 탈자동화, 탈중심화
- 작의에 의해 끌려가면, 망상으로 갈 수도 있다.	- 현존의 확립
- 의도를 내어 주시 쪽으로 방향을 잡아야 한다.	- 주시로 가면, 성찰에 의한 바른 견해로 가게 된다.

그러나 이렇게 일어난 행을 바르게 바라보는 주시에 의해 마음은 다시 평온을 되찾을 수 있게 된다. 그래서 작의는 주시와 연결되어 선한 마음작용을 일으킬 수 있다. 그렇기 때문에 주시의 바라보는 기제를 활용하여, 작의를 바탕으로 일어나는 자동화·동일시·중심화에 대한 연결 고리를 끊고, 능동적으로 선한 바라보는 기제를 활용하여 바른견해와 바른사유를 가질 수 있도록 해야 한다. 이렇게 주시(사띠)는 작의에 의해 일어나는 마음을 탈동일시·탈자동화·탈중심화로 방향을 갖게 하므로 마음을 평온한 상태로 들어가게 할 수 있다. 그래서 작의의 작용으로 괴로움이 발생 된다면, 마음이 망상으

로 가는 자동화를 제어하고, 선한 바라보는 기제인 주시가 일어나도록 해야 한다.

(2) 주시의 확립

주시(sati)는 마음을 대상에 대한 실제인 실상으로 움직이게 하는 것을 말한다. 이러한 주시에 의해 대상에 밀착하여 바르게 바라볼 수 있는 힘이 형성되게 된다. 이렇게 수행에 근본을 제공하게 되는 주시의 역할에 대해 여섯 가지 의미로 살펴보겠다.

먼저 사띠(sati)의 의미에 대해 살펴보겠다.

사띠는 '기억'한다는 의미와 '마음을 두어 자세히 살핀다.'라는 의미가 있다(Rupert Gethin 2011: 265). 그래서 이는 실상인 身·受·心·法을 대상으로 하고 있으며, 이에 대한 사띠는 선한 마음작용에 속한다. 이와 같이 사띠는 일체법에 대한 실제에 마음을 두는 선한 마음작용에 해당하며, 몸과 마음에 현재 일어나고 있는 실상에 마음을 두는 것을 말한다. 영어로는 mindfulness로도 설명되고 있으며, 주시·마음챙김·마음지킴·새김·수동적 주의 집중·순수한 주의 등으로도 해석되고 있다. 필자는 사띠에는 아는 힘이 없으며, '기억하고, 마음을 두어 자세히 살핀다.'라는 의미를 갖고 있다고 본다. 그래서 사띠(이하 주시)를 주시로 해석하고자 한다.

두 번째, 서양에서 주시(마음챙김)의 활용에 대해 살펴보겠다.

서양에서는 현상에 대한 마음챙김을 심신의 병리적 치유인 MBSR, MBCT, DBT, ACT 등에 활용하고 있다. 여기서 MBSR은 우울증이나 불안 등의 스트레스 치유에 활용하며, MBCT는 우울증의 치유에 활용하고, DBT는 자살이나 자해 등 성격 장애를 위한 치유에 활용하고 있다. 그리고 ACT는 불안, 공항 장애, 약물 남용 등의 치유에 활용되고 있다[부록 2]. 이와 같이 불교 수행에서 수행의 목적을 위해 활용하고 있는 '주시'를 서양에서는 심신 치유의 목적으로 사용하고 있는 것을 살펴볼 수 있다. 그러나 과거나 미래를 대상으로 하는 등 이를 심신 치유의 목적으로만 활용하고 있을 뿐이다. 이러한 활용은 인간 삶의 근본적인 괴로움에 대한 치유 방법이 될 수는 없다. 주시는 대상에 마음을 두는 기능만 있을 뿐 마음의 괴로움을 치유하는 근본적인 기능을 하지 못하기 때문이다.

세 번째, 불교 수행에서 주시의 활용에 대해 살펴보겠다.

붓다는 주시(사띠)를 활용한 사념처 수행을 열반으로 향하는 하나의 길로 제시하고 있다. 「대념처경(大念處經, Mahāsatipaṭṭhāna sutta)」에서는 불교 수행의 대상을 신(身, kāya), 수(受, vedanā), 심(心, citta), 법(法, dhamma)의 사념처(四念處, cattāro satipaṭṭhāna)에 두어, 이러한 대상에 대해 실제로 일어나는 현상을 주시하게 된다(D. Ⅰ. 290; 전재성 2 2011: 964). 그리고 이러한 주시를 불교 수행을 통한 괴로움의 극복에 활용하고 있다. 그래서 불교 수행은 주시를 통한 지관 수행으로 실재에 대한 현존을 통찰하며, 이를 통해 깨달음을 얻어 인간 삶의 괴로움에서 벗어나는 것을 궁극적인 목적으로 하고 있다.

네 번째, 불교 수행에서 주시의 효과에 대해 살펴보겠다.

불교 수행에서 바른 수행은 주시를 통해 발생되며, 주시의 확립은 불교 수행의 목적을 달성하기 위한 중요한 요소임에는 틀림이 없다. 그리고 불교 수행의 목적은 인간 삶의 괴로움에서 벗어나고자 하는 것이지, 주시의 확립 그 자체가 목적이 될 수는 없다. 여기서의 사띠는 대상을 주시하는 것으로, 여기에는 아는 마음이 없다. 주시하여 분명하게 아는 마음은 삼빠잔냐(분명한 앎)로 이를 통해 대상을 분명히 알게 된다. 그래서 주시는 선정 수행인 집중 수행과 지혜 수행인 통찰 수행에 다 활용할 수 있게 된다. 팔정도에서도 일곱 번째가 정념(sammāsati)으로, 이는 바른 주시를 말하며 이를 통해 바른 선정을 얻게 되며, 삼학 중에서 정학으로 구분된다. 그리고 이는 바른 견해로 이어지는 지혜 수행의 흐름을 갖게 된다. 또한, 칠각지에서는 첫 번째 각지가 념각지(satisambojjhaṅga)이며, 그 후에도 여섯 개의 각지인 깨달음의 요소가 더 있다. 그래서 주시의 확립이 불교 수행의 최종 목표는 아니며, 그 이후에도 계속 실상에 대한 통찰 수행이 필요하다. 그래서 「대념처경」에서 보는 바와 같이 주시의 확립 이후에도 삼법인에 대한 여실지견을 통해 분명한 앎(삼빠잔냐)을 얻어 통찰지혜를 증득하여 깨달음을 얻게 된다. 이러한 지혜 수행을 위해서는 주시, 성찰, 촉발, 분명한 앎, 지혜 등의 선한 바라보는 기제를 활용하여 실제의 본질을 꿰뚫어야 한다.

다섯 번째, 주시는 능동적 기능과 수동적 의미를 갖고 있다.

주시는 선한 마음작용으로 작의에 의해 일어난 마음에 주시하고자 하는 의도가 있을 경우에 발생한다. 그래서 주시는 능동적 마음작용으로 볼 수 있다. 그리고 주시는 일어나는 실제 상황을 뒤따라가며 기억하는 기능을 하게 된다. 그래서 주시는 성찰이나 통찰과 같이 기억한 것을 현상에 대한 앎으로 변화시키는 힘은 없다. 주시의 작용 자체는 실제 현상에 뒤따라가면서 기억만 하게 되는 수동적인 의미를 갖기 때문이다. 그래서 사띠를 수동적 주의 집중이라고 해석하기도 한다. 이와 같이 주시는 능동적인 기능을 갖고 작용하며, 일어난 대상을 있는 그대로 기억하는 수동적인 의미도 갖고 있다고 볼 수 있다.

마지막으로, 주시와 촉발(성찰 등)의 관계에 대해 살펴보겠다.

주시는 기본적으로 바른 수행의 기초가 된다. 그리고 바른 수행은 주시(사띠)로부터 일어나, 의도에 의한 촉발로 성찰과 통찰에 의한 여실지견의 상태로 들어가게 된다. 여기서 주시(사띠)는 그곳에 마음이 있다는 것을 인식하는 것이다. 그리고 대상에 마음을 두려는 의도를 내야만 주시를 할 수 있으며, 그렇기 때문에 대상을 계속 주시하려면 의도를 내야 망상에 빠지지 않고 거기에 머무를 수 있게 된다. 그래서 주시는 선한 의도에 의한 선한 바라보는 기제이며, 주시하려는 의도가 계속 발생됨으로써 주시의 확립이 이루어지게 된다. 그리고 주시는 대상과 앎을 연결하는 매개체의 역할을 하게 된다. 안다는 것은 마음의 주 기능이다. 그래서 주시는 일어난 것을 기억하며, 이를 마음이 알도록 하여 성찰하고 분명한 앎을 갖추도록 하는 매개의 역할을 하게 된다. 그러므로 작용한 주시에 성찰하려는 의도, 통찰하려는 의도인 촉발이 일어나야 분명한 앎으로의 전환이 가능하다. 이러한 주시와 촉발(성찰 등)의 관계를 표로 나타내면 다음과 같다.

<표 II-4> 주시와 촉발(성찰 등)의 관계

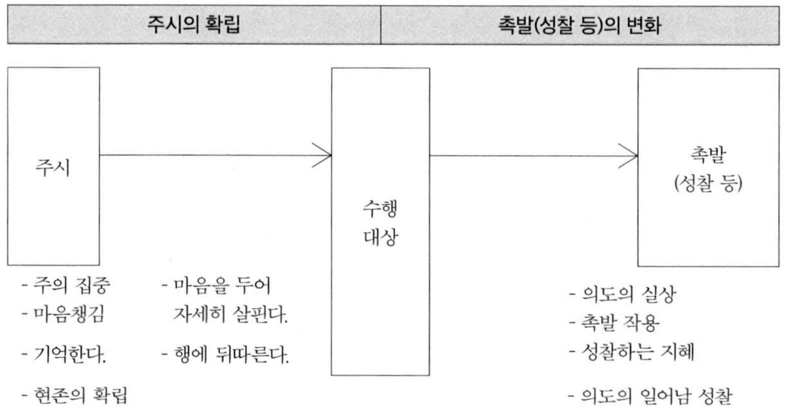

여기서 주시를 통해 촉발에 의한 의도를 성찰함으로써 법에 대한 실상을 파악하게 된다. 그리고 지혜 수행의 17단계에서 첫 번째 단계인 정신과 물질을 구별하는 단계부터는 주시에 의한 촉발의 선한 바라보는 기제가 발생하게 된다. 주시는 이러한 성찰 등에 의해 실상을 바르게 볼 수 있도록 기억하여, 살피는 기능을 하게 된다. 축구 선수가 실내에서 근력 운동과 연습을 열심히 하는 것은 실전에서 골을 넣기 위한 것이다. 그리고 실전에서 골을 넣어야 그 가치를 발휘할 수 있을 것이다. 수행처에서 주시를 확립하고자 하는 것은 수행 생활에서 의도의 성찰 등을 통해 삼법인에 대한 실상을 바르게 알아차리기 위함이다. 그래서 주시(사띠)의 확립이 필요한 것이며, 선방에서 수행 정진하여 올바른 주시가 확립되면, 수행 생활과 실생활에서 이를 갖고 분명한 앎과 지혜가 구비되도록 실천 수행하는 성찰 등이 필요하다. 다음은 의도가 있는 촉발에 대해 알아보겠다.

(3) 촉발의 변화

주시에 의해 대상에 밀착해 바라볼 수 있는 힘이 확립되면, 이를 통해 의도(cetāna)의 일어남을 바르게 성찰할 수 있어야 한다. 이러한 성찰도 촉발(puṭṭha)의 일종이며, 이는 바라보는 기제인 '의도와 결합한 접촉인 촉발(이하 촉발)'의 선한 바라보는 기제를 활용하여 대상을 성찰하게 된다. 그리고 이를 통해 불선한 의도의 일어남에는 촉발이 끊어지게 된다. 그래서 탐·진·치와 연결되는 촉발의 연결 고리가 소멸된다. 그리고 다시는 거기에 촉발하지 않게 된다. 이러한 과정을 거쳐 촉발의 작용이 족쇄와는 끊어지게 되고, 수행자는 이를 통해 성인의 흐름에 들게 된다. 본 장에서는 이러한 수행 과정에서 중요한 촉발의 역할에 대해 세 가지 의미로 살펴보겠다.

먼저, 촉발의 선한 바라보는 기제에 대해 살펴보겠다.

의도를 관찰하기 위한 선한 바라보는 기제는 선한 의도와 결합한 촉발에 의해 이루어진다. 이러한 촉발의 바라보는 기제를 오부『니까야』에서 찾아 정리해 보면 다음과 같다. 이는 촉발의 작용을 통해 수행 대상을 분쇄하고(nimmadana), 널리 퍼지고(parippharati), 두루 퍼서(pharitvā), 쓰다듬고(parimajjati), 만지고(parimasati), 성찰하여(sammasati), 열반에 도달하는(āhacca) 기능을 하게 된다(남일희 2019: 184). 이는 '의도와 결합한 접촉인 촉발'의 연관어로서, 수행 장면에서는 이를 수행자의 근기에 맞게 활용하게 된다. 이러한 선한 바라보는 기제를 활용하여 불선한 의도에 의해 일어나는 불선한 마음작용을 바르게 관찰한다. 그래서 의도의 삼법인과 사성제를 바르게 성찰하는 작용에 의해 탐·진·치의 족쇄에 대한 촉발이 끊어지게 되며, 이를 통해 수행자는 성자의 흐름에 들게 된다. 그래서 수행자는 수행 대상을 바르게 바라보는 것에 의해 수행 대상을 분쇄하고, 널리 퍼지게도 하며, 두루 펴기도 하고, 바르게 쓰다듬기도 하며, 어루만지기도 하고, 성찰하는 등 일련의 마음을 바라보는 수행 과정을 통해 괴로움을 치유하게 된다. 이러한 의도가 있는 촉발의 선한 바라보는 기제를 표로 나타내면 다음과 같다.

〈표 II-5〉 촉발의 선한 바라보는 기제

촉발의 기제(ⓐ)		촉발의 선한 의도	기제작용
선한 바라보는 기제	sammasati	완벽하게 알다, 성찰하다 (know thoroughly, master)	통찰작용
	nimmadana	분쇄(crushing)	소멸작용
	parimasati	만지다(to stroke)	가라앉힘
	parimajjati	쓰다듬다(to rub)	가라앉힘
	parippharati	널리 퍼지다(to pervade)	축소시킴
	pharitvā	두루 퍼진(being pervaded)	축소시킴
	āhacca	도달하는(beating)	지혜작용

두 번째로, 촉발의 수행 대상에 대해 살펴보겠다.

불선한 의도에 의해 일어나는 마음작용을 촉발의 선한 바라보는 기제로 성찰하게 되는데, 여기서 불선한 의도에 의해 일어나는 촉발의 수행 대상을 오부 『니까야』에서 찾아 정리해 보면 다음과 같다. 우선, 촉발의 작용에 의해 감각적 쾌락과 만나(samputtha)게 되고, 부정적인 현상에 접촉(samphusī)하며, 건드리고(ghaṭṭesi), 방해하며(saccessati), 이를 잠그고(phussita), 밟아서(āmasati), 때리고(āhanati), 파괴하며(sampalimaṭṭha), 이에 취착하고(parāmaṭṭha), 집착하는(parāmassa) 것이다(남일희 2019: 189). 그래서 촉발의 선한 바라보는 기제로 이러한 촉발로 일어나는 불선한 의도를 관찰하게 된다. 이렇게 불선한 의도를 있는 그대로 바라보면 치유 기능이 작동하며, 이를 통해 불선한 의도는 점차 소멸의 길을 걷는다. 그리고 이러한 마음작용에서 불선한 의도의 소멸로 수행자는 불교 수행의 목표에 점점 다가가게 된다. 이때, 불선한 의도가 있는 촉발의 수행 대상을 표로 나타내면 다음과 같다.

〈표 II-6〉 불선한 의도가 있는 촉발의 수행 대상

수행 대상(촉발)(ⓑ)		촉발의 불선한 의도	작용
불선한 의도가 있는 촉발	samputtha	만나다(to come in contact with)	탐·치
	samphusī	접촉을 지닌(touched)	탐·치
	ghaṭṭesi	접촉하여 건드리다, 방해하다 (to knock against)	진·치
	saccessati	방해하다(to disturb)	진·치
	phussita	잠긴(with fastened bolts)	탐·치
	āmasati	쥐다(밟음)(lay hold on)	진·치
	āhanati	때리다(to beat), 치다(to strike).	진·치
	sampalimaṭṭha	파괴된(destroyed)	진·치
	parāmaṭṭha	집착된, 취착된(grasped)	탐·치
	parāmassa	집착한(seizing)	탐·치

마지막으로, 촉발에 의한 치유 과정에 대해 살펴보겠다.

불교 수행의 목적인 인간 삶의 괴로움을 치유하게 되는 치유 과정은 선한 바라보는 기제에 의해 불선한 의도를 성찰함으로써 이의 소멸을 통해 이루어진다. 그리고 마음에서 일어나는 괴로움의 소멸을 위해서는 탐·진·치에 의해 업을 발생시키는 불선한 의도의 일어남을 소멸시켜야 한다. 그래서 선한 의도의 작용에 의한 선한 바라보는 기제(sammasati 등, ⓐ)를 활용하여, 불선한 의도(ⓑ)의 일어남에 대한 실상을 바르게 볼 수 있어야 한다. 이를 통해 불선한 의도의 소멸(ⓒ)로 인한 족쇄의 소멸로 인간 삶의 괴로움에서 벗어날 수 있게 된다. 그래서 이와 같은 촉발의 선한 바라보는 기제를 불교 수행의 목표를 달성하는데 활용할 수 있게 된다. 이러한 촉발의 선한 바라보는 기제에 의한 치유 과정을 표로 나타내면 다음과 같다.

〈표 II-7〉 촉발의 선한 바라보는 기제에 의한 치유 과정

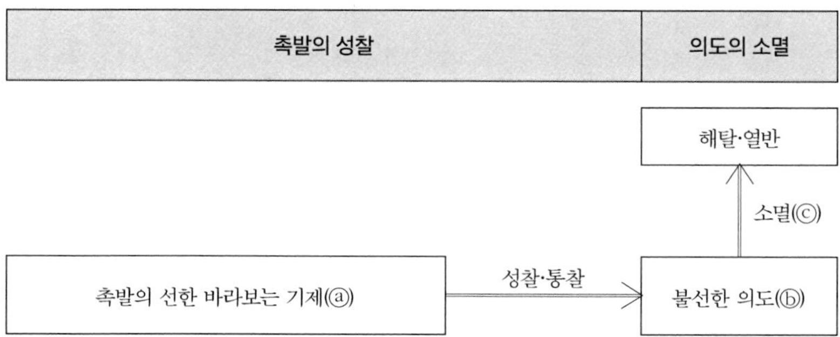

이와 같이 촉발의 선한 바라보는 기제로 불선한 의도를 성찰·통찰하게 된다. 그리고 이렇게 불선한 의도에 대한 실상을 여실지견함으로써, 불선한 의도가 무상·고·무아임을 통찰하게 되고, 이를 통해 불

선한 의도에 촉발함은 소멸을 가져온다. 이로써 불선한 의도를 촉발시키는 마음은 소멸되며, 다시는 불선한 의도에 촉발되지 않는다. 그래서 불선한 의도에 대한 촉발을 끊어지게 하는 촉발의 선한 바라보는 기제는 수행에서 중요한 역할을 하게 된다.

(4) 분명한 앎의 통찰

주시의 확립과 일체법에 대한 성찰, 그리고 바른 촉발에 의해 대상에 대한 분명한 앎(sampajañña)을 얻게 된다. 그리고 이를 통한 통찰에 의해 통찰지혜와 결합하여 깨달음을 증득할 수 있게 된다. 본 장에서는 불교 수행에서 지혜를 증득하게 되는 분명한 앎의 역할에 대해 네 가지 의미로 살펴보겠다.

먼저, 분명한 앎의 의미에 대해 살펴보겠다.

분명한 앎을 나타내는 삼빠잔냐는 'sam'과 'pajāna'가 합성된 명사로, 바르게 분명히 아는 것을 말한다. 이는 대상을 인식하고(산자냐띠), 식별하며(위자냐띠), 그리고 실상을 분명하게 알게 됨(빠자냐띠)으로써 지혜의 방향으로 인식의 변화를 가져오게 된다. 이를 통해 수행자는 통찰지혜를 증득하게 된다.

두 번째로, 촉발에 의한 분명한 앎의 작용에 대해 살펴보겠다.

촉발의 선한 바라보는 기제는 선한 마음작용과 결합하게 된다. 이를 통해 불선한 의도를 통찰하게 되며, 이로써 불선한 의도의 일어남이 소멸하고 분명한 앎이 드러나게 된다. 이렇게 통찰 수행으로 분명한 앎이 발생하며, 이를 통한 촉발의 변화와 소멸을 통해 단계별로 족쇄와 끊어지므로 성인의 흐름에 들게 된다. 그래서 수행을 통해 분명한 앎이 발생하도록 해야 한다. 이러한 촉발에 의한 분명한 앎을 표로 나타내면 다음과 같다.

〈표 Ⅱ-8〉 촉발에 의한 분명한 앎

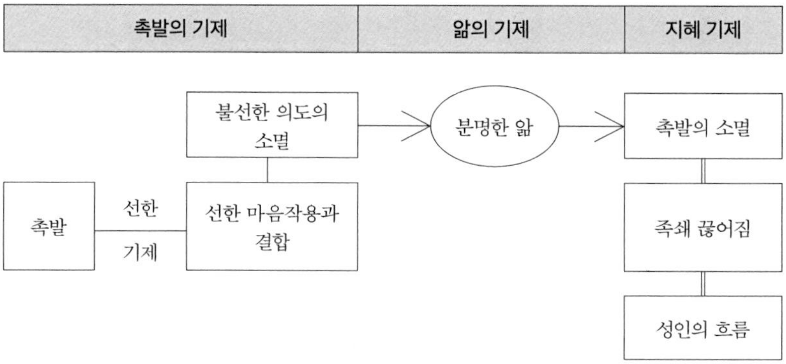

촉발의 기제	앎의 기제	지혜 기제
촉발 —(선한 기제)— 선한 마음작용과 결합 — 불선한 의도의 소멸 →	분명한 앎 →	촉발의 소멸 ═ 족쇄 끊어짐 ═ 성인의 흐름

세 번째로, 의식에 의한 분명한 앎에 대해 살펴보겠다.

의식에는 감각을 기반으로 하는 의식[이하 의식(S)]과 업을 기반으로 하는 의식[이하 의식(K)]이 있다. 의식(K)은 업에 의해 일어나며, 의도에 의한 행에 의해 발생하게 된다. 그래서 이러한 의식을 기준으로 사성제를 철저히 관찰해야 한다. 먼저 의식(K)이 괴로움인 것을 철저히 알아야 한다. 그리고 괴로움의 원인이 의식(K)임을 알아야 하며, 이를 철저히 버려야 한다. 이를 통해 괴로움의 원인인 의식(K)의 소멸을 철저히 이루어야 한다. 이를 위해서는 의식(K)과 의식(S)을 철저히 닦아야 한다. 이것이 사성제에 대한 의식의 분명한 앎이며, 이러한 지관 수행을 통해 지혜를 증득하게 된다. 이러한 사성제에 의한 의식의 분명한 앎과 지혜의 증득에 대해 표로 나타내면 다음과 같다.

<표 II-9> 사성제에 의한 의식의 분명한 앎과 지혜의 증득

사성제	수행 대상	바라보는 기제
고성제	업을 기반으로하는 의식(K)	철저히 알아야 한다. (분명한 앎)
집성제	업을 기반으로하는 의식(K)	철저히 버려야 한다. (촉발의 소멸)
멸성제	업을 기반으로하는 의식(K)	철저히 이뤄야 한다. (족쇄 끊어짐)
도성제	업을 기반으로하는 의식(K) 감각을 기반으로하는 의식(S)	철저히 닦아야 한다. (지혜의 증득)

이렇게 사성제에 의해 의식의 분명한 앎이 발생하며, 이를 바탕으로 지혜를 얻어 열반을 증득하게 된다. 따라서 의식의 분명한 앎으로 불선한 촉발은 소멸하게 되며, 이는 족쇄의 끊어짐을 가져오게 되고, 이를 통해 성인의 흐름에 들게 된다.

마지막으로, 촉발과 분명한 앎의 관계에 대해 살펴보겠다.

촉발(성찰 등)은 의도에 의해 일어나며, 이러한 불선한 의도에 대한 촉발의 끊어짐으로 성인의 흐름에 도달하게 한다. 그리고 분명한 앎(삼빠잔냐)은 이를 통해 수행 대상을 통찰하게 되고 지혜의 힘을 키워 주며, 대상에 대한 여실지견으로 통찰지혜와 결합하여 깨달음을 얻게 한다. 그래서 분명한 앎은 촉발과 지혜를 연결해 주는 역할을 하게 된다. 이러한 촉발과 분명한 앎의 관계에 대해 표로 나타내면 다음과 같다.

〈표 Ⅱ-10〉 촉발[성찰 등]과 분명한 앎의 관계

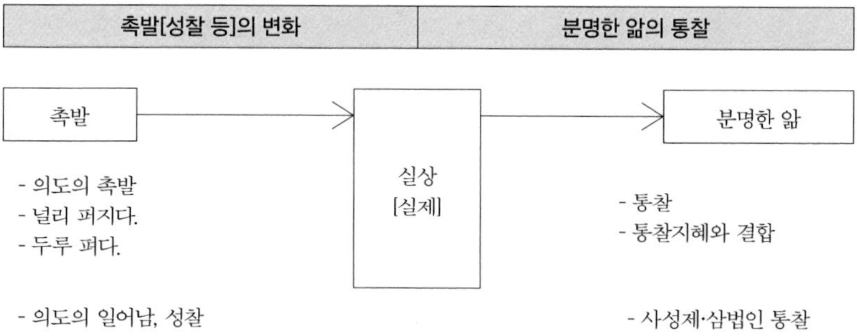

촉발[성찰 등]의 변화		분명한 앎의 통찰
촉발 →	실상 [실제]	→ 분명한 앎
- 의도의 촉발 - 널리 퍼지다. - 두루 펴다.		- 통찰 - 통찰지혜와 결합
- 의도의 일어남, 성찰		- 사성제·삼법인 통찰

그래서 수행을 통한 성찰과 촉발의 선한 바라보는 기제의 작용으로 분명한 앎에 의한 통찰을 하게 되며, 이를 통해 의식은 통찰지혜와 결합하게 된다.

(5) 집중의 구족

선정 수행을 통해 수행 대상에 대한 집중(samādhi)으로 마음의 고요함을 구족하게 된다. 이때, 선정 수행의 수행 대상은 표상·삼매·선정이다. 그리고 사용하는 바라보는 기제는 주시·촉발·집중이다. 여기서 선정 수행에서 집중의 역할에 대해 세 가지 의미로 살펴보겠다.

먼저, 집중의 의미에 대해 살펴보겠다.

집중을 나타내는 사마디는 'saṃ'과 'ā+dhā'의 합성어로, 마음을 '한군데로 유지하는' 집중(concentration)의 뜻이 있다(PED. 689). 이는 마음이 "한군데로 모이거나 한군데로 모음(이기문 2008: 2222.)"이라는 의미를 갖고 있다. 이러한 선정 수행을 통해 얻게 되는 사마디(집중, 삼매)는 예비삼매(빠리깜마사마디)·근접삼매(우빠짜라사마디)·본삼매(압빠나사마디)가 있으며, 이를 통해 마음은 평온하고 고요함을 구축하는 단계로 나아가게 된다.

두 번째, 집중의 역할에 대해 살펴보겠다.

고요함을 얻는 선정 수행에서 집중은 수행 대상을 표상, 삼매, 선정으로 연결시키는 역할을 하며, 수행 대상을 변화의 단계로 나아가게 한다. 집중을 통한 표상의 변화는 '준비 표상·익힌 표상·닮은 표상'으로 변화를 거치게 된다. 그리고 닮은 표상을 거쳐 발생하게 되는 집중(삼매)의 변화는 예비삼매·근접삼매·본삼매로 집중의 변화를 가져오게 된다. 이러한 본삼매에서 발생하게 되는 선정의 변화는 선지 요소를 얻는 단계에 따라 초선, 이선, 삼선, 사선의 고요함을 얻게 된다. 이와 같이 선정 수행을 통해 수행 대상에 변화를 가져오게 되며, 이러한 집중에 의해 고요함을 얻는 수행을 표로 나타내면 다음과 같다.

〈표 Ⅱ-11〉 집중에 의해 고요함을 얻는 수행

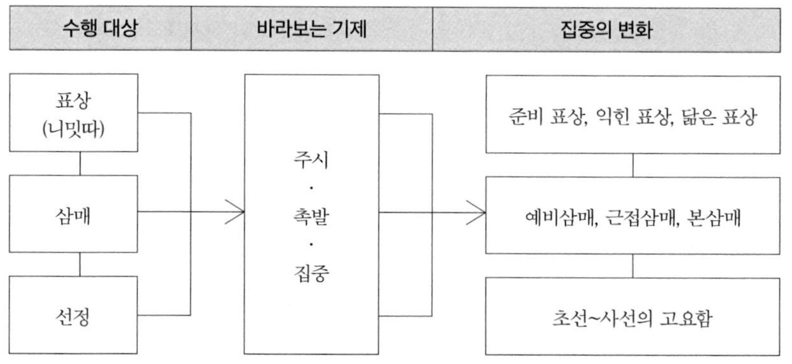

마지막으로 주시와 집중과의 관계에 대해 살펴보겠다.

이러한 고요함을 얻는 수행에서 바라보는 기제는 주시·촉발·집중이며, 이때 주시를 통해 의도를 내어 한 종류의 수행 대상에 집중하게 된다. 그래서 의도가 있는 촉발의 연속 작용으로 주시를 통해 대상에 집중을 가져오게 된다. 이때 주시는 '기억한다. 뒤따른다.'라는 의미가 있으며, 능동적 의도의 지속으로 현존의 확립이 발생하게 된다. 그리고 이를 통한 집중을 통해 선지 요소를 얻게 되고, 선정을 구족하며, 색계·무색계의 고요함을 얻게 된다. 이러한 주시와 집중의 관계를 표로 나타내면 다음과 같다.

〈표 II-12〉 주시와 집중의 관계

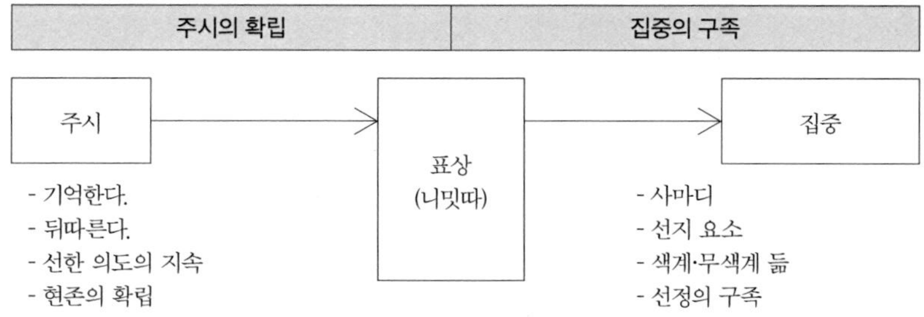

(6) 지혜의 증득

지혜 수행을 통해 대상에 접촉하는 촉발의 수행 대상은 일체법이며, 이를 망상(사량분별)으로 증장시키지 말고, 실상을 있는 그대로 볼 수 있어야 한다. 그리고 수행을 위한 바라보는 기제는 주시·촉발·성찰·지혜이며, 사념처와 팔정도 수행으로 촉발의 일어남을 단계적으로 수승한 방향으로 변화시켜야 한다. 이러한 지혜 수행에서 지혜(paññā)의 역할에 대해 세 가지 의미로 살펴보겠다.

먼저, 지혜의 의미에 대해 살펴보겠다.

지혜를 나타내는 빤냐(paññā)는 'pa'와 'jña'의 합성어로, '완전한 지혜, 완전한 통찰'을 말하며, 지혜(widsom)의 뜻을 갖고 있다(PED. 390). 이외에도 지혜에는 vijjā, abhiññā, aññā, pariññā 등의 표현이 있다. 그리고 지혜는 마음이 "미혹을 끊고 부처의 진정한 깨달음을 얻는 힘(이기문 2008: 2199.)"이라고 표현하기도 한다. 이러한 지혜 수행을 통해 출세간에서 얻게 되는 지혜에는 유학의 지혜(섹카빤냐)와 무학의 지혜(아섹카빤냐)가 있으며, 이를 통해 마음은 평온하고, 괴로움이 소멸하는 혜청정의 길로 나아가게 된다.

두 번째, 지혜의 역할에 대해 살펴보겠다.

지혜를 얻는 수행에서 바라보는 기제는 주시·성찰·촉발·지혜이며, 이를 활용하여 계청정·심청정·혜청정의 칠청정을 통해 지혜의 길을 가게 된다. 이러한 지혜의 길은 수행 대상에 대한 삼십칠조도품의 수행으로 청정한 단계로 변화를 가져오게 된다. 여기서 지혜 수행인 혜청정으로 위빠사나 수행의 17단계를 경험하게 된다. 이와 같이 지혜 수행을 통해 수행 대상에 변화를 가져오게 되며, 이때 발생하는 청정으로 지혜를 증득하게 된다. 이러한 지혜 수행을 통해 지혜를 증득하게 되는 수행을 표로 나타내면 다음과 같다.

<표 II-13> 지혜를 증득하게 되는 수행

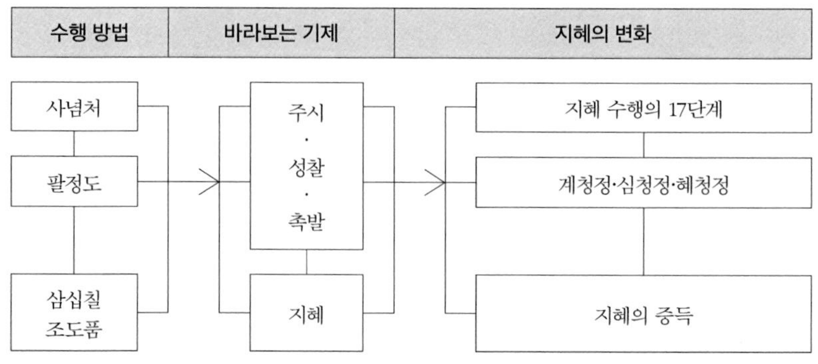

마지막으로 분명한 앎과 지혜와의 관계에 대해 살펴보겠다.

분명한 앎의 통찰을 통해 의식은 변화를 가져오게 된다. 그리고 이를 통해 대상의 실제에 대한 바른 견해가 성립되며, 성인의 흐름에 들 수 있는 발판을 제공하게 된다. 그리고 성인의 흐름에 든 의식은 통찰지혜와 결합하게 되며, 지혜의 17단계를 통해 탐·진·치의 소멸로 열 가지 족쇄의 끊어짐이 발생된다. 이를 통해 성인의 도와 과를 증득하게 된다. 이렇게 증득한 깨달음으로 아라한은 지혜의 행을 하게 된다. 이러한 분명한 앎의 통찰과 지혜의 증득과의 관계를 표로 나타내면 다음과 같다.

〈표 II-14〉 분명한 앎의 통찰과 지혜의 증득과의 관계

분명한 앎의 통찰		지혜의 증득
분명한 앎 →	실상 [실제]	→ 지혜
- 통찰 - 의식의 변화 - 지혜 흐름의 발판		- 지혜 17단계 - 통찰지혜 - 탐·진·치 소멸
- 사성제·삼법인 통찰		- 성인의 도·과 성취

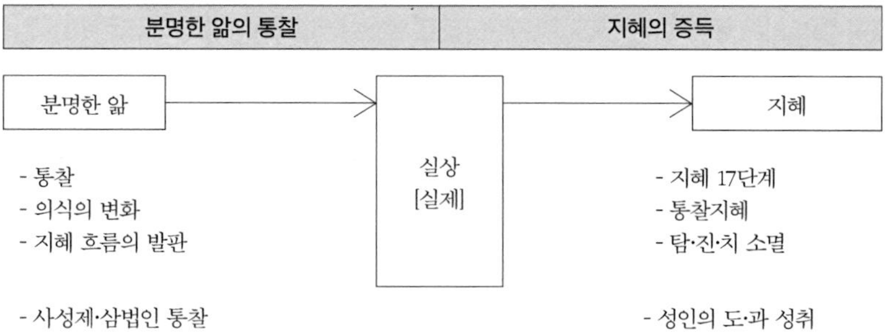

이렇게 실상의 삼법인과 사성제에 대한 분명한 앎을 통한 통찰로 통찰지혜를 얻게 되며, 이를 통해 탐·진·치의 소멸과 괴로움의 소멸을 가져오게 된다.

위에서 살펴본 바와 같이 수행의 바라보는 기제는 작의를 통해 대상으로 마음이 향하며, 이때 선한 마음작용으로 방향이 설정되면 이를 통해 주시가 확립된다. 이때, 의식에 의한 인식 작용으로 앎이 일어나고, 의도에 의한 촉발이 일어나면 이를 성찰하게 된다. 그리고 발생하게 되는 분명한 앎으로 실제에 대한 통찰작용이 발생되며, 이를 통해 의식은 통찰지혜와 결합하게 되는 변화의 과정을 거치게 된다. 그래서 이러한 과정에서 집중을 얻게 되고, 지혜를 증득하게 된다. 이러한 바라보는 기제를 표로 나타내면 다음과 같다.

〈표 II-15〉 바라보는 기제의 흐름

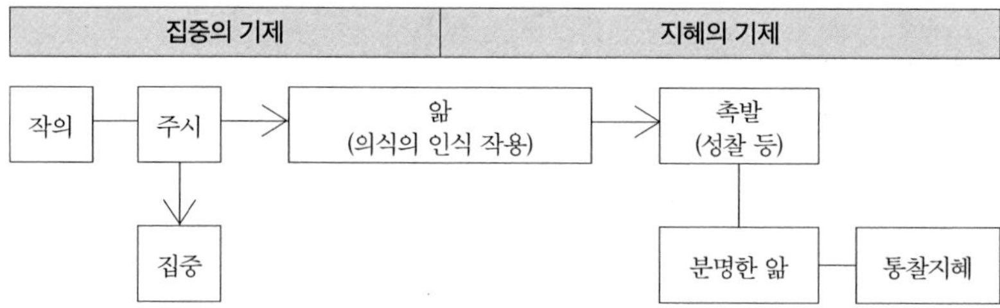

이와 같이 집중과 지혜의 증득을 위해 수행의 각 단계에 접촉하여 변화를 일으키는 촉발은 바라보는 기제로서 중요한 역할을 하게 된다. 이렇게 수행의 선한 바라보는 기제를 잘 활용하면, 지혜의 증득을 위한 기제로 적합하게 활용할 수 있게 된다.

- 위쪽: 미얀마의 불상(중요 사원에는 동서남북으로 불상이 있다.)
- 중간 왼쪽: 마하빠사나구하(칠엽굴 모양)
- 중간 오른쪽: 마하빠사나구하(2,500여 비구의 삼장 주석서 합송 장소, 1954-1956.)
- 아래 왼쪽: 바간의 열기구 사원 순례

2.
바라보는 기제의 활용

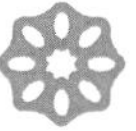

마음에서 일어나는 바라보는 기제는 선정 수행과 지혜 수행을 통해 마음을 고요하게 하고, 마음에 괴로움을 소멸시키는 작용을 하게 된다. 그리고 이러한 바라보는 기제의 활용은 마음과 의식의 치유 체계에 변화를 가져오며, 이를 위해 지혜의 치유 체계를 활용하게 된다. 이를 통해 마음의 변화와 의도의 소멸 그리고 마음이 치유되는 과정을 거치게 된다. 본 장에서는 이러한 바라보는 기제의 치유 체계와 치유 과정에 대해 살펴보겠다.

1) 기제의 치유 체계

바라보는 마음의 치유 기제에 의해 마음의 치유 체계와 의식의 치유 체계에 점진적인 변화를 가져오며, 이를 통해 마음은 치유의 길을 가게 된다. 그리고 여기서 지혜의 치유 체계에 의한 수행으로 마음은 괴로움에서 벗어나게 된다. 이렇게 수행을 통해 일어나는 바라보는 기제의 치유 체계에 대해 살펴보겠다.

(1) 마음의 치유 체계

수행자는 마음에서 일어나는 수행 대상에 대해 현존하며, 이를 수용하는 바라보는 기제를 통해 마음을 일으키고(manasikāra, 作意), 그 대상을 주시하여(sati), 분명히 알아차리는(sampajañña) 마음의 변화를 경험하게 된다. 그리고 수행을 통한 분명한 알아차림으로 마음이 치유되며, 이러한 마음의 치유 체계가 수행을 통해 발생하게 된다. 이때 치유작용을 일으키는 마음작용이 동시에 일어나는 것 같지만, 이들은 서로 다른 내적 기제로 구분되며, 하나의 정신 영역 안에서 발생하게 된다. 그래서 이때 바라보는 기제에 의해 일어나는 분명한 앎을 통해 통찰지혜가 형성된다. 그리고 이러한 통찰지혜의 생성을 통해 해탈·열반을 증득하게 된다. 이와 같이 마음의 치유 체계를 통해 마음은 치유의 길을 걷게 된다. 이러한 마음의 치유 체계를 표로 나타내면 다음과 같다.

〈표 II-16〉 마음의 치유 체계

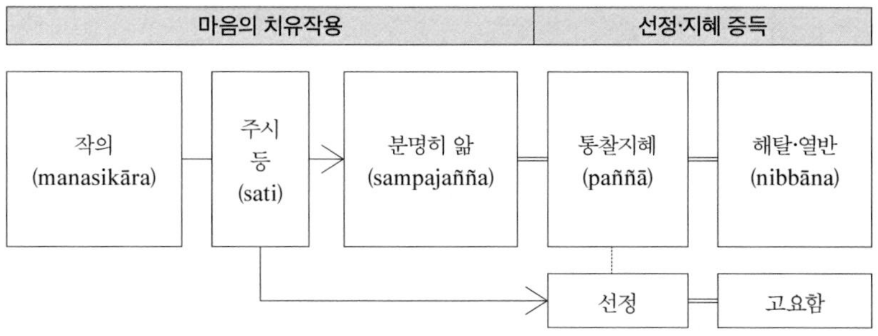

여기에서 마음의 치유 체계에는 마음에서 일어나는 바라보는 기제인 작의와 주시 등에 의해 수행 대상을 바라보게 되는 현존이 발생하게 된다. 이때, 선정 수행을 하면 선정에 들어 고요함을 구족하

게 되며, 지혜 수행을 하면 실상에 대한 분명한 앎으로 인해 통찰지혜와 결합하게 되며, 이를 통해 해탈·열반을 증득하게 된다.

(2) 의식의 치유 체계

의식은 마음에서 일어난 대상에 대해 인식하고, 식별하며, 그리고 통찰하는 작용을 거쳐 의식은 치유작용을 하게 된다. 『쌍윳따니까야』「희생되는 것에 대한 경」의 주석서인 『사랏탑빠까시니』는 의식의 3가지 단계에 대해, 이는 알아채고(sañjānāti), 식별하며(vijānāti), 분명히 앎(pajānāti)이라고 한다(S. Ⅲ. 87; Srp. Ⅱ. 293). 이렇게 의식은 대상을 알아채고, 식별하며, 분명히 아는 작용을 통해 통찰지혜와 결합하게 된다. 그리고 이렇게 현존하고 수용하는 수행을 통해 통찰지혜와 결합한 의식으로 대상에 대한 실상을 바르게 알 수 있으며, 이를 기반으로 해탈·열반을 증득할 수 있게 된다. 이와 같이 의식의 치유작용을 통해 의식은 치유의 길을 가게 된다. 이러한 의식의 치유 체계를 표로 나타내면 다음과 같다.

〈표 Ⅱ-17〉 의식의 치유 체계

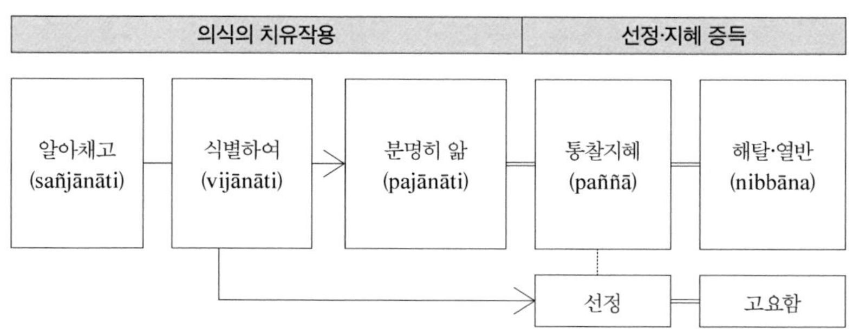

여기에서 의식의 치유 체계는 의식에서 일어나는 바라보는 기제

의 작용에 의해 수행 대상에 현존하게 되며, 이를 통해 알아채고, 식별하는 인식작용이 일어나게 된다. 이때 선정 수행을 하게 되면 선정에 들어 고요함을 구족하게 되고, 지혜 수행을 하게 되면 실상에 대한 분명한 앎으로 인해 통찰지혜와 결합하게 되며, 이를 통해 해탈·열반을 증득하게 된다.

위에서 살펴보았듯이 마음과 의식의 치유 체계를 통해 마음은 치유의 길을 가게 된다. 그러나 이렇게 마음과 의식을 구분하였지만 이것은 작용되는 기제에 대한 구분일 뿐이며, 초기 불교의 주석적 전통에서는 '심·의·식'의 심체를 하나로 보았으며, 이들을 동의어로 사용했다. 그래서 붓다는 수행자의 근기 및 실제상황에 맞추어 마음의 치유 체계와 의식의 치유 체계 등 다양한 수행의 언어를 사용하여 마음의 치유 체계에 대해 설명하고 있음을 알 수 있다.

(3) 지혜의 치유 체계

앞 장에서 살펴본 마음과 의식의 치유 체계는 마음과 의식의 변화를 통해 치유되는 체계에 대한 설명이라면, 지혜의 치유 체계는 깨달아 해탈·열반에 도달하게 되는 방법에 대한 치유 체계의 설명이다. 이를 위해 붓다는『니까야』전반에 걸쳐 지혜의 치유 체계에 대해 설명하고 있다. 그리고 붓다는 이렇게 깨달아 해탈·열반을 증득하며, 괴로움을 소멸하게 되는 수행 방법에 대해 계·정·혜 삼학으로 그 내용을 설명하고 있다. 이러한 수행의 길은 중도이며 팔정도의 길이다. 이때, 분명한 앎의 대상은 사성제와 삼법인이며, 이를 활용하는 수행 방법으로 삼십칠조도품을 설명하고 있다. 이는 사념처, 사정근, 사여의족, 오근, 오력, 칠각지, 팔정도이다. 이러한 계·정·혜 삼학과 삼십칠조도품으로 구분되는 지혜의 치유 체계를 표로 나타내면 다음과 같다.

〈표 II-18〉 지혜의 치유 체계

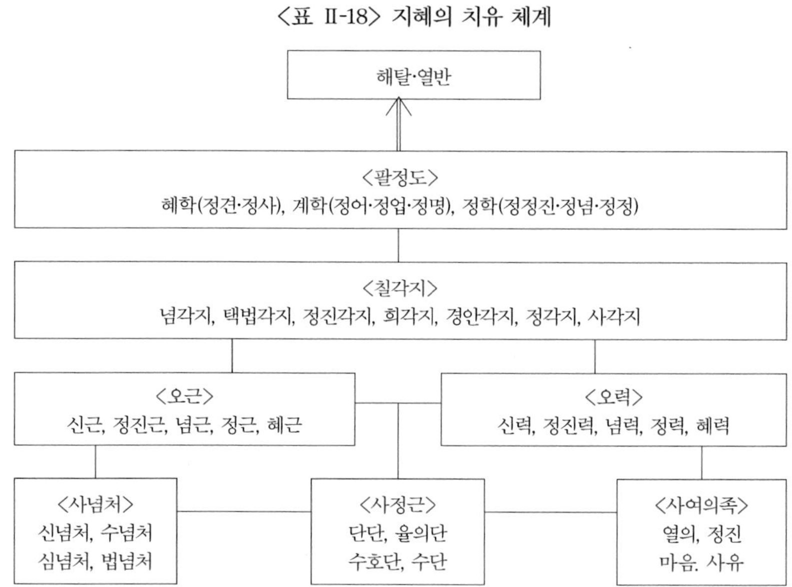

이러한 삼십칠조도품에 의한 지혜의 치유 체계는 다음과 같이 구성된다. 먼저, 네 가지 주시를 확립하고(사념처), 네 가지 바른 노력(사정근)을 행하며, 자유자재한 힘을 얻기 위한 네 가지 성취 수단(사여의족)을 닦아야 한다. 그리고 선을 증대시키는 다섯 가지 기능(오근)을 만들며, 수행에 필요한 다섯 가지 힘(오력)을 길러야 한다. 또한, 이를 기반으로 일곱 가지 깨달음의 구성 요소(칠각지)를 구족하고, 열반으로 향하는 여덟 가지 바른길(팔정도)을 닦아 해탈·열반을 성취하게 된다는 것이다. 이러한 삼십칠조도품에 대해 설명하면 다음과 같다.

① 사념처는 몸을 주시하고(신념처), 느낌을 주시하며(수념처), 마음을 주시하고(심념처), 현상을 주시하게(법념처) 된다. 이를 통해 실상인 대상에 대한 주시를 확립하게 된다.

② 사정근은 이미 구족한 선은 계속 유지하려 노력해야 하고(수단), 이미 생긴 불선은 끊으려 노력해야 하며(단단), 아직 생기지 않은 선은 구족하려 노력하고(수호단), 아직 생기지 않은 불선은 생기지 않도록 노력(율의단)해야 한다. 이를 통해 마음에 선한 마음을 촉발시켜야 한다.

③ 사여의족은 적극적인 의욕(욕여의족)으로 성취 수단을 닦으며, 정진(정진여의족)으로 성취 수단을 닦고, 마음(심여의족)으로 성취 수단을 닦고, 사유(사유여의족)로 성취 수단을 닦아, 이를 통해 수행을 위한 자유자재한 힘을 얻게 된다.

④ 오근은 믿음(신), 정진(진), 주시(념), 선정(정), 지혜(혜)의 뿌리를 갖추게 되는 것을 말한다.

⑤ 오력은 믿음, 정진, 주시, 선정, 지혜의 힘을 갖게 된다. 이를 통해 수행의 뿌리가 확고하게 심어지며, 수행의 힘이 길러진다.

⑥ 칠각지는 일곱 가지 깨달음의 요소로, 주시를 통한 깨달음의 요소(념각지), 법에 대한 고찰을 통한 깨달음의 요소(택법각지), 정진을 통한 깨달음의 요소(정진각지)가 있다. 그리고 기쁨을 통한 깨달음의 요소(희각지), 편안함을 통한 깨달음의 요소(경안각지), 집중을 통한 깨달음의 요소(정각지), 평온을 통한 깨달음의 요소(사각지)를 갖추게 되며, 마음에 분명한 앎을 형성시킨다(백도수 2009: 323-325).

⑦ 팔정도는 바른 견해를 갖고(정견), 바른 사유를 하며(정사), 바른 말을 하고(정어), 바른 직업을 가지며(정업), 바른 생활을 하고(정명),

바른 노력을 하며(정정진), 바른 주시를 하고(정념), 바른 선정(정정)에 들어야 한다는 것이다. 이를 계·정·혜 삼학으로 비유하면, 정견·정사는 혜학에 해당하며, 정어·정업·정명은 계학에 해당하고, 정정진·정념·정정은 정학에 해당한다. 이러한 삼학과 팔정도 수행을 통해 지혜를 증득하게 되며, 인간 삶의 괴로움에서 벗어나게 된다.

위에서 살펴본 바와 같이 지혜의 치유 체계인 계·정·혜 삼학을 통한 현존하여 수용하고 자각하게 되는 통찰 수행으로 해탈·열반을 증득하게 된다. 그래서 일어나는 대상을 있는 그대로 바르게 바라보게 되면, 마음은 고요해지고, 평온한 상태가 된다. 그리고 지혜의 치유 체계를 통해 탐·진·치가 소멸되는 과정을 거쳐, 마음에서 괴로움이 치유되는 바라보는 기제의 치유 과정이 나타나게 된다.

2) 기제의 치유 과정

불교 수행에서는 인간 삶의 괴로움에서 벗어나는 방법으로 계·정·혜 삼학의 수행을 활용한다. 이때, 바라보는 기제에 의해 치유 대상은 변화를 가져오며, 이러한 치유 대상의 변화를 통해 마음은 고요함을 얻게 되고, 계청정과 마음의 청정 그리고 지혜의 청정을 증득하게 된다. 그래서 선정 수행을 통해 고요함을 얻으며, 지혜 수행을 통해 깨달음을 증득하게 됨으로써 치유 대상은 변화를 가져오게 된다.

이때, 바라보는 기제는 마음의 치유 과정에 중요한 역할을 한다. 그래서 어느 마음작용에 촉발하느냐는 불교 수행에서 중요한 역할을 하게 된다. 본 장에서는 마음의 변화와 의도의 소멸 그리고 치유 과정에 대해 살펴보겠다.

(1) 마음의 변화

마음의 변화에 의해 바라보는 기제는 변화하며, 바라보는 기제의 변화는 마음작용에도 변화를 가져오게 한다. 그리고 마음작용의 변화는 업의 변화를 가져오며, 이는 다시 마음에 변화를 가져온다. 이러한 마음의 변화는 다시 바라보는 기제에 변화를 가져오게 한다. 이렇게 바라보는 기제와 마음작용, 마음은 상호 간에 변화를 가져오는 상호 변화성을 갖게 된다. 이러한 바라보는 기제에 의한 마음의 변화를 표로 나타내면 다음과 같다.

<표 II-19> 기제에 의한 마음의 변화

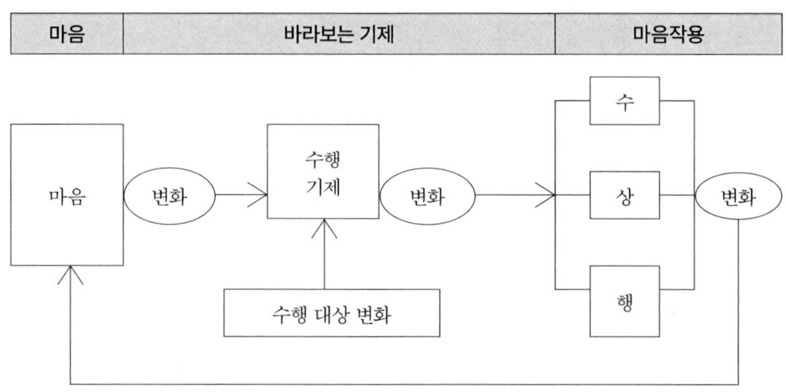

이러한 바라보는 기제에 의한 마음과 마음작용의 변화성으로 마음은 항상 변화하게 된다. 그래서 수행을 통한 선한 바라보는 기제에 의해 마음작용은 청정한 방향으로 방향성을 가질 수 있다. 그리고 이러한 치유 과정을 통해 마음의 치유는 진전을 가져오게 된다.

(2) 의도의 소멸

수행을 통해 의도와 마음작용이 선한 방향으로 방향성을 가짐에 의해 불선한 의도를 내는 마음작용에 촉발하는 것은 점차 소멸하게 된다. 이를 통해 탐·진·치와 연결되는 의도는 소멸된다.

먼저, 기제에 의한 의도의 소멸에 대해 살펴보겠다.

의도는 뒤에 일어나는 마음작용에 의해 선한 의도와 불선한 의도가 있으며, 이러한 의도에 의해 업은 발생하게 된다. 그리고 수행을 통해 의도의 행은 점차 지혜의 행으로 변하게 된다. 그래서 열반에 들기 전까지는 선한 바라보는 기제에 의한 선한 의도는 지속되어야 하며, 수행을 통해 불선한 의도가 소멸되는 것을 경험하게 된다. 그리고 열반에 들 때는 이런 선한 의도까지 남김없이 소멸하게 된다. 이러한 바라보는 기제에 의한 불선한 의도의 소멸을 표로 나타내면 다음과 같다.

〈표 II-20〉 기제에 의한 의도의 소멸

바라보는 기제	불선한 의도가 있는 촉발의 소멸

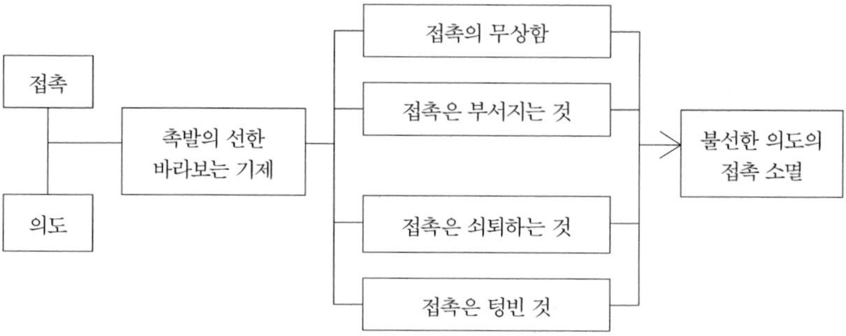

접촉

의도

촉발의 선한 바라보는 기제

접촉의 무상함

접촉은 부서지는 것

접촉은 쇠퇴하는 것

접촉은 텅빈 것

불선한 의도의 접촉 소멸

여기서 의도가 있는 접촉은 촉발이며, 이때 불선한 의도가 있는 촉발은 선한기제에 의해 소멸하게 된다. 그래서 촉발의 선한 기제에 의해 불선한 의도에 의한 접촉은 무상한 것이며, 부서지고야 마는 것이고, 쇠퇴하는 것이며, 텅 빈 것이라는 것을 알게 된다. 또한, 이러한 앎을 통해 불선한 의도에 대한 촉발은 소멸하게 된다. 이와 같이 불선한 의도에 촉발하려는 의도가 사라지면 촉발과 불선한 마음작용의 연결 고리는 끊어지게 된다. 그래서 연결 고리가 끊어진 불선한 마음작용은 더 이상 일어나지 않게 된다.

두 번째, 깨달음의 치유 단계에 대해 살펴보겠다.

수행을 통해 탐·진·치를 일으키려는 마음작용에 대한 촉발의 의도가 사라지면, 그러한 마음작용은 더 이상 일어나지 않게 된다. 그리고 불선한 의도의 소멸로 의식을 청정함으로 이끌게 되며, 이러한 과정을 거쳐 마음은 깨달음을 증득하게 된다. 이러한 의도가 있는 촉발에 의한 깨달음의 치유 단계를 표로 나타내면 다음과 같다.

〈표 II-21〉 촉발에 의한 깨달음의 치유 단계

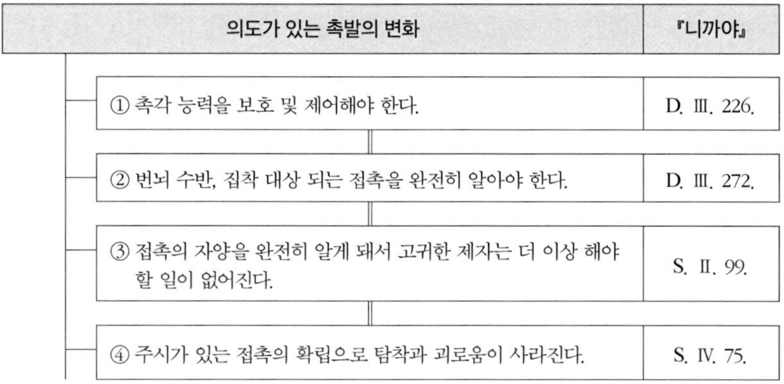

의도가 있는 촉발의 변화	『니까야』
① 촉각 능력을 보호 및 제어해야 한다.	D. III. 226.
② 번뇌 수반, 집착 대상 되는 접촉을 완전히 알아야 한다.	D. III. 272.
③ 접촉의 자양을 완전히 알게 돼서 고귀한 제자는 더 이상 해야 할 일이 없어진다.	S. II. 99.
④ 주시가 있는 접촉의 확립으로 탐착과 괴로움이 사라진다.	S. IV. 75.

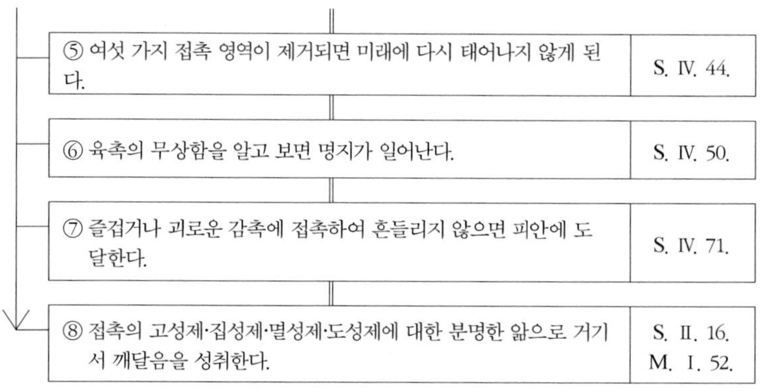

⑤ 여섯 가지 접촉 영역이 제거되면 미래에 다시 태어나지 않게 된다.
S. Ⅳ. 44.
⑥ 육촉의 무상함을 알고 보면 명지가 일어난다.
S. Ⅳ. 50.
⑦ 즐겁거나 괴로운 감촉에 접촉하여 흔들리지 않으면 피안에 도달한다.
S. Ⅳ. 71.
⑧ 접촉의 고성제·집성제·멸성제·도성제에 대한 분명한 앎으로 거기서 깨달음을 성취한다.
S. Ⅱ. 16.
M. Ⅰ. 52.

여기서 삼사화합하여 마음작용으로 일어나는 접촉은 의도가 있으며, 이렇게 의도가 있는 접촉은 촉발을 일으킨다. 이때, 선한 촉발의 기제는 깨달음의 방향으로 작용되며, 이러한 깨달음에 작용하려는 의도가 있는 촉발의 치유 단계에 대해 살펴보겠다. 먼저, 수행자는 불교 수행을 통해 안근·이근·비근·설근·신근·의근인 여섯 가지 촉각 능력에 의한 작의가 감각적 쾌락의 방향으로 증장되지 않도록 제어해야 하며(①), 그리고 번뇌를 수반하며, 집착의 대상이 되는 접촉을 주시와 성찰을 통해 완전히 알아야 한다(②). 또한, 이렇게 삶을 보양하는 접촉의 자양을 완전히 알게 되면, 고귀한 제자는 분명한 앎을 형성하게 되며(③), 이러한 주시가 있는 촉발의 확립으로 탐착과 괴로움은 사라지게 된다(④). 그래서 이러한 여섯 가지 접촉 영역이 제거되면 윤회의 연결 고리에서 벗어나게 된다(⑤). 이와 같이 실상의 무상함을 보게 되면 지혜가 일어나며(⑥), 고·락에 흔들리지 않는 피안에 도달하게 되고(⑦), 이를 통해 접촉의 사성제에 대한 분명한 앎으로 깨달음을 성취하게 된다는 것이다(⑧). 그래서 사성제에 대한 통찰 수행으로 의도가 있는 촉발은 변화와 소멸을 가져오며,

이를 통해 깨달음을 증득하게 된다.

(3) 마음의 치유 과정

바라보는 기제에 의한 수행을 통해 마음작용은 단계별로 변화를 가져온다. 이것은 변화하는 마음의 무상성(無常性)에 기인한다. 그리고 이러한 변화는 수행의 단계별로 수행 대상에도 변화를 가져온다. 그래서 선정 수행으로 선지 요소의 구족과 끊어짐으로 본삼매에 들어 마음은 고요하게 되며, 지혜 수행으로 족쇄의 소멸을 통해 성인의 흐름에 들어 마음의 괴로움은 소멸의 과정을 거치게 된다. 이렇게 마음을 고요하게 하는 마음의 치유와 마음의 괴로움을 소멸하게 하는 마음의 치유 과정에 대해 살펴보겠다.

가. 마음을 고요하게 하는 치유 과정

마음을 고요하게 하는 치유 과정은 수행 대상에 주시하고, 단계별로 촉발을 일으키며, 집중의 증진으로 본삼매에 들어 단계별로 선지 요소에 촉발의 변화를 가져온다. 그리고 선정의 단계별로 선지 요소에 일어났던 촉발이 단계별로 다시 끊어짐이 일어난다. 이러한 선정 수행을 통해 바라보는 기제는 마음을 고요함으로 이끌게 된다. 그리고 이를 통해 점차 고도의 집중 단계로 마음은 변화하게 된다. 이러한 선정 수행에서 선지 요소의 변화에 의한 마음의 치유 과정을 표로 나타내면 다음과 같다.

<표 II-22> 마음을 고요하게 하는 치유 과정

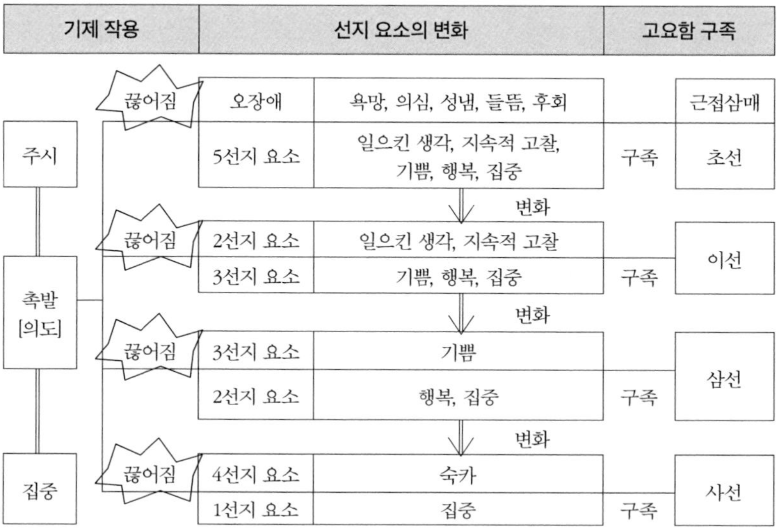

기제 작용	선지 요소의 변화				고요함 구조
	끊어짐	오장애	욕망, 의심, 성냄, 들뜸, 후회		근접삼매
주시		5선지 요소	일으킨 생각, 지속적 고찰, 기쁨, 행복, 집중	구족	초선
			변화		
	끊어짐	2선지 요소	일으킨 생각, 지속적 고찰		이선
		3선지 요소	기쁨, 행복, 집중	구족	
촉발[의도]			변화		
	끊어짐	3선지 요소	기쁨		삼선
		2선지 요소	행복, 집중	구족	
			변화		
집중	끊어짐	4선지 요소	숙카		사선
		1선지 요소	집중	구족	

이와 같이 근접삼매에서 오장애가 끊어지게 된다. 그리고 초선에서 일으킨 생각·지속적 고찰·기쁨·행복·집중인 오선지 요소에 의한 초선의 고요함을 얻게 된다. 이선에서는 일으킨 생각·지속적 고찰에 대한 촉발이 끊어지고, 기쁨·행복·집중으로의 선지 요소에 의한 이선의 고요함을 얻게 된다. 그리고 삼선에서는 기쁨에 대한 촉발이 끊어지고, 행복·집중으로의 선지 요소에 의한 삼선의 고요함을 얻게 된다. 또한, 사선에서는 행복에 대한 촉발이 끊어지고, 집중으로의 선지 요소에 의한 사선의 고요함을 얻게 된다. 이렇게 선정 수행을 통해 바라보는 기제인 집중의 계발을 통해 마음은 단계별로 고요하고, 평온한 치유의 과정을 거치게 된다.

나. 마음에 괴로움을 소멸하는 치유 과정

마음의 괴로움을 소멸하는 치유 과정은 실상에 대한 주시를 통해 선한 마음작용이 촉발하며, 이에 대한 성찰로 분명한 앎이 형성되고, 이를 통해 마음은 통찰지혜와 결합하게 된다. 이때 치유 대상인 족쇄에 대한 촉발의 끊어짐으로 마음은 점차 청정한 상태로 변화하게 된다. 그리고 족쇄의 단계별 끊어짐을 통해 수다원·사다함·아나함·아라한의 성인의 단계를 증득한다. 그래서 이러한 족쇄가 제거되는 탐·진·치의 소멸을 통해 얻게 되는 아라한의 지혜는 무탐·무진·무치의 상태로, 이는 깨달음의 단계를 말한다. 이러한 지혜 수행에서 족쇄의 변화에 의한 치유 과정을 표로 나타내면 다음과 같다.

<표 II-23> 마음에 괴로움을 소멸하는 치유 과정

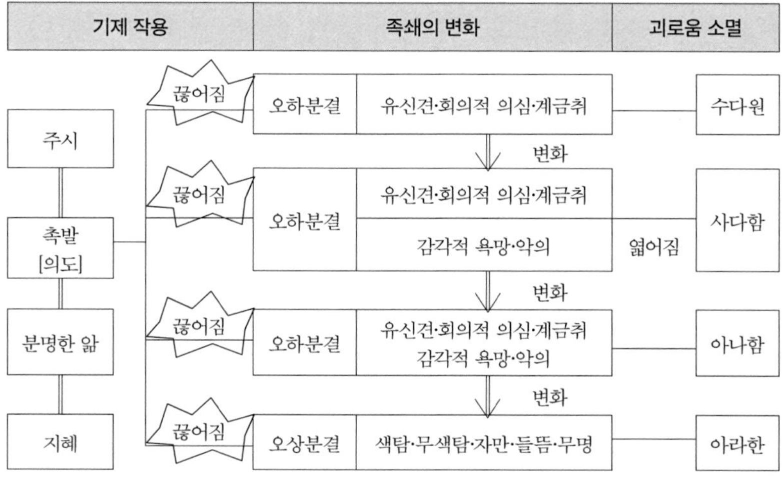

이와 같이 지혜 수행을 통해 수다원의 흐름에 들어 오하분결인 유신견·회의적 의심·계금취가 끊어지며, 그에 따르는 괴로움은 소멸

된다. 그리고 사다함인 성자의 흐름에 들어 감각적 욕망·악의가 엷어지며, 그에 따르는 괴로움은 소멸된다. 또한, 아나함의 단계에서는 감각적 욕망·악의가 끊어지며, 그에 따르는 괴로움은 소멸된다. 그리고 아라한을 성취하게 되면 색탐·무색탐·자만·들뜸·무명에 대한 족발은 끊어지며, 이를 통해 탐·진·치에 의한 괴로움은 소멸된다. 이렇게 지혜 수행으로 바라보는 기제에 의한 지혜의 계발을 통해 마음은 단계별로 괴로움이 소멸되는 치유 과정을 거치게 된다.

종합 평론

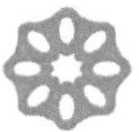

업에 의한 마음의 작용으로 현재 일어나는 대상에 대해 마음작용이 발생하게 된다. 그런데 일어나는 대상에 대해 괴로운 마음이 일어난다는 것은 현재 마음의 상태가 이런 괴로움이 일어나도록 마음의 구조 체계가 형성되어 있다는 것이다. 그렇기 때문에 일어나는 대상에 대해 괴로움이 발생하게 되는 마음의 구조 체계를 바꾸어 주어야 한다. 즉, 마음이 대상에 접촉해서 마음작용이 일어날 때, 탐·진·치를 형성시키는 쪽으로 가지 않고, 선한 마음작용이 일어나는 쪽으로 마음의 구조 체계를 바꾸어 주어야 한다. 그리고 이런 선한 마음의 구조 체계는 현존·수용·자각하려는 마음의 작용 기제를 형성하게 된다. 그래서 마음의 구조 체계를 선한 수행 기제로 바꾸어 주어야 한다.

마음의 구조 체계를 선한 수행 기제로 바꾸어 주어야 한다

그러나 마음의 체계에서 선한 기제가 작동되도록 하는 것은 쉬운 일은 아니다. 그것은 현생의 마음 체계는 수많은 생을 거치고, 또한 현생에서 긴 세월 동안 쌓아 놓은 마음의 체계이기 때문이다. 그래서 일반 범부에게는 마음에서 일어나는 체계는 괴로움을 증장시키는 구조로 체계화되어 있을 가능성이 높다. 그렇기 때문에 계를 청정하게 함으로써 마음의 상태를 청정하게 하고, 이를 통해 육바라밀을 수행함으로써 서서히 마음의 작용 체계를 정화시켜야 한다. 이로써 수행을 통해 선한 바라보는 기제가 발생되도록 마음의 체계를 바꾸어 주며, 괴로움을 소멸시키는 구조로 마음의 체계를 변화시켜야 한다. 그래서 수행의 선한바라보는 기제인 주시·촉발·성찰·분명한 앎·집중·지혜로 마음의 작용 기제가 일어나 현존·수용·자각할 수 있도록 해야 한다.

바라보는 기제로 현존·수용·자각하도록 해야 한다

바라보는 기제를 수행 시 애써 구분할 필요는 없다. 바라보는 기제의 일어남은 수행자의 근기에 맞게 이루어진다. 그래서 지관 수행의 출발점과 도달점이 설정되면 자연히 수행자의 마음은 수행의 진전과 더불어 주시·촉발·성찰·분명한 앎·집중·지혜로 이동하게 된다. 억지로 하지 말고 자연스럽게 일어나는 대상에 대해 단계별로 지혜를 증득할 때까지 바르게 바라보면 된다. 이를 통해 마음은 현존하게 되고, 수용하게 되며, 이를 바탕으로 올바른 자각이 일어나게 된다. 이러한 바라보는 기제의 단계별 작용을 표로 나타내면 다음과 같다.

〈표Ⅱ-24〉 바라보는 기제의 단계별 작용

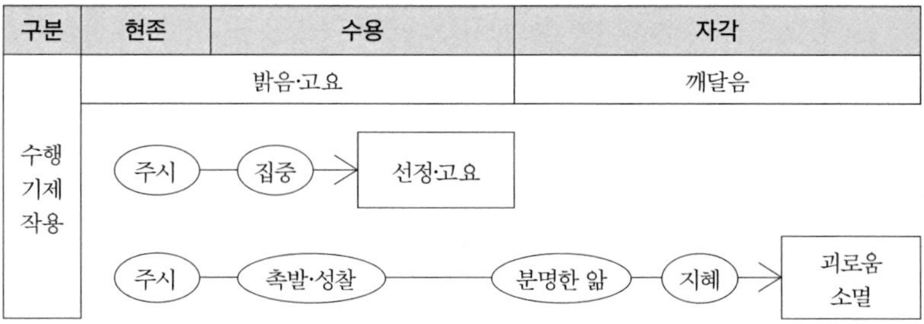

구분	현존	수용	자각
수행 기제 작용	밝음·고요		깨달음
	주시 — 집중 → 선정·고요		
	주시 — 촉발·성찰 — 분명한 앎 — 지혜 → 괴로움 소멸		

이는 현존·수용하는 기제인 주시·집중으로 선정과 고요를 얻게 되며, 주시·촉발·성찰·분명한 앎·지혜로 깨달음을 얻어 괴로움은 소멸된다. 그래서 마음을 바르게 바라보기만 하면 된다는 것이다. 이를 바탕으로 다음 장에서는 치유되는 마음에 대해 살펴보겠다.

- 위쪽: 일몰 배경 수많은 바간의 탑들
- 중간 왼쪽: 삔다야 동굴(8,000개 이상의 불상이 있는 석회 동굴)
- 중간 오른쪽: 보리수나무
- 아래 왼쪽: 신쀼(마을에서 벌어지는 10세 전후 단기 출가 축제)

Ⅲ 치유되는 마음

인간은 대상을 바라보는 마음(心, citta)을 통해 마음(G)에서 의식작용, 마음작용, 정신작용이 일어나게 된다. 그리고 이를 통해 대상을 알게 되며, 희·노·애·락도 경험하게 되고, 삶의 괴로움도 겪게 된다. 이때, 바르게 바라보는 기제를 활용한다면 마음에서 일어나는 괴로움에서 벗어날 수 있게 된다. 먼저, 치유되는 마음(G)을 구분해 보면 다음과 같다.

● 치유되는 마음(G)의 구분

치유되는 마음(G)은 넓은 의미를 나타내며, 붓다는 이를 마음(心)·정신(意)·의식(識)으로 구분하여 사용하고 있다. 그리고 초기 불교의 주석적 전통에서는 이러한 심·의·식을 동의어로 보고 있으며(PED. 300), 이들은 같은 심체를 갖고 있다고 한다. 그래서『니까야』에서 이들이 발생한 상황을 갖고 이들을 구분해 볼 수 있다. 이를 통해 마음(G)의 일어남을 마음작용, 정신작용 그리고 의식작용으로 구분할 수 있다. 이때, 마음은 마음(G)의 정서적인 부분을 나타내며, 정신은 마음(G)의 이성적인 부분을 나타내고, 의식은 마음(G)의 인식적인 부분을 나타내게 된다(정준영 2009: 207). 이렇게 마음(G)을 세 가지 작용으로 구별할 수 있으며, 이러한 구분을 표로 나타내면 다음과 같다.

<표 Ⅲ-1> 치유되는 마음의 구분

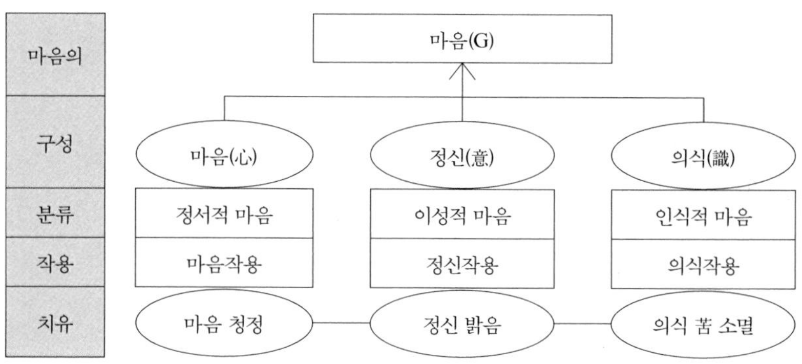

여기서 바르게 바라보는 치유의 과정을 통해 마음(心)은 정서적으로 마음을 청정하게 하며, 정신(意)은 이성적으로 정신을 밝게 하고, 또한 의식(識)은 인식적으로 의식에 괴로움을 소멸시킨다. 이것은 치유되는 마음에 따른 구분이다. 그래서 이를 바탕으로 본 장에서는 '마음을 청정하게 치유', '정신을 밝게 치유', '의식의 괴로움 치유'로 구분하여 살펴보겠다.

1.
마음을 청정하게 치유

마음(G)을 심·의·식으로 구분할 때 마음은 마음(G)의 정서적인 부분을 나타내고 있다. 그리고 수행을 통한 마음의 정서적 작용은 마음(G)을 청정하게 하는 치유작용을 하게 된다. 이러한 마음의 정서적 작용은 인간의 마음에 괴로움을 일으키기도 하고, 즐거움을 일으키기도 한다. 이렇게 치유 대상인 마음(G)을 정서적으로 치유하기 위해 본 장에서는 마음에서 일어나는 마음작용 및 마음의 청정에 대해 살펴보겠다.

1) 마음작용

마음에서 일어나는 마음작용은 평상시에는 마음이 바왕가(마음 속 깊은 마음) 상태로 있다가, 대상이 나타나면 바왕가 상태에서 나와 대상과 마음이 만나서 접촉이 이루어진다. 그리고 이때 촉발에 의해 마음의 정서적인 부분을 나타내는 수·상·행이 일어나는데, 이를 마음작용이라고 한다. 그래서 안다는 것은 마음에서 일어난 마음작용을 안다는 것이며, 마음작용은 마음을 선과 불선으로 구분하게 되는 마음의 정서적인 부분을 나타내게 된다. 이러한 마음작용의 구성 및 발생에 대해 살펴보겠다.

(1) 마음작용의 구성

마음에서 일어난 마음작용(cetasikā)은 정서적으로 무기의 마음작용, 선한 마음작용, 그리고 불선한 마음작용으로 구분할 수 있다. 여기서 무기의 마음작용은 그 자체로는 선도 아니고 불선도 아니며, 뒤이어 일어나는 마음작용에 의해 선과 불선으로 구분된다. 그리고 마음작용이 일어나는 경우에는 반드시 일어나는 마음작용 7가지와 특별한 조건에서 때때로 일어나는 마음작용 6가지가 있다.

또한, 선한 마음작용은 불교 수행의 목적을 달성하는 데 유익한 방향으로 작용하는 마음작용을 말하며, 여기에는 반드시 일어나는 마음작용 19가지와 때때로 일어나는 마음작용 6가지가 있다.

그리고 불선한 마음작용은 불교 수행의 목적을 달성하는 데 선하지 않은 방향으로 작용하는 마음작용을 말하며, 여기에는 반드시 일어나는 마음작용 4가지와 때때로 일어나는 마음작용 10가지가 있다.

여기서 중요한 것은 반드시 일어나는 마음작용에서 선한 마음작용은 19가지이며, 불선한 마음작용은 4가지라는 것이다. 따라서 마음을 차분히 가라앉히고 대상을 바라만 보더라도 정서적으로 마음에는 선한 마음작용이 더 많이 작용하게 된다. 이를 통해 마음은 평온한 상태로 흘러가게 되며, 정서적으로 치유의 과정을 거치게 된다. 이러한 마음작용의 구성을 표로 나타내면 다음과 같다.

〈표 Ⅲ-2〉 마음작용의 구성

불선한 마음작용	무기의 마음작용	선한 마음작용

무기의 마음작용(13)	반드시(7)	때때로(6)
	1 접촉 2 수(受) 3 상(想) 4 의도 5 집중 6 생명 기능 7 작의	8 일으킨 생각 9 지속적 고찰 10 결심 11 정진 12 희열 13 열의

불선한 마음작용(14)	반드시(4)	때때로(10)
	14 어리석음 15 양심 없음 16 수치심 없음 17 들뜸	18 탐욕 19 사견 20 자만 21 성냄 22 질투 23 인색 24 후회 25 해태 26 혼침 27 의심

선한 마음작용(25)	반드시(19)	때때로(6)
	28 믿음 29 마음챙김 30 양심 31 수치심 32 탐욕 없음 33 성냄 없음 34 중립 35 몸의 편안함 36 마음의 편안함 37 몸의 가벼움 38 마음의 가벼움 39 몸의 부드러움 40 마음의 부드러움 41 몸의 적합함 42 마음의 적합함 43 몸의 능숙함 44 마음의 능숙함 45 몸의 올곧음 46 마음의 올곧음	절제(3) 47 바른말 48 바른 행위 49 바른 생계 무량함(2) 50 연민 51 함께 기뻐함 어리석음 없음(1) 52 통찰지의 기능

(2) 마음작용의 발생

마음과 마음작용은 작용 시에는 이들은 결합되어 작용하게 된다. 마음작용이 일어난다고 해서, 이 마음작용이 마음과 다른 영역에서 일어나는 것은 아니다. 마음작용은 마음의 영역에서 발생되고, 마음과 결합하게 된다. 그래서 마음과 마음작용을 분리하는 것은 불가능하게 된다. 이에 대해 『맛지마 니까야』의 「교리문답의 긴 경」에서 붓다는 "수(受, vedanā), 상(想, saññā)과 의식(識, viññāṇa)이라고 하는 이러한 법들은 결합되어(saṃsaṭṭha) 있으며, 분리되어 있지 않습니다. 그리고 이러한 법들을 분리(visaṃsaṭṭha)하여 그 차이점(nānākaraṇa)을 안다는 것은 가능하지 않다(na ca labbhā)."라고 한다(M. Ⅰ. 293). 여기에서 수와 상이라는 마음작용은 의식이라는 마음과 결합되어 있지, 분리되지 않는다는 것이다. 그래서 마음에서 마음작용이 일어났다는 것은 마음과 마음작용이 결합되어 있다는 것을 말하며, 마음작용끼리도 작용 시에는 결합되어 있다는 것을 말해 주고 있다. 만약에 마음과 별도로 마음작용이 일어날 수 있고 이들에 결합성이 없다면, 마음작용에 의해 발생되는 행에는 업의 영향도 없을 것이며, 연기의 법칙도 적용되지 않을 것이다. 그러나 마음작용은 업에 의해 저장되고 변화되는 마음과 결합되어 있으며, 마음작용에 의해 일어난 인간의 행은 연기성도 있게 된다. 그래서 인간은 업의 저장과 업의 발생에 의한 과보도 받게 되고, 윤회도 겪게 된다.

그리고 마음에서 일어나 대상과 접촉하여 수 등의 마음작용이 일어나려면 접촉과 수 사이에 의도가 있어야 한다. 이렇게 의도와 결합한 접촉인 촉발은 의도에 의해 업을 일으키게 되므로 불교 수행으로 의도의 일어남을 관찰해야 한다. 그리고 의도와 결합한 접촉인 촉발에 다양한 의도가 있다는 것은, 마음작용을 일어나게 하려면 촉발이 일어나야 한다는 것을 알 수 있다. 이러한 정서적 마음작용의 발생을 표로 나타내면 다음과 같다.

〈표 Ⅲ-3〉 정서적인 마음작용의 발생

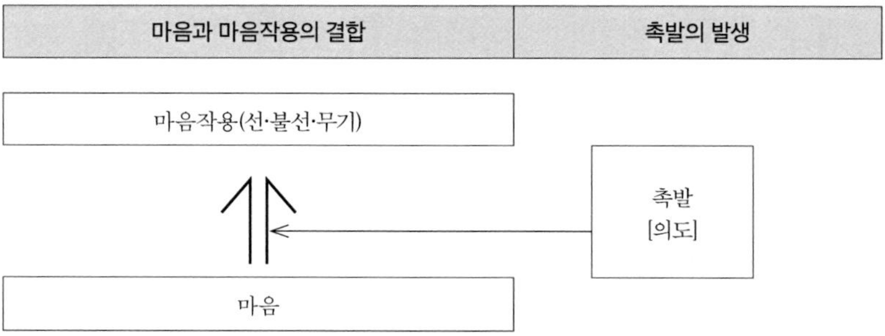

마음과 마음작용의 결합	촉발의 발생
마음작용(선·불선·무기) ↑ 마음	← 촉발 [의도]

2) 마음의 청정

인간의 마음에서 일어난 마음작용은 한시도 쉬지 않고 끊임없이 작동하려는 연속성을 갖고 있다. 그리고 마음이 정서적으로 안정되지 못하면 일어나는 대상을 바르게 보지 못하며, 이를 통해 마음은 무명과 갈애를 증장시키는 방향으로 흘러가게 된다. 이렇게 불선한 마음으로 증장하려는 마음작용을 청정한 구조로 만들려면, 마음을 청정하게 닦는 수행이 필요하게 된다. 본 장에서는 이러한 마음작용의 변화와 마음의 청정 과정에 대해 살펴보겠다.

(1) 마음작용의 변화

마음은 항상 변화하는 무상성을 갖고 있다. 그래서 수시로 변화하는 마음이 바르게 작용되도록 이를 단속해야 한다. 보통의 마음은 근·경·식 삼사화합에 의해 대상과 감각 접촉(samphass)이 발생될 때, 1차적으로 의도에 의한 촉발로 신·구·의 삼행이 발생된다. 그리고 이것을 다스리지 못하면 2차적인 의도에 의한 촉발로 신·구·의 삼행이 발생하게 된다. 그래도 이러한 의도를 다스리지 못하면 3차적으로, 4차적으로 계속 의도에 의한 행이 발생하게 된다. 그리고 이로 인해 신·구·의 삼행이 증장되는 구조를 갖게 된다. 그런데 이렇게 자동적으로 연결되는 삼행은 인간의 탐·진·치로 인해 불선한 방향으로 움직일 가능성이 크다. 그래서 이렇게 마음에서 촉발되어 일어나는 마음작용이 선한 방향으로 움직이도록 의도를 내어 변화시켜야 한다. 이러한 마음작용의 변화를 표로 나타내면 다음과 같다.

〈표 Ⅲ-4〉 마음작용의 변화

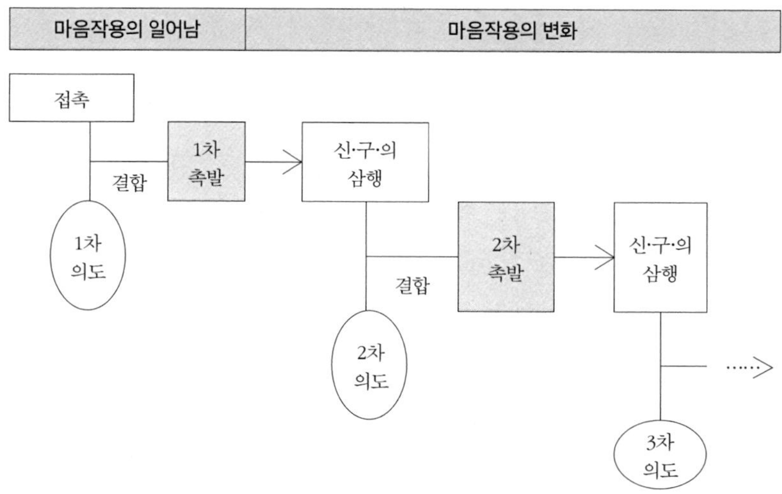

이와 같이 일반적인 마음은 계속해서 변화하여 일어나려는 무명

과 갈애의 증장 구조를 갖고 있다. 그래서 선한 마음작용으로 마음작용의 방향이 이동할 수 있도록 선한 의도를 내며, 수행을 통해 마음이 청정하게 되도록 마음을 닦아야 한다.

(2) 마음의 청정 과정

마음에서 일어나는 마음작용은 같은 대상이라도 사람마다 일어나는 마음작용은 다르게 나타난다. 같은 대상을 바라보아도 어떤 사람은 행복을 느끼고, 어떤 사람은 분노를 느끼며, 어떤 사람은 무덤덤함을 느끼게 된다. 이것은 마음작용이 일어나려면, 마음과 마음작용 사이에 의도가 있어야 한다. 그런데 이러한 의도는 업에 의해 사람마다 다르게 형성되며, 이로 인해 같은 대상을 바라보아도 사람마다 다른 마음작용이 일어나게 된다. 또한, 마음에서 마음작용이 일어나게 되려면 이때 발생되는 '의도와 결합한 접촉인 촉발'에 의해 마음작용은 그 방향성을 갖게 된다. 그래서 촉발은 마음작용의 발생 시에 마음작용의 방향(무기·선·불선)을 설정해 주는 방향키의 역할을 하게 된다. 그리고 이러한 의도가 있는 촉발의 작용이 없다면 마음작용은 더 이상 발생하게 되지 않으며, 마음은 마음속 깊은 단계인 바왕가 상태에 머물러 있게 된다. 이와 같이 의도와 결합한 접촉인 촉발에 의해 마음작용이 일어나게 된다. 그리고 이때 발생한 의도가 선한 의도이면 바라보는 기제의 작용에 의해 25가지의 선한 마음작용이 일어나게 된다. 이러한 선한 마음작용에 의한 수행으로 마음은 청정의 길을 가게 된다. 이러한 촉발에 의한 마음의 청정 과정을 표로 나타내면 다음과 같다.

<표 III-5> 마음의 청정 과정

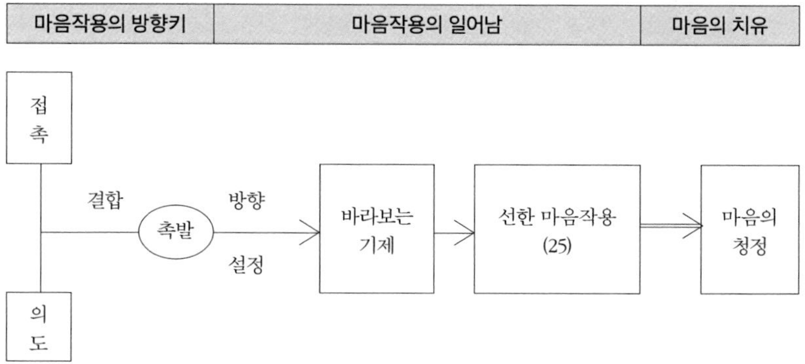

이와 같이 마음(G)을 심·의·식으로 구분할 때, 마음(G)의 정서적 부분을 나타내는 마음의 선한 마음작용에 의해 마음은 청정의 길을 가게 된다.

2.
정신을 밝게 치유

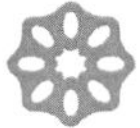

마음을 심·의·식으로 구분할 때 정신(意, mano)은 마음(G)의 이성적인 부분을 나타내고 있다. 그리고 이러한 정신의 이성적 작용은 정신을 밝게 하는 치유작용을 하게 된다. 이렇게 정신은 마음의 이성적 작용에 관여하게 된다. 일반적으로 사람을 일컬어 물질과 정신으로 구성됐다고 하며, 이를 명색(名色, namarupa)이라 하고, 이는 '名'인 정신과 '色'인 물질로 구성된다. 그래서 정신은 물질과 더불어 인간이 현실 세상을 살아가는 데 있어 중요한 작용을 하게 된다. 이때, 정신(意)은 그 자신만의 독특한 이성적인 사고 체계를 구성하게 된다. 그래서 정신작용이라는 이성적 사고는 인간의 삶에 대해 선한 작용으로 밝은 상태로 나아가게 하기도 하고, 불선한 작용으로 삿된 길로 나아가게 하기도 한다. 이렇게 이성적 치유 대상인 정신을 치유하기 위해 본 장에서는 이런 작용을 하는 정신작용 및 정신의 밝음9에 대해 살펴보겠다.

9 정신의 밝음이란 모든 사물의 실상에 대해 바르게 알게 되고, 훤히 알게 된다는 것이다. 이는 정어,

1) 정신작용

현생에서 인간은 마음의 이성적 정신작용에 의해 삶을 살아가고 있다. 이성적 정신작용은 인간에게 선한 작용을 하기도 하고, 불선한 작용을 하기도 한다. 이러한 인간의 정신작용을 물병의 예를 들어 설명해 보겠다. 지금 외출하였다가 집에 들어오니 눈앞에 거실이 있으며, 여기에 소파, TV, 책상이 있다고 하자. 집에 들어와서 거실을 보는 순간, 거실의 풍경은 이미 안식의 작용으로 눈에 접촉해 들어와 형성된다. 그리고 처음에는 거실에 있는 많은 물건 중에서도 책상 위에 시원한 물병이 있다는 것을 알지 못한다. 그러나 내가 목이 말라 의도를 내어 물을 찾고자 하여 책상 위의 물병을 보는 순간에 그 물병에 대해 의도가 있는 촉발이 발생하게 된다. 그리고 책상 위에 물병이 있음을 인지하게 된다. 이때 이것에 좋아하는 느낌이 나타나면 마시고 싶어 하는 갈애가 일어나며, 이를 취하여 마시는 행을 하게 된다. 이러한 갈증의 해소를 통해 갈증이 일어나면 '마시고 싶다.'라는 업이 형성된다. 그리고 다음에 다시 그 물병을 보게 되면 마시려고 하는 업에 의한 식이 발생하게 된다. 이러한 명색·육입·촉·수·애·취·유의 발생으로 그 자신만의 독특한 이성적 사고가 형성된다. 『앙굿따라니까야』「선구의 경」에서 붓다는 정신(mano)이 착하고 건전한 것들뿐만 아니라 악하고 불건전한 것들도 이끈다고 한다(A. I. 11; 전재성 1 2013: 136). 이렇게 이성적 정신작용에 의해 착하고 건전한 것들뿐만 아니라 악하고 불건전한 것들도 발생하게 된다. 그리고 의도와 결합한 접촉인 촉발에 의해 정신작용의 구성과

정업, 정명에 영향을 주게 되고, 이를 통해 정견과 정사유를 얻게 된다.

발생에 연결 고리가 형성된다. 이러한 마음의 이성적 정신작용을 표로 나타내면 다음과 같다.

〈표 Ⅲ-6〉 정신작용의 구성과 발생

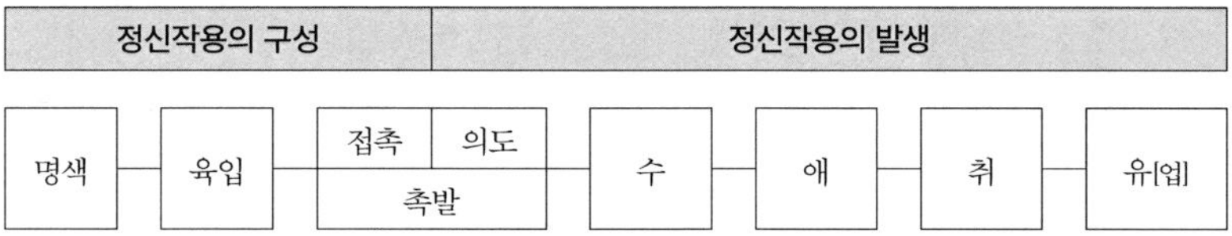

정신작용의 구성				정신작용의 발생			
명색	육입	접촉	의도	수	애	취	유[업]
		촉발					

이렇게 이성적 정신작용에 의한 업에 의해 명색에서 명인 정신이 육입과 접촉에 의해 정신작용을 구성하게 된다. 그리고 여기에 의도가 작용하여 발생된 촉발에 의해 수, 애, 취, 유[업]의 정신작용이 발생하게 된다. 이러한 정신작용의 구성 및 발생에 대해 살펴보겠다.

(1) 정신작용의 구성

인간은 정신의 이성적 작용에 의해 정신작용이 일어나며, 여기서 명색은 육입에 의한 접촉으로, 의도가 있는 촉발에 의해 그 자신만의 독특한 정신작용을 구성하게 된다. 이렇게 정신작용을 구성하는 명색과 육입, 그리고 촉발에 대해 살펴보겠다.

가. 명색의 형성

인간은 정신(名)과 물질(色)인 명색(nāmarūpa, 名色)으로 형성된다. 그리고 여기서 말하는 명색은 오온인 색·수·상·행·식을 말하며, 오온에서 정신은 수·상·행·식으로 구분된다. 이렇게 인간은 오온인 색·수·상·행·식을 갖고 이 세상에 태어나 삶을 유지하게 된다. 그래서 이러한 오온이 없으면 인간으로의 삶도 형성될 수 없으며, 인간으로의 윤회도 형성되지 않는다. 이와 같이 인간은 명색인 오온으로 형성되기 때문에 오온이 인간의 삶에 괴로움의 원인을 제공하게 되는 오음성고의 문제를 일으키게 된다.

태초에 이 세상은 본래 청정하여 밝게 빛나는 상태로 무한이며, 불가견이고, 모든 곳에서 빛나는 상태로 있었다. 이를 열반이라고 한다. 여기에서 세월이 흘러, 이러한 청정한 흐름 속에 흠결이 생기기 시작하고, 이는 탐·진·치에 의한 이성적 작용에 의해 청정함에 얼룩을 만들게 된다. 그리고 이러한 얼룩은 다시 탐·진·치를 만들고, 이것은 업에 의한 식으로 윤회의 흐름을 만들게 된다. 그래서 얼룩에 의해 형성된 오온은 오음성고의 문제를 일으키게 된다. 이렇게 착하고 건전한 것뿐만이 아니라 악하고 불건전한 것들도 정신에 의해 이끌어진다. 그래서 붓다는 이러한 탐·진·치의 얼룩을 제거하여 청정함으로 돌아가고자 하였다.

그래서 청정함을 찾기 위해서는 청정함에 이성적으로 얼룩을 지게 하는 삼독심을 제거해야 한다. 이렇게 정신에 삼독심을 일으키는 취착으로 발생하는 오취온(五取蘊, pañcupā cupādānakkhandha)(M. I. 191; 대림스님 1 2012: 683)에서 색·수·상·행은 의식의 주처가 된다. 그리고 여기에 의식이 머물러 성장하게 된다. 이렇게 명색은 정신인 명과 물질인 색으로 형성되며, 의식의 자양에 의해 인간의 삶에 섭생을 제공받게 되고, 육입을 발생시키게 된다. 이러한 과정을 거쳐 명색은 식을 조건으로 일어나며, 육입은 명색을 조건으로 일어나게 된다.

나. 육입의 화합

인간의 정신작용으로 육근(六根, chaḷindriya)인 안근·이근·비근·설근·신근·의근과 육경(六境, chagāravā)인 색경·성경·향경·미경·촉경·법경이 화합하여 육식(六識, chaviññāṇa)인 안식·이식·비식·설식·신식·의식을 형성하게 된다. 이렇게 인간의 명색에 근·경·식 삼사화합에 의한 육입(saḷāyatana)으로 육근·육경·육식이 형성된다. 그런데 이렇게 형성된 모든 육식을 마음이 동시에 알아차릴 수는 없다. 의도가 있는 촉발에 의해 마음작용이 일어나게 되어서야 비로소 육식을 알아차리게 된다. 이러한 육근과 육경이 작용하는 공간을 육내외처라고 한다. 그리고 육입은 명색을 발판으로 일어나며, 육입을 통한 근·경·식 삼사화합에 의해 접촉이 발생한다. 이와 같이 육입은 명색을 조건으로 일어나며, 접촉은 육입을 조건으로 일어나게 된다.

다. 접촉의 일어남

인간의 정신작용은 항상 무언가에 접촉(phassa)하고 있다. 이를 통해 육근과 육경이 화합하여 육식이 발생하게 된다. 이러한 근·경·식 삼사화합에 의해 접촉이 일어나게 된다. 그러나 인간은 자신이 접촉한 모든 것에 정신작용을 발생시키지는 않는다. 접촉한 것에 의도를 내서 받아들이는 촉발에 의해 정신작용이 발생하게 된다. 이러한 접촉은 광의의 의미로 모든 접촉을 지칭하는 'phass'가 있다. 그리고 근·경·식 삼사화합에 의해 발생되는 감각 접촉인 'samphass'가 있고, 접촉에 의도가 결합하여 마음작용을 발생시키고 인식 과정을 형성시키는 촉발인 phuṭṭha가 있다. 또한, 촉발을 무기의 의도, 선한 의도, 불선한 의도로 구분하게 되는 촉발의 연관어가 있다. 이렇게 접촉은 접촉, 감각 접촉, 촉발, 촉발의 연관어인 네 가지 의미로 구분할 수 있다(남일희 2019: 29). 이러한 접촉의 구분을 표로 나타내면 다음과 같다.

〈표 Ⅲ-7〉 접촉의 구분

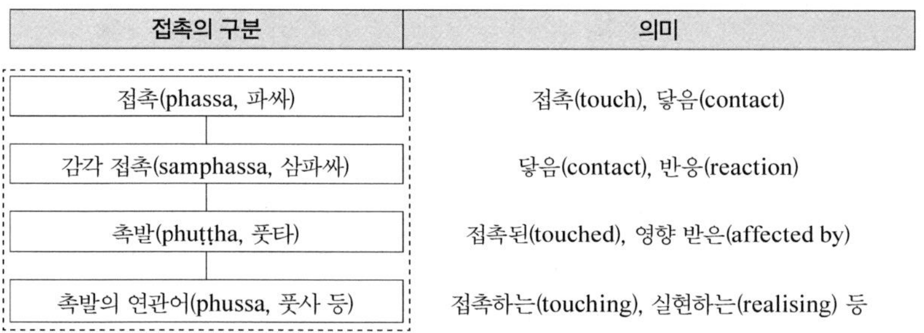

접촉의 구분	의미
접촉(phassa, 파싸)	접촉(touch), 닿음(contact)
감각 접촉(samphassa, 삼파싸)	닿음(contact), 반응(reaction)
촉발(phuṭṭha, 풋타)	접촉된(touched), 영향 받은(affected by)
촉발의 연관어(phussa, 풋사 등)	접촉하는(touching), 실현하는(realising) 등

여기서 삼파싸는 근·경·식 삼사화합에 의해 순수하게 일어나는 감각 접촉을 의미한다. 그리고 풋타인 촉발과 촉발의 연관어는 인간의 삶에 문제를 일으키기도 하고, 문제를 해결해 주기도 하는 다양한 기제의 역할을 하게 된다. 또한, 의도가 있는 촉발은 인간의 정신작용을 발생시키는 원인이 되기도 한다. 그렇기 때문에 '의도가 있는 접촉인 촉발'을 바르게 알아 이를 활용하는 것은 수행에서 중요한 작용을 하게 된다. 이와 같이 접촉은 육입을 조건으로 일어나며, 느낌은 촉발을 조건으로 발생하게 된다.

이와 같이 정신작용을 구성하는 명색, 육입과 촉발에 의해 그 자신만의 독특한 정신작용을 형성하게 된다.

(2) 정신작용의 발생

의도에 의한 촉발에 의해 정신작용이 발생하면 느낌이 발생하고, 갈애가 일어나며, 이에 의한 취착이 형성되고, 이를 통해 행이 형성되며, 업으로 저장되는 정신작용이 발생하게 된다. 이렇게 정신작용을 발생시키는 촉·수·애·취·유에 대해 살펴보겠다.

가. 의도의 작용

의도(cetanā)는 촉발과 함께 정신작용을 일으키며, 업에 의한 과보를 발생시키고, 삼계를 통해 윤회를 형성시키는 역할을 하기도 한다. 여기서 의도를 말하는 'cetanā'는 '의도(intention), 활동적인 마음의 상태(state of ceto in action), 목적(purpose), 의지(will)' 등의 의미를 갖는다[10](PED. 305). 그리고 붓다는『앙굿따라니까야』「꿰뚫음의 경」에서 "수행승들이여, 의도(cetanā)가 업(kamma)이라고 나는 말한다(A. Ⅲ. 415)."라고 한다. 이는 의도와 결합한 촉발에 의해 업이 발생할 수 있다는 것이다. 그래서 촉발을 불선한 의도가 증장하는 방향으로 설정할지, 아니면 수행을 통해 불선한 의도가 소멸되는 방향으로 설정할지에 따라 차후에 일어나는 촉발에 영향을 준다.

이렇게 다양하게 작용하는 의도를 세간(世間, loka)과 출세간(出世間, lokuttara)[11](각묵 2018: 236.)으로 구분하여 살펴볼 수 있다. 세간인 욕계·색계·무색계에서 의도는 후생에서 과보를 발생시키게 된다. 선한 의도는 후생에서 락의 과보를 발생시키고, 불선한 의도는 후생

---

10 cetanā는 ceteti의 동사적 명사로, 행과 관련한 생각(thinking)으로 직역되는 의미를 갖고 있다.

11 "욕계에 속하는 것이 있고, 색계에 속하는 것이 있고, 무색계에 속하는 것이 있고, (세간에) 포함되지 않는(출세간) 것이 있다."

에서 고의 과보를 발생시킨다. 그리고 색계와 무색계의 수행을 통해 선정의 선지 요소를 증득하게 되며, 행복(숙카)과 고요함(삼매)을 얻을 수도 있다. 이때의 의도는 마음에서 마음작용을 증장시키는 증장 구조를 갖는다. 출세간인 성인의 흐름에서 의도는 소멸 구조를 갖게 되며, 성인의 단계별로 족쇄에 연결되는 의도가 있는 촉발은 소멸을 맞게 된다. 그리고 아라한의 도·과를 증득하게 되면, 이때는 의도가 없는 지혜의 행을 하게 된다. 그래서 더 이상 후생에서 나타나는 과보는 생기지 않게 된다. 이렇게 출세간에서는 수행을 통해 족쇄를 소멸시키는 소멸 구조를 갖게 된다. 이와 같이 의도는 세간에서의 증장 구조와 출세간에서의 소멸 구조를 갖게 된다. 이러한 의도의 증장 구조와 소멸 구조를 표로 나타내면 다음과 같다.

〈표 Ⅲ-8〉 의도의 증장 구조와 소멸 구조

구분	세계	결실	목표	구조
세간	욕계·색계·무색계	락과, 고과	숙카·삼매	증장 구조
출세간	성인의 흐름	도·과	해탈·열반	소멸 구조

나. 느낌의 발생

안·이·비·설·신·의인 여섯 가지 촉발로 여섯 가지 느낌(vedanā, 受)이 발생하게 된다. 그리고 이러한 느낌은 즐거운 느낌, 괴로운 느낌, 즐겁지도 괴롭지도 않은 느낌으로 구분된다. 이렇게 느낌을 육근을 통해 열여덟 가지로 구분할 수 있다. 그리고 이는 다시 정신적 느낌과 육체적 느낌으로 구분된다. 그래서 이를 정신적으로 즐거운 느낌, 육체적으로 즐거운 느낌, 정신적으로 괴로운 느낌, 육체적으로 괴로운 느낌, 정신적으로 괴롭지도 않고 즐겁지도 않은 느낌으로 구분할 수 있다. 그래서 이렇게 다양하게 일어나는 느낌은 수행의 대상이 되므로 수행을 통해 잘 다스려야 한다. 이렇듯 느낌은 촉발을 조건으로 일어나며, 갈애는 느낌을 조건으로 일어나게 된다.

다. 갈애의 일어남

'안·이·비·설·신·의', 육근에 의해 여섯 갈애(taṇhā)의 무리가 있게 된다. 이는 무명과 더불어 윤회의 중요한 원인이 된다. 그리고 『앙굿따라니까야』에서는 인간 삶의 조건에 대해 의식은 씨앗이며, 업은 밭이고, 갈애는 수분이 된다고 한다(A. 1. 223). 또한, 갈애는 무명을 발생시키고, 갈애로 인해 발생한 업은 윤회를 일으키게 된다. 이와 같이 갈애는 인간 존재의 생성 요소가 된다. 이러한 갈애를 감각적 쾌락의 갈애, 존재의 갈애, 비존재의 갈애의 세 가지 유형으로 구분해 볼 수 있다. 그래서 안·이·비·설·신·의인 여섯 가지 형태와 세 가지 유형으로 열여덟 가지의 갈애가 있을 수 있다. 여기서 감각적 쾌락의 갈애(①)는 형상 등의 대상에 대해 일어나며, 존재에의 갈애(②)는 대상이 영원하며 항상하다는 영원주의에서 일어나게 된다. 그리고 비존재에 대한 갈애(③)는 대상의 단절과 소멸에서 오는 허무주의에서 비롯된 갈애를 말한다. 이렇듯 갈애는 느낌을 조건으로 일어나며, 취착은 갈애를 조건으로 일어나게 된다.

라. 취착의 형성

취착(upādāna)은 일어나는 대상에 집착하여 다시 취하고자 하는 것이며, 이를 견취, 계금취, 유신견취, 욕취로 구분할 수 있다. 견취(①)는 '이것이 진리'라는 선입견과 '다른 것은 거짓'이라는 견해를 갖는다. 계금취(②)는 계율과 금기에 대한 잘못된 견해에서 나타나게 된다. 일례로 개나 소가 천상에 난다고 믿어, 개나 소처럼 똥을 먹고 풀을 뜯어 먹는 그릇된 견해의 행을 하게 된다. 그리고 유신견에 대한 취착(③)은 오취온에 대한 취착으로, 색·수·상·행·식의 전부나 일부를 자아로 여기며 '이것은 영원하다.'라는 견해를 갖게 된다. 욕취(④)인 감각적 쾌락에 대한 취착은 색·성·향·미·촉에 의해 나타나는 오욕락에 대한 취착에서 나타나며, 이러한 취착을 조건으로 유(존재)가 생겨난다. 이렇듯 취착은 갈애를 조건으로 일어나며, 유는 취착을 조건으로 일어나게 된다.

마. 유의 생성, 업의 저장

유(bhava)는 욕계·색계·무색계에서 존재로서의 행을 생성하게 된다. 이를 욕유·색유·무색유로 구분할 수 있다. 욕계(①)의 존재인 욕유는 감각적 쾌락의 욕망에 의한 행을 생성하게 된다. 색계(②)의 존재인 색유는 욕계를 벗어나 고요한 상태를 지니게 된다. 그리고 무색계(③)의 존재인 무색유는 욕계와 색계를 벗어나며, 육체에서는 떠나고, 정신적으로 수승한 상태를 지니게 된다. 이러한 욕계·색계·무색계의 존재는 업(kamma)에 의해 발생한 업유(業有)이며, 삶을 생성시키는 생유(生有)이다. 업유(①)는 행위(상카라)로 나타나며, 생유(②)는 명색으로 나타나게 된다. 이러한 존재(有)를 조건으로 태어남(生)이 일어나게 된다. 이렇게 유는 존재를 발생시키는 생유와 업유로 나타나게 된다.

여기서 존재의 일어남은 업에 의해 유의 생성이 있게 되므로 업을 알아봄으로써 유의 발생 원인을 알 수 있게 된다. 그래서 이러한 업의 개념 및 구분에 대해 살펴보겠다. 업이라고 하는 'kamma'는 √kṛ에서 파생되었으며, '행하다(to do).'라는 의미를 갖고 있다. 그러나 모든 행이 업이 되는 것은 아니고, 의도가 있는 행이 업을 생성하게 된다. 이러한 업의 구분에 대해 『아비담맛타상가하』를 기준으로 살펴보면 다음과 같다.

- 역할에 따른 구분으로 업은 ① 생산 업, ② 돕는 업, ③ 방해 업, ④ 파괴 업이 있다.
- 과보를 주는 순서에 따른 구분으로 업은 ① 무거운 업, ② (임종에) 다다라(지은) 업, ③ 습관적인 업, ④ 이미 지은 업이 있다.
- 과보를 주는 시간에 따른 구분으로 업은 ① 금생에 받는 업, ② 다음 생에 받는 업, ③ 세 번째 생부터 받는 업, ④ 효력을 상실한 업이 있다.
- 과보를 주는 장소에 따른 구분으로 업은 ① 해로운 업, ② 욕계의 유익한 업, ③ 색계의 유익한 업, ④ 무색계의 유익한 업이 있다 (Abh. 24-25; 대림·각묵 1 2017: 495).

이렇게 무명으로 인해 탐욕, 환희, 갈애를 일으키며, 이로 인해 강한 업이 형성되면 죽음을 맞이할 때 이것이 업이나 업의 표상, 태어날 곳의 표상 중에 한 가지 형태로 나타나게 된다. 그리고 이것이 재생연결식을 형성하여 다음 생에 태어남을 일으킨다.

이와 같이 현생에서는 촉, 수, 애, 취, 유의 형태로 이성적 정신작용이 발생하게 되며, 이것으로 인해 사람마다 독특한 업을 형성하여 저장하게 되고, 다음 생에서 이로 인한 그 자신만의 독특한 정신작용을 발생시키게 된다.

2) 정신의 밝음

수행을 통해 마음에서 일어나는 정신작용은 이성적으로 정신의 밝음을 유지하려는 정신의 치유작용을 하게 된다. 이러한 정신작용의 변화에 의한 정신이 밝게 되는 치유에 대해 살펴보겠다.

(1) 정신작용의 변화

정신은 건전하거나 불건전한 것을 이끌게 되며, 이러한 인간의 독특한 성품을 구성하게 되는 이성적 정신작용에 의해 마음은 탐·진·치에 물들게 될 수도 있으며, 청정한 지혜의 길을 가게 될 수도 있다. 이러한 정신의 증장 구조 및 건전한 변화에 대해 살펴보겠다.

먼저, 정신의 증장 구조에 대해 살펴보겠다.

일반적인 범부의 삶에서 정신작용은 사량분별(망상)하게 되는 증장 구조를 갖고 있으며, 대상에 접촉할 때 일어나는 사량분별의 증장으로 인간의 정신은 밝지 못하게 된다. 이러한 정신작용에 대해 『맛지마 니까야』 「꿀 덩어리 경」에서는 인간의 정신작용을 '육근-육경-육식-육촉-육수-육상-육사-육사량분별-육사량분별이 함께한 인식 더미'라는 9가지 연기(M. I. 111-112.)로 설명하고 있다. 사량분별에 의해 인간의 마음은 밝지 못하게 된다. 이와 같이 정신의 증장 구조에 의해 정신작용에 변화가 발생하게 된다. 이러한 사량분별에 의한 정신의 증장 구조를 표로 나타내면 다음과 같다.

〈표 Ⅲ-9〉 사량분별에 의한 정신의 증장 구조

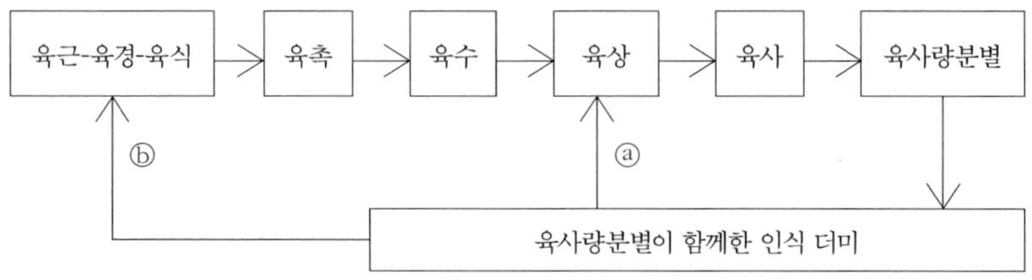

이에 대해, 우선 마음으로부터 일어나는 대상에 대한 근·경·식 삼사화합으로 접촉이 발생하게 되며, 여기에 느낌, 지각과 생각(위딱까)이 일어나게 된다. 그리고 이어서 사량분별이 발생하게 되며, 이것이 인식의 더미가 되어 다시 지각(상)과 생각(사)을 일으키는 연결성을 갖기도 한다(ⓐ). 또한, 이러한 인식의 더미를 바탕으로 새로운 대상에 대해 접촉이 일어나기도 한다(ⓑ). 이러한 정신의 이성적 작용에 의해, 정신작용이 계속 변화하며, 증장하는 증장 구조를 갖게 된다.

두 번째, 기제에 의한 정신작용의 건전한 변화에 대해 살펴보겠다.

일반 범부의 삶에서 사량분별하게 되는 증장 구조와는 달리, 수행자는 바라보는 기제를 통해 마음을 건전한 곳으로 이끄는 정신작용으로 정신을 밝게 치유할 수 있다. 그렇기 때문에 수행자는 바라보는 기제를 활용하여 이성적 정신작용의 증장 구조에 대한 연결고리를 끊어야 한다. 그리고 올바른 말(정어)과 올바른 행동(정업)과 올바른 생각(정사)을 하게 되는 정신작용으로 마음을 유도해야 한다. 이를 통해 바른 직업(정업)과 바른 생활(정명)을 함으로써 정신을 밝게 하는 정신작용의 변화를 가져올 수 있게 된다.

(2) 정신의 밝음 과정

업에 의해 '안·이·비·설·신·의', 육근을 통해 올라온 정보를 정신(의)이 판단해서 좋은 것, 나쁜 것, 좋지도 나쁘지도 않은 것으로 사량분별하게 된다. 이때, 자신만이 갖고 있는 독특한 정신작용에 의해 괴로움을 느끼기도 하고, 즐거움을 느끼기도 한다. 또한, 바라보는 기제로 탐·진·치의 삼독심에 의해 정신이 어두워지는 것을 제어하면 마음은 밝음의 길로 가게 된다. 이렇게 정신이 밝아지는 것에 대해 표로 나타내면 다음과 같다.

〈표 Ⅲ-10〉 정신의 밝음

정신작용	바라보는 기제의 작용	
	정신의 밝음	마음의 청정·苦 소멸

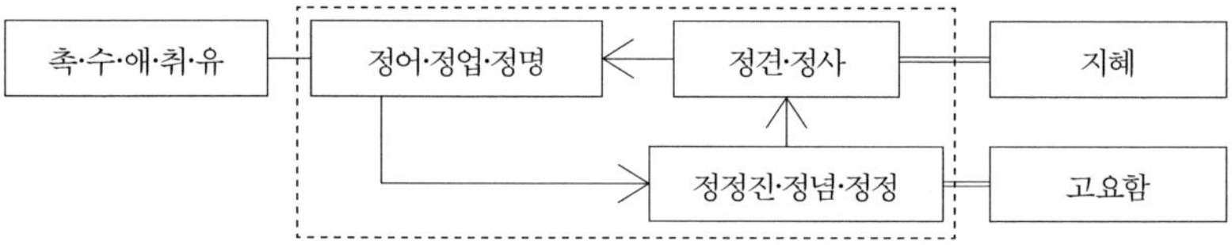

촉·수·애·취·유

정어·정업·정명

정견·정사

지혜

정정진·정념·정정

고요함

여기서 수행으로 발생하는 정어·정업·정명으로 정신은 밝게 치유된다. 또한, 정정진·정념·정정에 의한 마음의 청정은 마음에 고요함을 가져오게 한다. 그리고 정견과 정사유로 인한 지혜의 증득으로 마음에 괴로움이 소멸되는 치유의 길을 가게 된다. 이와 같이 마음(G)의 이성적인 부분을 나타내는 정신작용에 의해 정신은 밝게 치유되는 길을 가게 된다.

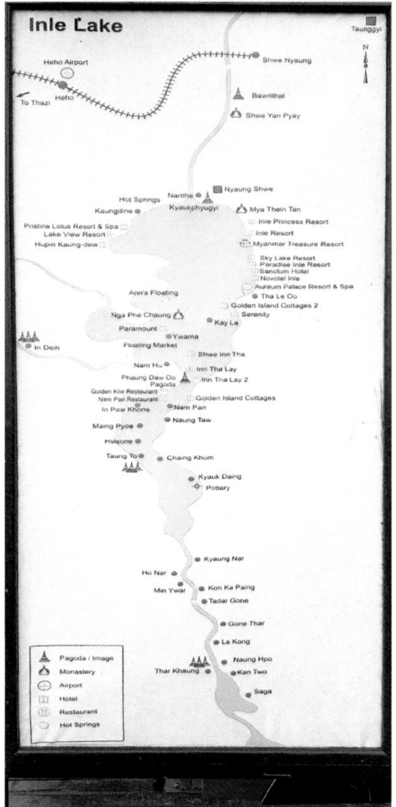

- 왼쪽 위: 파웅도우 선원의 불상(인레 호수)
- 오른쪽 위: 공양물을 올리기 위해서는 수개월을 대기해야 할 정도다.
- 왼쪽 아래: 인레 호수(L: 20㎞, W: 11㎞), 파웅도우 물의 축제(5개 불상 기원)
- 오른쪽 아래: 파고다의 전도 청년들, 축복받는 행을 하고 있다.

3.
의식의 괴로움 치유

마음을 심·의·식으로 구분할 때 의식(識, vinnana)은 마음(G)의 인식적인 부분을 나타낸다. 그리고 마음은 이러한 인식적 의식작용을 통해 대상을 식별하고 분별하여 아는 작용을 하게 된다. 또한, 이러한 인식작용은 대상에 대한 통찰을 통해 마음을 깨달음으로 향하게 하는 치유작용을 하게 된다. 이렇게 마음은 인식적 의식작용에 관여하게 된다. 그렇기 때문에 분별하고 판별하는 인식적 의식작용은 인간의 삶에 괴로움을 주기도 하며, 수행을 통해 괴로움에서 벗어나게 하기도 한다. 이렇게 인식적 치유 대상인 의식을 치유하기 위해 본 장에서는 의식작용 및 이를 통한 괴로움의 소멸에 대해 살펴보겠다.

1) 의식작용

의식은 인간의 삶을 영위하는 데 있어 인식작용을 하게 되며, 현생에서 삶을 유지하는 데 있어 현행 의식의 작용을 하게 된다. 그리고 진행되는 행에 대한 원인과 결과를 유발하는 연기의 연결 고리 역할을 하기도 하며, 수행을 통해 수승한 단계로 나아가게 되는 식별과 통찰작용을 하기도 한다. 이러한 다양한 작용을 하는 의식작용의 구성 및 발생에 대해 살펴보겠다.

(1) 의식작용의 구성

의식은 범부계와 수행계에서 연기와 윤회하는 삶에 다양한 인식작용을 한다. 그리고 이를 통해 인간으로서 즐겁기도 하고, 괴롭기도 한 연기의 삶을 살게 된다. 그래서 의식작용에 의한 연기의 구성과 의식의 구성에 대해 살펴보겠다.

먼저, 의식의 취착에 의한 연기의 구성에 대해 살펴보겠다.

의식은 생·노·사, 무명, 행, 식으로 연결되는 연기작용의 연결 고리 역할을 하게 된다. 그리고 인간의 마음에 탐욕(rāgo)·환희(nandi)·갈애(taṇhā)가 있으면 여기에 의식을 취착하게 되고, 이를 통해 명색이 토대를 갖게 되며, 여기서 형성이 발생되고, 생·노사가 형성되며, 이는 인간의 삶에 슬픔과 불행과 근심을 가져온다(S. Ⅱ. 101). 이렇게 탐욕·환희·갈애에 의한 인식작용으로 식별하고 판단하는 삶은 인간에게 슬픔과 불행과 근심을 가져온다. 이러한 의식의 취착에 의한 연기의 구성을 표로 나타내면 다음과 같다.

〈표 Ⅲ-11〉 의식의 취착에 의한 연기의 구성

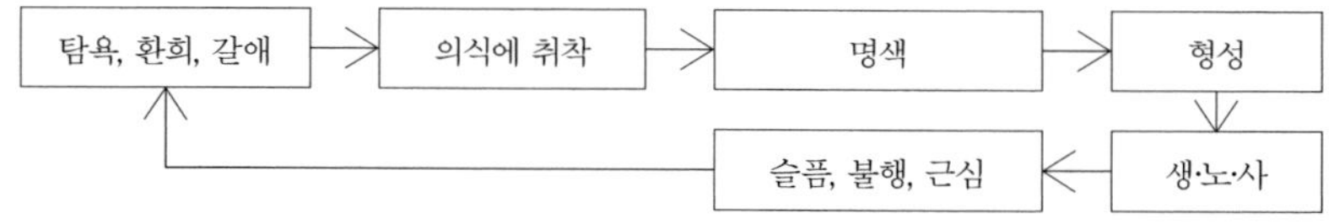

그래서 이러한 의식의 취착에 의한 인식작용에 의해 인간은 생·노·병·사하게 되는 괴로움을 갖게 된다.

두 번째, 범부계와 수행계에서 현행 의식의 구성에 대해 살펴보겠다.

범부계에서 의식은 전생으로부터 윤회로 연결되는 의식인 재생연결식이 있으며, 이는 현생에서는 잠재의식(존재지속심)으로 작용하게 된다. 그리고 이러한 의식은 의식의 자양에 의해 의식이 머무는 주처인 칠식주와 사식주[12]에서 성장하고 변화를 가져오는 이숙식의 작용을 한다. 그리고 이 생을 마감할 때의 의식은 사심이며, 이는 다음 생의 재생연결식과 연결된다. 다음으로 수행계에서는 선정 수행을 통해 무한 의식[13]의 세계에 도달하기도 하며, 윤회를 마감할 때의 의식을 최후 의식이라고 한다. 그리고 윤회하지 않는 상태인 불가견이고, 무한이며, 모든 곳에서 빛나는 상태는 보통의 의식과는

12 칠식주는 욕계, 색계(초선, 이선, 삼선) 그리고 무색계(공무변처, 식무변처, 무소유처)를 말하며, 여기에 의식이 머물러 성장한다. 사식주는 인간을 구성하는 오온 중에서 색, 수, 상, 행을 말하며, 여기에 의식이 머물러 성장한다.

13 여기서 무한 의식과 열반의 관계를 엿볼 수 있다. 붓다는 열반에 드는 생 이전에 수없이 많은 생을 통해 보살행을 닦게 된다. 그리고 최후의 생에서 무색계 선정과 그리고 색계 선정을 거쳐 지혜 수행에 의해 삼명을 얻게 되며, 열반에 들게 된다. 따라서 붓다가 성취한 무한 의식은 불가견이고, 무한성이 특징인 열반 의식과 관계가 있다는 것을 볼 수 있다.

차원이 다른 상태로 이를 열반 의식이라고 한다. 이러한 범부계와 수행계에서 현행 의식의 구성을 표로 나타내면 다음과 같다.

〈표 Ⅲ-12〉 범부계와 수행계에서 현행 의식의 구성

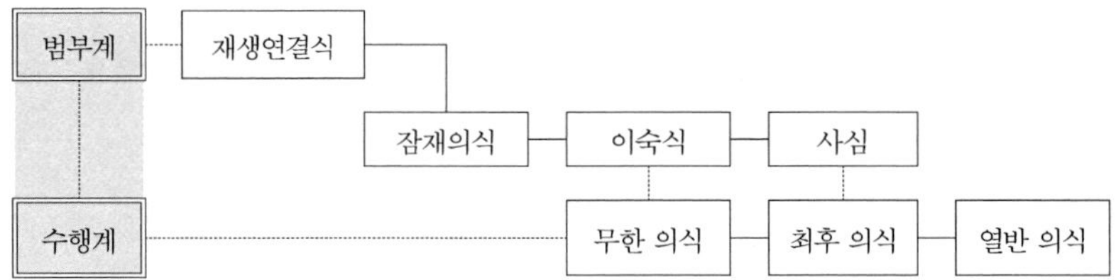

(2) 의식작용의 발생

인간의 삶은 의식의 자양에 의해 그 토대를 제공받으며, 삶의 섭생을 유지하게 된다. 그리고 이러한 의식은 인식하고, 식별하며, 통찰하는 의식작용의 발생을 가져오게 된다. 그래서 의식은 대상에 대해 분명히 아는 작용을 하기도 하며, 삼법인에 대한 통찰을 할 수 있기도 하다. 그리고 통찰지혜와 결합하여 깨달음을 증득하기도 하는데, 이때 의식과 통찰지혜는 하나의 범주 안에서 결합하여 작용하게 된다. 그래서 유여열반에 들어 아직까지 몸이 남아 있는 아라한의 일반 행은 감각을 기반으로 하는 의식(S)이 작용하게 되며, 이때 행하게 되는 깨달음의 행은 통찰지혜가 작용한다. 이렇게 아라한의 행은 업이 발생되지 않으며, 윤회하지 않는 지혜의 행이 된다. 그리고 이러한 의식의 변화를 위해서는 팔정도 수행을 통한 통찰로 별도의 통찰지혜를 얻어야 한다. 이러한 의식작용의 발생을 표로 나타내면 다음과 같다.

〈표 Ⅲ-13〉 의식작용의 발생

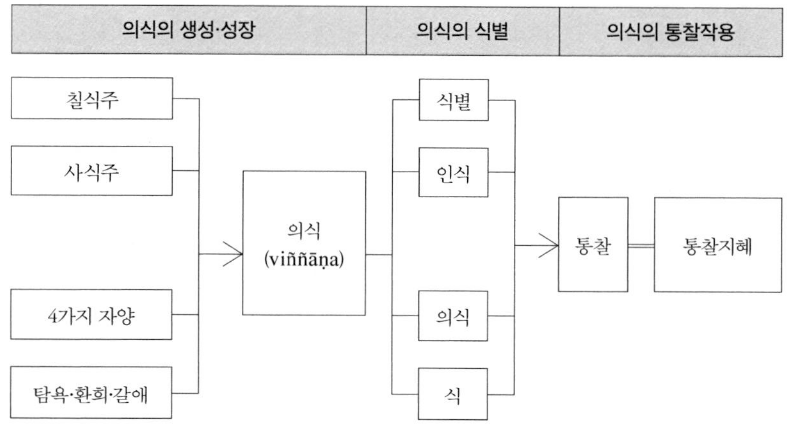

여기서 의식은 탐욕·환희·갈애에 의해 나타나며, 4가지 자양을 토대로 하여 사식주와 칠식주에 머물며, 성장하고, 변화하게 된다. 그리고 수행을 통해 인식하고, 식별하며, 통찰 작용을 하게 되며, 이를 통해 통찰지혜와 결합하게 되는 인식적 의식작용을 하게 된다.

그래서 의식의 취착에 의한 연기를 통해 탐욕·환희·갈애로 인식작용을 일으키면 인간의 삶에 괴로움을 가져오게 되므로, 이러한 인식작용이 통찰지혜와 연결되도록 해야 한다.

2) 의식의 괴로움 소멸

의식은 인간의 일반적 삶에서 확립적 기능을 하며, 이로 인해 이 세상에 다시 오는 윤회의 삶을 살게 된다. 그리고 인간의 수행적 삶에서는 소멸적 기능을 하며, 이로 인해 통찰지혜와 결합하여 괴로움이 소멸되는 작용을 한다. 본 장에서는 이러한 의식의 변화와 의식의 괴로움이 소멸되는 과정을 살펴보겠다.

(1) 의식작용의 변화

의식은 인식작용을 하며, 인간의 삶에서 변화하게 된다. 그래서 의식은 인식작용을 하는 종자(種子, bīja)로서 삼계에 재생 종자를 생성하게 된다. 그리고 사람을 이루는 여섯 요소(要素, aṅga)에는 의식을 포함한 '지, 수, 화, 풍, 공, 식'이 있다. 또한, 의식을 조건으로 인간의 삶이 생성(生成, abhinibbatti)되고, 지속(持續, ṭhiti)되며, 성장(成長, abhivaḍḍhana)하게 된다. 이를 통해 의식은 십이연기와 취착에 의한 연기(緣起, paṭiccasamuppāda)의 연결 고리 역할을 하며, 재생연결식으로 윤회(輪廻, saṃsāra)의 발생 원인이 되기도 한다. 이러한 인간 삶에서 의식의 변화에 대해 표로 나타내면 다음과 같다.

〈표 Ⅲ-14〉 인간 삶에서 의식의 변화

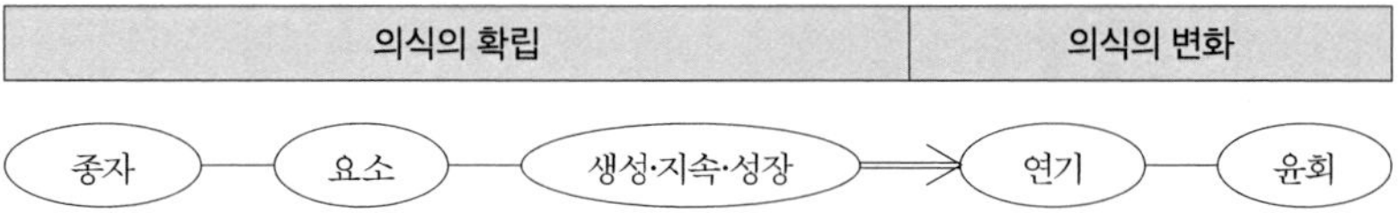

이와 같이 의식은 인간의 일반적인 삶에서는 의식을 계속해서 확립시키고, 변화시키려는 기능을 하게 된다. 그래서 생·노·병·사하며, 윤회하는 인간의 일상생활에서는 의식이 건전한 방향으로 바르게 확립되도록 노력해야 한다.

(2) 의식의 괴로움 소멸 과정

인간의 삶에서 의식이 건전한 방향으로 확립되면, 이를 통해 수행에 진전을 가져오게 된다. 그리고 탐·진·치를 바탕으로 일어나는 의식이 소멸되면, 족쇄가 소멸되며, 마음은 괴로움의 소멸을 가져오게 된다. 이러한 의식의 소멸적 기능에 대해 두 가지 의미로 살펴보겠다.

먼저 의식의 소멸작용에 대해 살펴보겠다.

불교 수행을 통한 의식의 식별·통찰작용과 통찰지혜와의 결합에 의해 무명을 뿌리로 한 갈애가 제거되면 업을 기반으로 한 의식(K)은 소멸하게 된다. 이때도 통찰지혜와 결합된 감각을 기반으로 한 의식(S)은 남아 있게 된다. 여기서는 감각을 기반으로 한 의식(S)과 통찰지혜가 하나의 범주 안에서 작용하게 된다. 그래서 해탈·열반에서는 통찰지혜가 작용하게 된다. 이를 통해 깨달음을 얻은 붓다도 감각을 기반으로 한 의식(S)은 남아 있으며, 이 세상에서 중생제도를 위한 전법 활동을 하게 된다. 이런 상태를 유여열반이라 한다. 이때는 의식(S)과 결합한 통찰지혜가 있어 일반 범부의 의식과는 다른 마음 상태를 갖게 된다. 그리고 이 세상과의 인연에 의한 업이 다하여, 그때까지 남아 있던 의식(S)까지 소멸하게 되면 완전열반인 무여열반에 들게 된다. 그래서 괴로움에서 벗어나고자 하는 불교 수행에서는 이 세상에 다시 윤회하여 생·노·병·사의 괴로움을 낳게 하는 의식은 소멸시켜야 한다. 이렇게 불교 수행에서 인식적 의식작용은 탐·진·치로 인해 발생하는 의식을 소멸시키는 의식의 치유 기능을 하게 된다.

두 번째로, 의식과 열반의 관계에 대해 살펴보겠다.

수행을 통한 인식적 의식작용은 수행 대상에 대해 관찰(觀察, abhivitaraṇa), 식별(識別, sallakkhaṇā), 통찰(洞察, paṭivedha)작용을 하게 된다. 그리고 이러한 의식의 통찰작용을 통해 통찰지혜(洞察智,

paññā)와 결합하게 되며, 이를 통해 열반(涅槃, nibbāna)을 증득하게 된다. 그래서 의식은 판단하여 분별하고 식별함으로써 분명히 아는 작용이 있으며, 무상·고·무아에 대해 통찰하기도 한다. 그래서 불교 수행의 목표인 열반의 증득은 통찰지혜의 작용을 통한 의식의 변화와 밀접한 관계가 있다. 이러한 의식의 괴로움 소멸에 대해 표로 나타내면 다음과 같다.

〈표 Ⅲ-15〉 의식의 괴로움 소멸 과정

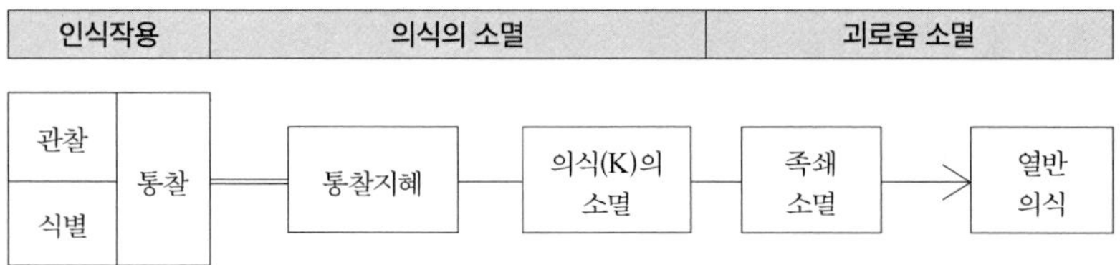

이렇게 마음의 인식적인 부분을 나타내는 인식적 의식작용은 관찰하고, 식별하며, 통찰을 통해 통찰지혜와 결합하게 된다. 그리고 의식(K)의 소멸을 통해 탐·진·치로 인한 족쇄가 소멸되며, 열반 의식을 증득하게 되고, 인간 삶의 괴로움에서 벗어나 더 이상 이 세상에 윤회하지 않는 불사의 상태를 성취하게 된다. 그래서 의식이 고·집·멸·도 사성제의 대상이며, 무상·고·무아인 삼법인의 대상임을 바르게 통찰할 수 있어야 한다. 이와 같이 마음(G)의 인식적인 부분을 나타내는 의식작용에 의해 괴로움이 소멸되는 길을 가게 된다.

4.
치유되는 마음

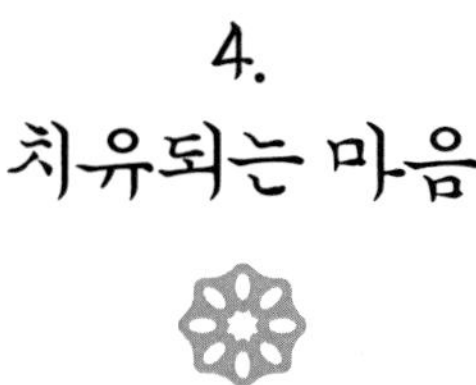

인간의 정신 세계를 구성하는 마음·정신·의식인 심·의·식(心·意·識)은 이들의 작용인 마음작용·정신작용·의식작용에 의한 수행을 통해 치유의 과정을 거치게 된다. 그리고 수행의 궁극적 목적인 인간 삶의 괴로움에서 벗어나 진정한 대자유와 대행복을 얻게 된다. 본 장에서는 이러한 치유의 과정을 통해 마음이 얻게 되는 행복해지는 마음 및 치유되는 심·의·식에 대해 살펴보고자 한다.

1) 행복해지는 마음

① 수행자의 마음 상태를 점검해 볼 수 있게 된다.

마음을 바라봄으로써 마음에 대한 알아차림으로 마음에서 일어나는 탐·진·치의 종류 및 현상을 파악할 수 있게 된다. 이를 통해 자신에게 일어나는 괴로움의 원인 및 내용을 알아차릴 수 있게 된다.

② 망상·졸음·가려움·통증 등으로부터 자유로워진다.

불교 수행을 통해 수행에 방해를 가져오는 대표적 어려움에는 망상·졸음·가려움·통증이 있다. 그러나 바라보는 기제를 통해 이들의 사라짐을 경험하게 된다.[부록 2 참조]

③ 근접삼매에서 오장애가 소멸된다.

대상에 대한 주시를 통해 근접삼매가 얻어지게 되면, 이때 수행에 장애를 일으키는 다섯 가지 장애가 사라지게 된다. 이러한 오장애는 감각적 욕망, 회의적 의심, 성냄, 들뜸과 후회, 해태와 혼침이다. 그리고 이러한 오장애의 소멸에 의한 선정 수행을 통해 집중력은 키워지고, 고요함은 증장된다. 또한, 이러한 근접삼매의 고요함은 지혜 수행에 토대를 제공하게 된다.

④ 선정 수행을 통해서 고요함과 집중력을 얻을 수 있다.

선정 수행은 일상생활에서도 마음의 안정과 고요함을 주며, 사회생활에 대한 집중력을 키워주게 된다. 이때 얻게 되는 다섯 가지의 선지 요소는 일으킨 생각, 지속적 고찰, 기쁨, 행복, 집중이다. 이러한 선지 요소를 초선에서부터 사선에 이르기까지 단계별로 얻게 된다.

⑤ 십관수염을 얻게 된다.

십관수염이라는 신비 체험은 지혜 수행의 4단계에서 얻어지는 열 가지 수행의 작은 행복이기도 하다. 그리고 이러한 십관수염이라는 신비적인 현상에 집착하다 보면, 이는 수행에 방해가 된다는 것을 알게 된다. 그래서 이를 통찰 장애라고도 하며, 여기에 너무 오래 머물지 말아야 한다. 그리고 수행이 진전되면 이러한 신비 현상의 무상함을 보게 되고 여기에 더 이상 집착하지 않게 된다.

⑥ 마음에 선함을 얻게 되어 다음 생에는 선처에 태어나게 된다.

수행을 통해 선한 의도를 내어 선한 바라보는 기제가 일어나게 되면, 이를 통해 선업을 쌓게 되고, 이로 인해 이 세상에 윤회하여 다시 태어나더라도 선처에 태어날 수 있게 된다. 또한, 이때 발생하는 선한 마음작용으로 보시의 공덕을 쌓게 되면, 이러한 보시의 공덕으로 더 수승한 세계에 태어나서 윤택하며, 행복한 삶을 영위할 수 있게 된다.

⑦ 선정 수행과 지혜 수행으로 육신통을 얻게 된다.

선정 수행을 통해 오신통인 신족통, 타심통, 천이통, 천안통, 숙명통이 얻어질 수 있다. 이를 통해 색계와 무색계의 범천에 들게 된다. 그리고 지혜 수행을 통해서는 삼명인 천안명, 숙명명, 누진명을 얻을 수 있게 된다. 이를 통해 깨달음을 얻어 불사와 열반을 증득하게 된다.

⑧ 해탈을 향한 연기성의 치유를 하게 된다.

바라보는 기제에 의도와 결합한 촉발이 발생되면, 촉발은 마음작용과의 연결성과 결합성에 의해 선한 마음작용 방향으로 작용을 하게 된다. 그리고 해탈을 향한 촉발의 연기성이 발생하게 되며, 이를 통해 마음은 해탈을 얻게 된다.[남일희 2019:135] 이러한 해탈을 향한 의도의 연기성을 표로 나타내면 다음과 같다.

<표 Ⅲ-16> 해탈을 향한 의도의 연기성

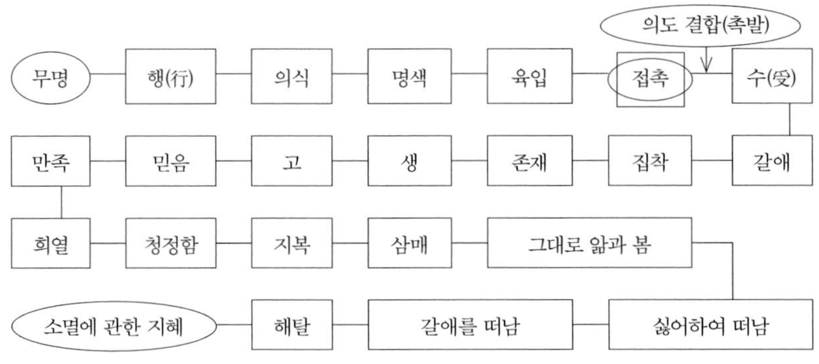

⑨ 통찰 수행으로 진행되면 성인의 흐름에 들게 된다.

바라보는 기제에 의해 대상을 여실하게 바라보게 되면, 이는 통찰 수행으로 이어지게 된다. 그리고 족쇄와의 끊어짐이 발생하며, 이를 통해 성인의 흐름에 들게 된다. 이렇게 바르게 바라보기 위한 의도를 형성시킬 때, 의도의 방향을 선정으로 잡게 되면 마음에 고요함을 얻게 되며, 지혜를 얻고자 하면 깨달음의 흐름에 들게 된다.

⑩ 괴로움에서 벗어나는 대자유와 대행복을 얻게 된다.

바라보는 기제에 의한 수행으로 해탈·열반으로 가는 소중한 선업을 키워 나가게 된다. 그리고 갈애와 탐욕으로부터 벗어난 선한 마음작용으로 탐·진·치에 의한 족쇄가 소멸되며, 이를 통해 인간 삶의 괴로움에서 벗어나게 되고, 행복하고 자유로움을 얻게 된다. 그리고 종국에는 열반에 들어 더 이상 윤회하지 않는 불사의 상태를 증득하게 되어 대자유와 대행복을 누리게 된다.

2) 치유되는 심·의·식

수행을 통해 심·의·식의 청정을 얻게 되어 청정한 마음을 유지하게 된다. 여기서 마음인 '心'은 마음(G)의 정서적인 부분에 작용하며, 정신인 '意'는 마음(G)의 이성적인 부분에 작용하게 된다. 그리고 의식인 '識'은 마음(G)의 인식적인 부분에 작용하게 된다. 물론 이들은 서로 연관되어 하나의 심체를 이루기 때문에 서로 상호 간에 보완작용을 하게 된다. 이러한 심·의·식의 작용 및 치유에 대해 살펴보겠다.

먼저, 십이연기에서 '심·의·식'의 작용에 대해 살펴보겠다.

생·노·병·사하는 인간 삶의 십이연기에서 심·의·식은 연기의 작용을 하게 된다. 먼저 인간 삶의 괴로움을 유발하는 현생에서 행한 이성적 정신작용은 신·구·의 삼행에 의한 촉·수·애·취·유의 작용을 하게 된다. 그리고 이때 발생하게 되는 정서적 마음작용에 의해 선과 불선으로 즐거움과 괴로움을 일으키게 되며, 존재지속심의 흐름에 영향을 미치게 된다. 또한 이를 통해 인식적 의식작용으로 과거·현재·미래에 대한 연기의 연결 고리 역할을 하게 된다. 이렇게 심·의·식은 십이연기의 발생에 관여하게 된다. 그래서 십이연기를 통해 이러한 괴로움을 유발하게 되는 심·의·식을 바라보는 기제로 잘 치유해야 한다. 이러한 십이연기에서 마음·정신·의식의 작용을 표로 나타내면 다음과 같다.

<표 Ⅲ-17> 십이연기에서 마음·정신·의식의 작용

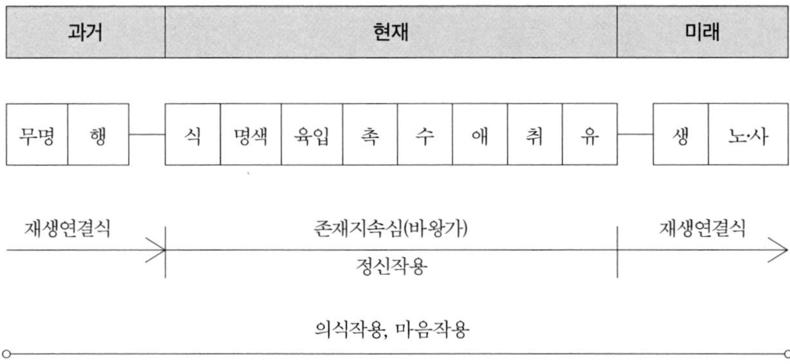

두 번째, '심·의·식'의 치유에 대해 살펴보겠다.

지관 수행을 통해 심·의·식은 치유 과정을 거치게 된다. 이때 정신은 밝음을 유지하여 계청정의 길을 가게 되며, 마음은 깨끗이 닦아 심청정의 길을 가게 된다. 그리고 의식은 지혜를 증득하게 되며, 혜청정의 길을 가게 된다. 이러한 삼학과 팔정도 수행에 의한 중심작용으로 심·의·식은 치유의 과정을 거치게 되며, 이를 표로 나타내면 다음과 같다.

<표 Ⅲ-18> 심·의·식의 치유 과정

구분	정신(意)	마음(心)	의식(識)
삼학	계청정	심청정	혜청정
중심 작용	정신작용 (밝음)	마음작용 (청정)	의식작용 (열반)
팔정도	정어·정업·정명	정정진·정념·정정	정견·정사

여기서 정신은 마음(G)의 이성적인 부분을 나타내며, 이러한 정신 작용에 의한 정어·정업·정명으로 바른 삶을 갖게 한다. 그리고 이는 계학에 의한 계청정으로, 정신에 밝음을 가져다주게 된다. 마음은 마음(G)의 정서적인 부분을 나타내며, 이러한 마음작용에 의해 정정진, 정념, 정정을 바르게 닦을 수 있다. 그리고 이는 정학에 의한 심청정으로, 마음에 청정을 가져다주게 된다. 의식은 마음(G)의 인식적인 부분을 나타내며, 이러한 의식작용에 의해 정견, 정사를 증득할 수 있다. 이는 혜학에 의한 혜청정으로, 의식에 괴로움의 소멸을 가져다주게 된다. 이렇게 심·의·식을 구분하여 살펴보았지만, 초기 불교의 주석적 전통에서는 이들을 동의어로 보고, 심체도 같다고 보았다. 그래서 이들은 서로 결합되어 있으며, 서로가 서로를 보완하는 상호 보완 작용을 하게 된다.

이와 같이 정어·정업·정명으로 정신을 밝게 해 주는 계청정의 길을 가게 되며, 이는 수행자에게 삶을 살아가는 데 있어 올바른 방향을 제시해 준다. 그리고 정정진·정념·정정으로 마음을 청정하게 해주는 심청정의 길을 가게 되며, 이는 수행의 길에서 마음을 고요하게 유지할 수 있게 해 준다. 또한, 정견과 정사유로 탐·진·치를 소멸시키는 혜청정의 길을 가게 되며, 이는 수행의 길에서 괴로움이 소멸되는 의식의 치유를 가져오게 한다. 그래서 이러한 법에 대한 믿음을 갖고 붓다가 계발한 수행 방법을 바르게 익히고 닦아서 잘 활용한다면, 인간 삶의 괴로움에서 벗어날 수 있게 된다.

종합 평론

붓다는 마음에서 일어나는 대상을 바르게 통찰하고자, 계·정·혜 삼학과 사념처, 팔정도, 삼십칠조도품 등을 활용하는 수행 방법을 계발하게 된다. 그리고 이렇게 바르게 바라보기 위한 방법으로 주시, 촉발, 성찰, 분명한 앎, 집중, 지혜와 같은 좋은 바라보는 기제들을 활용한다. 그러나 이러한 좋은 바라보는 기제를 갖고도 잘 활용하지 못한다면 소용이 없다. 그래서 붓다는 인간 삶의 괴로움에서 벗어나기 위해 이들을 활용한 지관 수행을 계발하였으며, 이러한 지관 수행인 선정 수행과 지혜 수행의 수행 방법을 『니까야』 곳곳에서 발견할 수 있다. 그리고 지관 수행은 초기 불교와 부파 불교의 상좌부를 거쳐 현재의 남방 수행처에서 계승하여 활용하고 있으며, 마음에 대한 치유와 괴로움으로부터 벗어나기 위한 방법으로 활용하고 있다. 이렇게 현존·수용하게 되는 바라보는 치유 기제에 의해 마음(G)은 치유를 얻게 되며, 불교 수행의 최종 목적에 도달할 수 있게 된다.

불교 수행의 최종 목적은 대자유와 대행복이다

삶의 본질에 대한 깨달음을 얻기 위해 붓다가 계발한 수행 방법을 활용하고 있다. 그리고 남방의 많은 수행처에서는 성인의 도·과를 증득하며, 인간 삶의 괴로움에서 벗어나고자 하는 수행으로 주시의 확립에 주력하고 있다. 특히, 사념처 수행인 신·수·심·법에 대한 주시의 확립은 붓다가 계발한 불교 수행의 핵심이라고 할 수 있다. 그러나 여기서 살펴볼 것은 불교 수행의 목적이 탐·진·치의 삼독심에서 벗어나 괴로움을 소멸시키고자 하는 것이지, 단순히 주시 찾기가 수행의 목적이 될 수는 없다는 것이다. 그래서 바라보는 수행 기제를 활용하여 주시와 집중을 통해 선정에 들어 고요함을 얻는 치유를 하게 된다. 또한, 주시, 촉발, 성찰, 분명한 앎, 지혜의 기제를 활용하여 통찰지혜와 결합하며, 이를 통해 인간 삶의 괴로움에서 벗어나 대자유와 대행복이라는 해탈·열반을 증득하게 된다.

불교 수행에서 바라보는 기제는 중요한 역할을 하게 된다

마음의 메커니즘에 의해 의도가 있는 촉발은 마음작용이 일어나도록 한다. 이때, 불선한 마음작용의 방향으로 촉발이 일어나지 않도록 의도를 내어 선한 마음작용의 방향으로 촉발이 일어나도록 습관화하는 것이 수행이다. 그리고 사람마다 촉발의 대상도 다르고, 촉발로 인해 일어나는 2차, 3차 촉발도 다르다. 그래서 선정과 지혜의 방향으로 촉발이 일어나도록 하는 것이다. 그리고 이를 위해 선한 바라보는 기제를 활용하게 되며, 이를 통해 불교 수행의 목표에 다가갈 수 있게 된다. 그래서 불교 수행에서 촉발 등의 수행 기제는 수행의 주체가 되며 수행의 목표에 도달하기 위한 중요한 역할을 하게 된다. 이렇게 수행 기제를 통해 현존·수용하게 되며, 이를 통해 마음은 치유의 길을 가게 된다.

바라보는 현존·수용에 의한 마음의 치유

서양에서는 수행의 기제 중의 하나인 주시를 MBSR, MBCT 등에서 병리적 치유 방법으로 활용하고 있다. 그러나 이는 바라보는 기제의 단편적인 활용일 뿐이다. 그래서 인간 삶의 근본적인 괴로움을 치유하기 위해서는 다양한 바라보는 기제를 계발하고, 활용해야 한다. 이는 작의와 주시를 활용하여 현존하며, 촉발(성찰 등)과 집중에 의해 실상을 수용하게 되고, 분명한 앎과 지혜를 통해 사성제와 삼법인을 자각하게 된다. 그리고 이를 통한 마음의 변화로 마음의 청정, 정신의 밝음, 의식의 괴로움 소멸을 얻게 된다. 이러한 바라보는 기제의 단계별 활용을 표로 나타내면 다음과 같다.

〈표 Ⅲ-19〉 바라보는 기제의 단계별 활용

구분	현존	수용	자각	
작용	수행 기제			마음(G)의 변화
	작의 주시	촉발(성찰 등) 집중	분명한 앎 지혜 ⇒	마음의 청정 정신의 밝음 의식(K)의 苦 소멸

이렇게 바라보는 기제를 활용하는 현존하며, 수용하는 수행을 통해 계청정이 확립되면 이를 통해 이성적 정신이 밝아지게 된다. 그리고 심청정이 확립되면 이를 통해 정서적 마음은 고요해지고, 청정해진다. 또한, 혜청정이 확립되면 이를 통해 인식적 의식의 깨달음으

로 삶의 괴로움은 소멸되며, 해탈·열반을 증득하게 된다. 이와 같이 바라보는 기제를 활용하는 바라보는 수행을 통해 얻게 되는 계청정·심청정·혜청정으로 마음은 괴로움에서 벗어나게 되고, 대자유와 대행복을 증득하게 된다.

- 위쪽: 공원서 바라본 저녁의 쉐다곤 파고다
- 왼쪽 중간: 봉축 행렬(거리에서 자주 목격되는 행렬)
- 오른쪽 중간: 우베인 다리(마을~사원 연결, 1851, 티크나무 기둥 1.2㎞, 폭 3m, 탁발 길)
- 왼쪽 아래: 쿠도도 파고다. 6차 결집 시 대리석에 경전 새김.

〈수행의 시스템화〉

① 수행의 체계화

괴로움에서 벗어나게 되는 선한 바라보는 기제를 계발하기 위해서는 마음에 선한 바라보는 기제가 항시 일어나도록 수행을 체계화 해야 한다. 이러한 자신에게 맞는 수행의 체계화를 통해 항상 현존하려는 마음을 가져야 하며, 이를 통해 마음에 넓은 수용의 공간을 만들어 놓아야 한다.

② 수행의 체질화

수행의 체계를 통해 수행을 꾸준하게 매일 한 번에 5분씩이라도 해야 한다. 그래서 일상생활에서도 수행 과정에서 얻는 자각으로 기쁨과 평안한 마음이 다른 어떤 마음보다 먼저 일어나도록 수행하는 마음을 체질화해야 한다.

③ 수행의 공덕화

- 수행 시작하기 전에 축복하고: "앞서 쌓은 공덕과 오늘 쌓을 공덕이 나와 이웃에 기쁨과 평안을 얻는데 도움이 되기를 바랍니다."
- 그리고 참회하라: "쌓여진 괴로움이 사라지기를 참회합니다."

(수행)

- 수행 끝날 때는 회향하고.: "오늘 수행을 통해 얻은 공덕이 있다면 나와 도반, 이웃에 기쁨과 평안한 마음으로 회향되기를 바랍니다."
- 그리고 발원하라: "괴로움이 사라진 마음의 힘이 나와 이웃에게 퍼지기를 발원합니다."

부록 1.

용어 정의

본문의 내용을 이해하기 쉽도록 본고에서 적용한 용어에 설명이 필요한 부분에 대해 그 뜻을 풀이하였다. 이렇게 함으로써 본문에서 설명하고 있는 내용과 전반적인 흐름을 이해하는 데 도움을 주고자 한다. 그리고 중요한 부분에 대해서는 본문에서 반복 설명을 통해 부분적인 이해도를 증진시키고자 한다.

마음(citta)

인간을 몸과 마음의 구성으로 구분할 때는 몸에 대비되는 정신적인 영역의 부문을 말한다. 그리고 넓은 의미의 마음(G)을 다시 마음·정신·의식(心·意·識)으로 구분할 때, 이때의 마음은 마음(G)의 정서적인 부분을 나타내고 있는 것으로 보고 있다. 그리고 아비담마에서는 이러한 마음을 89가지에서 121가지로 설명하고 있다.

정신(mano)

생명체를 물질과 정신으로 구분할 때는 물질에 대비되는 정신적인 영역의 부문을 말하며, 마음(G)을 마음·정신·의식으로 구분할 때, 이때의 정신은 마음(G)의 이성적인 부분을 나타내고 있는 것으로 보고 있다. 육근인 안·이·비·설·신·의에서 의근을 정신작용으로 보며, 이는 전오식과 의식에 영향을 미치게 된다.

의식(vinnana)

이 세계를 존재와 비존재로 구분할 때, 이는 의식의 유무로 구분해 볼 수 있다. 존재는 의식이 있으며, 그리고 이러한 의식은 윤회의 주체가 되고, 인간 삶의 주체가 되며, 수행을 통한 의식(K)의 소멸로 열반 의식에 도달할 수 있게 된다. 또한, 의식인 재생연결식에 의해 욕계·색계·무색계의 삼계에 윤회의 존재로 태어나게 된다. 마음(G)을 마음·정신·의식으로 구분할 때, 이때의 의식은 마음(G)의 인식적인 부분을 나타내고 있는 것으로 보고 있다. 그리고 인간의 구성인 오온에서 색·수·상·행·식의 구성 인자로서 대상에 대해 분별하고 판단하여 아는 작용을 하게 된다. 이와 같이 의식은 윤회와 열반에 이르기까지 다양한 역할을 하게 된다.

불교 수행

불교 수행(佛敎修行)은 지관 수행(止觀修行)을 통해 삶의 본질을 깨달아 해탈·열반에 드는 것을 목적으로 하는 수행(修行)을 말한다. 지관 수행에는 선정 수행과 지혜 수행이 있다. 이를 위해 중도, 삼학, 팔정도, 삼십칠조도품 등의 수행을 하게 된다. 이때는 수행 대상에 대한 실상에 현존하게 되며, 이를 있는 그대로 수용하게 되고, 사성제와 삼법인에 대한 자각으로 깨달음을 얻게 되며, 이를 통해 해탈·열반을 증득하게 된다. 이러한 지혜 수행은 붓다가 깨달음을 통해 인간 삶의 괴로움에서 벗어나기 위해 직접 계발한 수행 방법이다.

지혜 수행[위빠사나 수행]

지혜 수행인 위빠사나 수행에서 위빠사나는 뛰어난 봄, 꿰뚫어 봄, 분리해 봄 등의 의미를 갖고 있다. 지관 수행의 한 축인 '觀' 수행이며, 통찰 수행에 의해 지혜인 깨달음을 얻게 되는 수행이라고 하여 이를 지혜 수행이라고 하겠다. 이를 통해 열 가지 족쇄의 끊어짐으로 성인의 흐름에 들어 아라한의 도·과를 증득하게 된다. 이를 위한 바라보는 기제는 주시(사띠), 촉발(풋타), 성찰(삼마사띠), 분명한 앎(삼빠잔냐), 지혜(빤냐) 등을 활용하게 된다.

선정 수행[사마타 수행]

선정 수행인 사마타 수행에서 사마타는 고요함, 그침, 평온, 지 등의 의미를 갖고 있다. 지관 수행의 한 축인 '止' 수행이며, 집중 수행에 의해 고요함을 얻어 선정에 들게 되는 수행이라고 하여 이를 선정 수행이라고 하겠다. 이를 위한 바라보는 기제는 주시(사띠), 촉발(풋타), 집중(사마디) 등을 활용하며, 수행 대상은 표상(준비 표상, 익힌 표상, 닮은 표상)과 선지 요소 등이 있고, 수행 방법으로는 40업처(깜맛타나, kammatthaña)가 있다.

예비삼매(빠리깜마사마디)

수행을 통해 대상에 집중하려 할 때, 준비 표상과 익힌 표상의 단계에서 정신적 활동이 일어나며, 이때 예비삼매(예비집중)에 들고자 하는 시도가 일어나게 된다. 그리고 예비삼매는 근접삼매가 일어나기 전에 집중하려는 의도에 의해 일어나게 되며, 집중이 일어나기 시작하는 단계에서의 집중의 상태를 말한다.

근접삼매(우빠짜라사마디)

강한 집중력이 유지되는 상태이며, 사마타 혹은 위빠사나 수행에 다 이용하게 된다. 이 단계에서는 마음이 고르게 유지되고, 오장애가 일어나지 않으며, 번뇌의 작용이 일시적으로 멈추게 된다. 이때의 집중력은 본삼매보다는 약하며, 선지 요소는 강하게 나타나지 않는다. 또한, 이러한 상태는 선정에 들게 되는 상태는 아니며, 이 상태를 열반으로 착각하여 바왕가에 쉽게 떨어질 수도 있다.

본삼매(압빠나사마디, 몰입삼매)

선정의 성취와 함께 유지되는 삼매이며, 이를 통해 색계, 무색계 선정을 성취하게 된다. 이 단계에서는 마음이 고르게 유지되고, 오장애가 일어나지 않으며, 번뇌의 작용이 일시적으로 멈추게 된다. 또한, 집중력이 강하며, 선지 요소가 강하게 된다. 그리고 이를 통해 선정에 들어 선정의 단계별로 평온한 상태를 유지하게 된다.

오장애

수행에 방해가 되는 다섯 가지 장애를 말한다. 이는 닮은 표상에서 얻어지는 근접삼매의 단계에서 사라지게 된다.

① 감각적 욕망: 인간은 안·이·비·설·신으로 인해 일어나는 다섯 가지 감각적 욕망인 오욕락에 빠지게 된다. 이는 수행을 통해 집중력(삼매)을 유지함으로써 극복하게 된다.

② 성냄: 분노와 악의에 빠져 두려워하는 상태가 된다. 이는 수행을 통해 기쁨(삐띠)이 일어남으로써 극복된다.

③ 해태와 혼침: 해태는 육체적으로 나태해지는 현상이며, 혼침은 정신적으로 혼미해지는 현상이다. 이는 수행을 통해 법에 대한 일으킨 생각(위따까)과 지속적인 고찰(위짜라)이 일어남으로써 극복된다.

④ 들뜸과 후회: 들뜸은 육체적으로 기운이 상승해 있는 현상이며, 후회는 정신적으로 일어난 현상을 되돌리려고 하는 현상이다. 이는 수행을 통해 즐거움(숙카)이 일어남으로써 극복된다.

⑤ 회의적 의심: 불·법·승에 대한 귀의와 연기법 등에 대해 의심하게 되며, 이는 수행을 통해 법에 대한 지속적인 고찰(위짜라)을 통해 극복된다.

표상(니밋따, nimitta)

니밋따는 기호, 부호, 표식, 표상, 이미지라는 의미가 있으며, 보통 표상으로 번역되고 있다.

① 예비 표상(빠리깜마 니밋따): 오문의 작용으로 발생하는 표상이며, 사람마다 다양한 형태의 표상이 만들어지고, 대상에 대한 지각으로 나타나게 된다.

② 익힌 표상(욱가하 니밋따): 의문의 작용으로 발생한 표상이며, 대상에 대한 생각이 만들어져서 표상으로 나타나게 된다. 그리고 사람에 따라 목화섬이나, 하얀 표상 등으로 나타나기도 한다. 이는 반복적으로 관찰되며, 점차 정화되어 닮은 표상으로 진전을 가져오기도 한다.

③ 닮은 표상(빠띠바가 니밋따): 의문의 작용으로 발생한 표상이며, 이를 통해 근접삼매나 본삼매가 형성된다. 사람에 따라 색깔과 모양이 없는 찬란하고 빛나며 반짝이는 순수한 모습 등의 표상으로 나타나기도 한다. 이러한 닮은 표상은 보통 1시간에서 3시간 동안 유지된다.

삼계(욕계·색계·무색계) 세계의 구성(전재성 2018: 1475.)

① 욕계: 인간이 삶을 형성하고 있는 이 세계를 말한다. 욕계에는 지옥계·아귀계·축생계·아수라계·인계·천계의 여섯 세계가 있다. 여기

서 하늘 세계(天界)에는 여섯 개의 하늘 세계가 있으며, 이는 사왕천, 도리천(삼십삼천), 야마천, 도솔천, 화락천, 타화자재천이다.

② 색계: 초선, 이선, 삼선, 사선 4개의 선처가 있으며, 이는 욕계를 벗어난 하늘 세계를 말한다. 초선(범중천, 범보천, 대범천), 이선(소광천, 무량광천, 극광천), 삼선(소정천, 무량정천, 변정천), 사선(무운천, 복생천, 광과천, 무상유정천) 사선의 정거천[무번천, 무열천, 선현천, 선견천, 색구경천(유정천)]. 이렇게 색계에는 18개의 하늘 세계가 있다.

③ 무색계: 4개의 선처가 있으며, 이는 욕계와 색계를 떠난 하늘 세계를 말한다. 공무변처, 식무변처, 무소유처, 비상비비상처가 있다. 이렇게 무색계에는 네 개의 하늘 세계가 있으며, 육체는 사라지고 정신만 남아 있는 상태가 된다.

윤회하는 삶은 이러한 삼계를 통해 나타나게 된다. 그리고 삼계에 속한 하늘세계는 욕계의 육 천, 색계의 십팔 천, 무색계의 사 천을 합쳐 이십팔 개의 세계로 구성된다.

부록 2.

바라보는 방법

수행 대상에 대한 실상에 현존하여 이를 수용함으로써 깨달음의 자각을 하게 되는데, 이렇게 대상을 바르게 바라보는 수행을 통해 대상을 바르게 아는 인식작용을 하게 된다. 그리고 이를 통한 의식의 작용으로 대상을 알아채고(산쟈나띠), 식별하게(위쟈나띠) 된다. 또한, 이러한 식별작용은 대상을 분명히 알게 되는(빠자나띠) 의식의 전환을 가져오게 된다. 그리고 대상을 분명히 알게 되는 작용을 통해 지혜가 발생하면, 대상을 바르게 볼 수 있는 바른 견해(정견)와 바른사유(정사유)가 형성된다. 이를 통해 마음은 청정하게 되며, 해탈·열반에 들어 인간 삶의 괴로움에서 벗어나게 된다. 이것이 바르게 바라보는 수행이며, 본 장에서는 이를 위한 수행 방법에 대해 알아보겠다.

1.
수행 방법

마음은 괴로움을 일으키는 대상을 바르게 바라봄으로써 괴로움에서 벗어나는 치유 기능이 있다. 여기서는 수행의 기제에 따라 다양한 수행 방법이 있으며, 남방의 수행처에서도 수행 방식에 있어서 수행처별로 차이를 보이고 있다. 또한, 수행의 자세에 따라 좌선·행선·주선·와선으로 분류하고 있으며, 이는 수행자가 수행을 하는데 있어서 꾸준하게 할 수 있는 자세를 갖는 것이 좋다. 그래서 장시간 수행을 해도 몸에 무리가 없으며, 깨어 있기 좋은 자세가 필요하다. 그리고 손바닥을 포개는 등의 수인은 포개는 위치에 따라 상체를 바로 세울 수 있는 등 다양한 목적으로 활용할 수 있다. 그러나 가장 중요한 것은 어느 방법으로 수행을 하더라도 꾸준히 하는 것이다. 그리고 수행은 수행처에 국한하지 말고, 점차 일상생활에서 접하게 되는 생활선으로 전환해야 하며, 이때 의도의 알아차림으로 불선한 의도에 의해 일어나는 촉발의 발생을 줄이고, 선한 의도로 일어나는 선한 바라보는 기제를 활성화해야 한다. 미얀마 등지에서 국내로 들어온 이러한 수행 방법에도 20여 가지가 있다. 일반적으로 불교에 대한 앎을 형성하는 교학은 스리랑카가 유명하며, 수행 생활에 대한 계학은 태국이 알려져 있다. 그리고 깨달음을 얻고자 하는 수행은 미얀마를 중심으로 꼽는다. 그래서 본 장에서는 수행 전통이 잘 구비되어 있는 미얀마의 수행 방법을 중심으로 대표적인 수행 방법을 소개해 보고자 한다. <표 부2-1>에서 소개된 수행 방법 이외에도 다양한 수행 방법이 있을 것이다.

그리고 바라보는 수행 방법은 현존·수용·자각하기 위한 구체적인 수행 방법으로, 이를 다음과 같은 4가지 종류로 구분해 볼 수 있다. 이는 선처에 나는 수행, 몸과 마음을 이완시켜 주는 이완 수행, 마음을 고요함으로 인도하며 선정을 얻게 해 주는 선정 수행, 탐·진·치의 소멸로 깨달음에 이르러 괴로움이 소멸하게 되는 지혜 수행이다. 이를 본 장에서는 ① 선처 수행, ② 이완 수행, ③ 선정 수행(집중 수행), ④ 지혜 수행(통찰 수행)으로 구분하고자 하며, 여기서 ①은 복 받고 선처에 나는 수행으로, ②는 마음을 편안하게 하는 수행으로, ③은 마음을 고요하게 하는 수행으로, ④는 마음의 괴로움을 소멸하게 하는 수행으로 구분하여 살펴보겠다. 이러한 수행에 대해 마하시는 별도의 집중 수행(③) 없이 지혜 수행(④)을 통해 집중을 얻을 수 있다고 한다. 그래서 지혜 수행만으로 깨달음을 얻을 수 있으며, 이를 '순수 위빠사나'라고 한다. 그리고 이러한 수행자를 '건수행자'라고 하며, 이때 얻어지는 근접삼매와 찰라삼매로 지혜 선정(위빠사나자나, 통찰선정)을 얻을 수 있다고 한다. 이와 같이 근대 수행에서도 남방의 수행처별로 다양한 수행 기법을 택해 수행하고 있음을 알 수 있다. 본 장에서는 그중에서도 마하시의 수행 방법을 중심으로 설명하고자 한다.

〈표 부2-1〉 수행 방법 분류

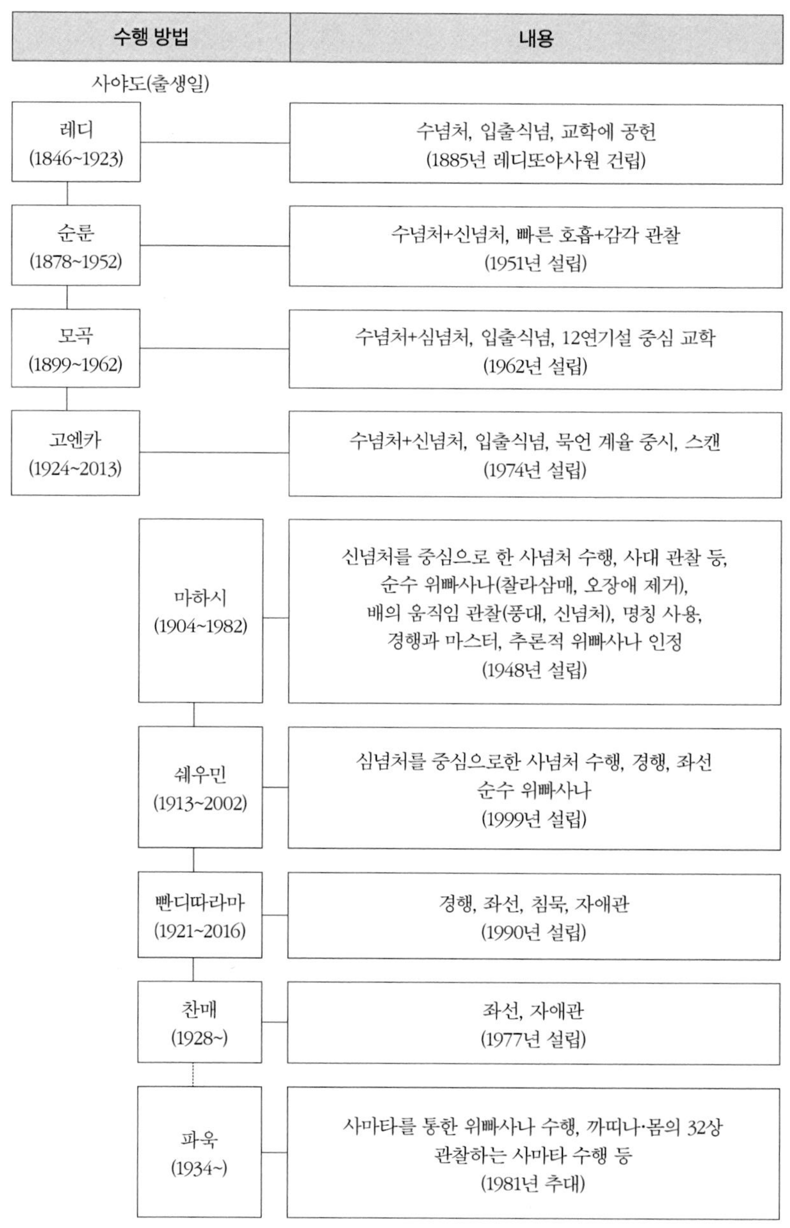

수행 방법	내용
사야도(출생일)	
레디 (1846~1923)	수념처, 입출식념, 교학에 공헌 (1885년 레디또야사원 건립)
순룬 (1878~1952)	수념처+신념처, 빠른 호흡+감각 관찰 (1951년 설립)
모곡 (1899~1962)	수념처+심념처, 입출식념, 12연기설 중심 교학 (1962년 설립)
고엔카 (1924~2013)	수념처+신념처, 입출식념, 묵언 계율 중시, 스캔 (1974년 설립)
마하시 (1904~1982)	신념처를 중심으로 한 사념처 수행, 사대 관찰 등, 순수 위빠사나(찰라삼매, 오장애 제거), 배의 움직임 관찰(풍대, 신념처), 명칭 사용, 경행과 마스터, 추론적 위빠사나 인정 (1948년 설립)
쉐우민 (1913~2002)	심념처를 중심으로한 사념처 수행, 경행, 좌선 순수 위빠사나 (1999년 설립)
빤디따라마 (1921~2016)	경행, 좌선, 침묵, 자애관 (1990년 설립)
찬매 (1928~)	좌선, 자애관 (1977년 설립)
파욱 (1934~)	사마타를 통한 위빠사나 수행, 까띠나·몸의 32상 관찰하는 사마타 수행 등 (1981년 추대)

2.
복 받고 선처에 나는 수행

이 세상에서 이루어지는 모든 의도가 있는 행은 연기법에 의한 원인과 결과로 과보를 받게 된다. 이러한 의도가 있는 행을 통해 선한 과보를 받기도 하고, 불선한 과보를 받기도 한다. 그리고 윤회의 연결 고리를 형성해 다른 차원의 세계에 태어나기도 한다. 이러한 원리에 의해 복을 받고 싶으면, 복을 지어야 하고, 선처에 나고 싶으면 선처에 나는 행을 닦아야 한다. 이때 선처에 태어나기 위해서는 보시를 통해 공덕을 쌓으며, 지계에 대한 행으로 계청정을 확립하고, 인욕에 의해 감각적 욕망에서 벗어나게 된다. 그리고 선처에 드는 수행으로 정진하고, 선정에 들어 범천의 세계에 나게 된다. 또한 지혜를 증득하게 되면 성인의 흐름에 들게 된다. 그래서 복 받고 선처에 나기 위해서는 보시·지계·인욕·정진·선정·지혜에 의한 행을 잘 닦아야 한다. 이러한 복 받고 선처에 나는 수행을 표로 나타내면 다음과 같다.

〈표 부2-2〉 복 받고 선처에 나는 수행

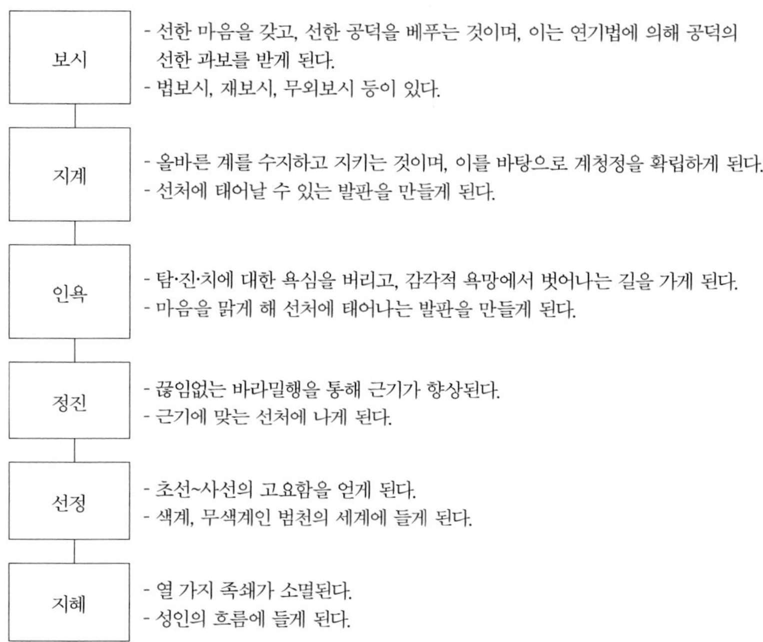

보시	- 선한 마음을 갖고, 선한 공덕을 베푸는 것이며, 이는 연기법에 의해 공덕의 선한 과보를 받게 된다. - 법보시, 재보시, 무외보시 등이 있다.
지계	- 올바른 계를 수지하고 지키는 것이며, 이를 바탕으로 계청정을 확립하게 된다. - 선처에 태어날 수 있는 발판을 만들게 된다.
인욕	- 탐·진·치에 대한 욕심을 버리고, 감각적 욕망에서 벗어나는 길을 가게 된다. - 마음을 맑게 해 선처에 태어나는 발판을 만들게 된다.
정진	- 끊임없는 바라밀행을 통해 근기가 향상된다. - 근기에 맞는 선처에 나게 된다.
선정	- 초선~사선의 고요함을 얻게 된다. - 색계, 무색계인 범천의 세계에 들게 된다.
지혜	- 열 가지 족쇄가 소멸된다. - 성인의 흐름에 들게 된다.

이렇게 보시, 지계, 인욕, 정진, 선정, 지혜의 육바라밀행을 닦음으로 인해 복 받고 선처에 나는 조건을 만들게 된다. 이러한 선처에 나는 것은 일체법에 대한 이해에서 부터 시작된다. 그래서 연기법과 윤회에 대한 이해를 수지해야 한다. 이를 통한 오근과 오력의 힘으로 바라보는 수행을 통해 더욱 수승한 선처에 나게 된다.[14]

14 참조: 〈봄 3〉 수승한 보시 공덕의 삶, 〈봄 4〉 윤회의 굴레, 〈5〉 좋은 곳에 태어나려면, 〈봄 9〉 노인과 쥐 연기의 세상

3.
마음을 편안하게 하는 수행

마음을 편안하게 하는 수행이란 선정 수행과 지혜 수행을 하기 위해 몸과 마음을 편안하게 이완시켜 주며, 수행자를 보호해 주는 수행을 말한다. 본고에서는 이를 이완 수행과 자비관 수행으로 구분하였다. 이완 수행은 수행 전에 마음을 이완하여 편안하게 해줌으로써 이어지는 선정 수행과 지혜 수행에 도움을 주게 된다. 그리고 자비관 수행은 선정 수행으로 볼 수 있으며, 이는 모든 수행에 도움을 주고, 수행자를 정신적으로 보호해 주는 수행이다. 그래서 자비관 수행을 마음을 편안하게 하는 수행으로 살펴보았다. 이러한 이완 수행과 자비관 수행을 통해 몸과 마음이 편안해지는 경험을 할 수 있을 것이다.

〈표 부2-3〉 마음을 편안하게 하는 수행

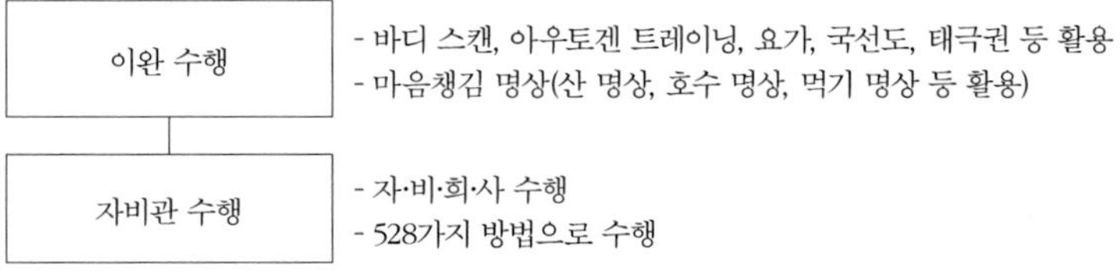
이완 수행
- 바디 스캔, 아우토겐 트레이닝, 요가, 국선도, 태극권 등 활용
- 마음챙김 명상(산 명상, 호수 명상, 먹기 명상 등 활용)
자비관 수행
- 자·비·희·사 수행
- 528가지 방법으로 수행

1) 이완 수행

선정 수행이나 지혜 수행에서 사전에 몸과 마음을 편안하게 이완시키기 위해 바디 스캔이나 마음챙김 명상 등을 활용할 수 있다. 그리고 이를 통한 정진은 수행에 도움을 줄 것이다. 주로 서양에서 발전해 온 마음챙김 명상은 심신 치유의 목적으로 활용되고 있으며, 이를 용도에 맞게 다양하게 활용할 수 있다. 이외에도 몸과 마음을 이완시킬 수 있는 다양한 방법이 있을 것이다.

(1) 바디 스캔

① 수행 방법

몸의 스캔을 통해 몸에 있는 긴장을 풀어 줌으로써 몸과 마음을 편안하게 다스려 주는 수행이다. 코끝에서 시작하여 코끝으로 끝난다(시작점과 끝나는 지점의 위치를 바꾸어 가며 시행할 수 있다).

코끝 - 이마 - 머리 - 정수리 - 머리 - 이마 - 오른쪽 이마 - 왼쪽 이마 - 오른쪽 눈 - 왼쪽 눈 - 코끝 - 오른쪽 볼 - 오른쪽 귀 - 오른쪽 볼- 코끝 - 왼쪽 볼 - 왼쪽 귀 - 왼쪽 볼 - 입 - 턱 - 목 - 오른쪽 어깨 - 오른쪽 팔 - 오른쪽 손목 - 오른쪽 손등 - 오른쪽 손가락 - 오른쪽 손바닥 - 오른쪽 손가락 - 오른쪽 손등 - 오른쪽 손목 - 오른쪽 팔 - 오른쪽 어깨 - 왼쪽 어깨 - 왼쪽 팔 - 왼쪽 손목 - 왼쪽 손등 - 왼쪽 손가락 - 왼쪽 손바닥 - 왼쪽 손가락 - 왼쪽 손등 - 왼쪽 손목 - 왼쪽 팔 - 왼쪽 어깨 - 가슴 - 배 - 단전 - 낭심 - 오른쪽 허벅지 - 오른쪽 종아리 - 오른쪽 발목 - 오른쪽 발등 - 오른쪽 발가락 - 오른쪽 발바닥 - 오른쪽 발가락 - 오른쪽 발등 - 오른쪽 발목 - 오른쪽 정강이 - 오른쪽 허벅지 - 오른쪽 엉덩이 - 왼쪽 엉덩이 - 왼쪽 허벅지 - 왼쪽 정강이 - 왼쪽 발목 - 왼쪽 발등 - 왼쪽 발가락 - 왼쪽 발바닥 - 왼쪽 발가락 - 왼쪽 발등 - 왼쪽 발목 - 왼쪽 정강이 - 왼쪽 허벅지 - 왼쪽 엉덩이 - 뒤쪽 허리 - 등 - 오른쪽 뒤 어깨- 왼쪽 뒤 어깨 - 뒷목 - 뒷머리 - 뒷목 - 오른쪽 뒤 어깨- 왼쪽 뒤 어깨 - 등- 뒤쪽 허리 - 왼쪽 엉덩이 - 오른쪽 엉덩이 - 낭심 - 단전 (……) 배꼽 - 배 - 가슴 - 목 - 턱 - 입 - 코 - 이마 - 머리 - 정수리 - 머리 - 이마 - 코끝

② 바디 스캔을 하며, 이때 몸에서 일어나는 현상에 대해 관찰하기도 하며, 이를 통해 수행에 진전을 가져오게 된다. 그리고 아우토겐 트레이닝, 요가, 국선도, 태극권 등의 다양한 방법을 이완 수행에 활용할 수 있으며, 이들을 활용 목적에 따라 다양한 변화를 주어 사용하게 된다. 이러한 이완 수행을 통해 선정 수행이나 지혜 수행에 토대를 만들 수 있게 된다.

(2) 마음챙김 명상

남방 상좌부에서 수행의 기제로 사용하고 있는 주시(사띠)를 서양에서는 'mindfulness(마음챙김)'라고 하여, 심신 치유의 목적으로 이를 활용하고 있으며, 마음챙김으로도 번역하고 있다. 그리고 의학적으로 접근하여 정부에서도 지원하고 있으며, 병원에서는 치료의 목적으로 활용하는 등 적극적인 심신 치유의 기법으로 활용하고 있다. 최근 들어 국내에서도 마음챙김 등으로 번역하며, 이를 활용하는 것에 대한 관심이 증가하고 있다.

그러나 불교에서는 인간 삶의 괴로움을 소멸시키기 위해 깨달음으로 가는 방편으로 주시 등의 다양한 기제들을 활용하고 있다. 서양에서는 이러한 다양한 기제 중에서 주시를 'mindfulness(마음챙김)'라고 하여 치유의 목적으로 이를 활용한다. 그리고 이때 사용하는 마음챙김은 과거나 미래의 개념적 상황을 활용하는 등 내담자의 치유 목적에 따라 여러 가지 개념으로 이를 다변화하여 활용하고 있다. 그래서 본 장에서는 서양에서 사용하고 있는 마음챙김을 활용한 명상 방법에 대해 살펴보고자 한다.

가. 산 명상

① 수행 방법: 마음을 고요하게 정좌(or 와선)하고, 마음의 이완을 가져온다. 그리고 안내자의 안내에 따라 말의 의미를 새기며, 말의 개념에 따라 마음을 챙겨 본다. 마음속에 산을 그려 보며 안내자의 멘트에 따라 마음을 움직이고, 감각을 느껴 본다.

② 안내 문구(예시): "마음을 평온하게 바닥에 내려놓습니다. 그리고 이렇게 편안한 상태에서 마음을 움직여 앞에 있는 푸른 산을 바라보겠습니다. 당신은 지금 푸르디 푸른 산을 바라보고 있습니다. 당신은 지금 푸른 산에 오르려 합니다. 이제 산뜻하게 복장을 갖추겠습니다. (……) 그리고 산을 오르려 합니다. 산 입구를 지나 산을 올라가고 있습니다. 마음이 상쾌해짐을 느껴 봅니다. 그리고 소나무 향의 시원한 바람이 코끝을 스치고 지나갑니다. 공기는 상쾌하고 맑습니다. 숨을 깊이 들여마셔 봅니다. 소나무 향이 몸으로 들어와 몸에 활기를 불어넣어 줍니다. (……) 산의 정상에 올랐습니다. 눈앞에 광활한 산맥이 나타납니다. 상쾌한 바람이 내 몸을 감싸고 있습니다. 그리고 내 등 뒤에서 밝은 태양이 나를 환하게 비추고 있습니다. 그 밝은 빛으로 내 몸은 따뜻해지고 내 몸 안에 있던 나쁜 기운이 다 빠져나가고 있음을 느껴 봅니다. (……) 그리고 아직 내 몸에 남아 있는 나쁜 기운을 다 뽑아 손에 모읍니다. 그리고 이것을 바람에 훨훨 다 날려 보냅니다. 자, 이제 내 몸 안에 있던 병은 다 낫고 몸은 상쾌해집니다. 자, 이제 광활한 산맥을 향해 '나는 건강하다.'라고 크게 3번 외쳐 봅니다.

(……)

그리고 이제는 종이비행기를 만들고, 내가 갖고 있던 근심·걱정을 모두 모아 종이비행기에 실어서 근심과 걱정을 다 날려 보냅니다. 이제 내 몸에 있던 근심과 걱정은 다 사라졌습니다. 이제 내 몸과 마음은 평온해지고 밝아졌습니다. 몸과 마음이 평온해졌음을 느껴 봅니다.

(……)

몸에 긴장을 풀고, 대지와 내가 하나가 되었습니다. 몸에 있는 긴장을 풀고, 몸과 마음이 맑고 깨끗해졌음을 느껴 봅니다. 자, 이제 맑고 상쾌한 몸으로 일어나 봅니다. 자, 이제 하나, 둘, 셋을 외치면 눈을 살포시 뜨고 몸을 가볍게 움직여 보겠습니다."

나. 호수 명상

① '가' 참조.

② 안내 문구(예시): "마음을 평온하게 바닥에 내려놓습니다. 그리고 이렇게 편안한 상태에서 마음을 움직여 저 멀리 있는 파란 호수를 바라보겠습니다. 당신은 지금 파란 호수에 가려 합니다. 이제 산뜻하게 복장을 갖추겠습니다. (……) 그리고 호수로 가려 합니다. 호수의 입구를 지나 호숫가로 가고 있습니다. 마음이 상쾌해짐을 느껴 봅니다. 그리고 호수에서는 아로마 향의 시원한 바람이 코끝을 스치고 지나갑니다. 공기는 상쾌하고 맑습니다. 숨을 깊이 들어마셔 봅니다. 아로마 향의 치유 향이 몸으로 들어와 몸에 활기를 불어넣어 줍니다. (……) 눈앞에 맑은 호수가 나타납니다. 호수의 표면이 영롱한 빛으로 밝게 빛나고 있습니다. 호수에서 부는 상쾌한 산들바람이 온몸을 감싸고 있습니다. 그리고 내 등 뒤에서 밝은 태양이 나를 환하게 비추고 있습니다. 그 밝은 빛으로 내 몸은 따뜻해지고

내 몸 안에 있던 나쁜 기운이 다 빠져나가고 있음을 느껴 봅니다. (……) 자, 이제 내 몸 안에 있던 병은 다 낫고 몸은 상쾌해집니다. 자, 이제 맑은 호수를 향해 '나는 행복하다.'라고 크게 3번 외쳐 봅니다.

(……)

그리고 이제는 종이배를 만들어 내가 갖고 있던 걱정·근심을 모두 모아 종이배에 근심과 걱정을 실어서 보내 버립니다. 이제 내 몸에 있던 근심과 걱정은 다 사라졌습니다. 이제 내 몸과 마음은 평온해지고 밝아졌습니다. 몸과 마음이 평온해졌음을 느껴 봅니다.

(……)

몸에 긴장을 풀고, 대지와 내가 하나가 되었습니다. 몸에 있는 긴장 풀고, 몸과 마음이 맑고 깨끗해졌음을 느껴 봅니다. 자, 이제 맑고 상쾌한 몸으로 일어나 봅니다. 자. 이제 하나, 둘, 셋을 외치면 눈을 살포시 뜨고 몸을 가볍게 움직여 보겠습니다."

다. 먹기 명상(귤)

전국에 무수히 많은 귤 농장 중에서 제주도의 농장을 떠올린다. 그리고 제주도에 있는 귤 농장에서 농부가 밭을 일구고, 씨앗을 심고, 물과 거름을 주면 가지가 나오고 잎이 나오기 시작한다. 줄기가 커지고 가지가 생기며 거기에서 열매가 생긴다. 열매가 점점 커지며 푸른 빛깔을 띠기 시작한다. 그리고 익어서 빨간빛의 맛있는 귤이 생겨난다. 이 귤이 제주도를 거쳐 김포 공항과 농수산물 센터의 기사들의 노고에 의해 집 앞의 슈퍼에 도착한다. 그 가게에서 귤 한봉지를 사서 집으로 가져온다. 그리고 식탁 위에 빨갛게 잘 익은 귤이 있다. 농부들의 노고와 배달 기사들의 노고에 감사해한다.

그리고 육근의 알아차림, 입에 넣기, 혀 굴리기, 씹기, 목구멍 넘기기 등에 대해 마음챙김을 해 본다.

(3) 마음챙김 명상의 활용

〈표 부2-4〉 마음챙김 명상 활용

① ACT (아론 벡, 1975)	② MBSR (존 카밧진, 1979)	③ DBT (리네한, 1993)
④ MBCT (존 티즈데일, 2002)	⑤ MSC (크리스토퍼 거머, 2009)	⑥ MBPM (비디아말라 버치, 2015)

스티브 잡스 (애플 CEO)	"제품들을 창조하는 창의성과 직관력은 명상 덕분이다."
차드 멍 탄 (구글 엔지니어)	"명상이 가져다주는 장점은 모든 조직에서 바라는 바와 일치한다."
리처드 데이비슨 (위스콘신대 감성신경과학 연구소장)	뇌속결정점(brain set point for mood) 연구낙관, 열정, 긍정: 좌측전전두피질 활성
글로리아 마크 (컴퓨터 과학자)	단절의 저주, 단절과 방해에 익숙해져 방애 없이도 스스로 단절한다.
사라 라즈라 (두뇌 연구가)	"매일 40분씩 명상가들의 대뇌피질은 일반인보다 5% 더 강하다."
아미쉬 자 (마이애미대 심리학자)	"매일 명상하는 사람은 작업 기억 능력, 주의력 등이 발달한다."
루이스 이그나로 (UCLA 의대 교수, 1998년 노벨 생리의학상)	산화질소(NO): 심혈관 질환 예방, 면역 기능 강화(난관 돌파 시 발생)
허버트 알렉산더 사이먼 (심리학자, 1978년 노벨경제학상)	"정보의 홍수는 주의력과 창의력의 고갈이라는 재앙을 불러올 것이다."
마커스 라이클 (뇌 연구자)	자기 공명 영상(Default Mode Net work), 뇌는 정신적으로 아무것도 않을 때 활동이 더욱 강화된다.

허버트 벤슨 (하버드 의대 교수, 1975년 이완반응법 저술)	이완반응법, 현대 의학의 성웅, 명상의 과학적 입증, 집중 명상의 한 형태 제시.
잭 콘필드 (심리학자, 수행자, 1974년 IMS 설립)	IMS(위빠사나명상협회) 설립, 재가자 중심의 수행, 명상을 서양에 전파.
람 다스 (하버드대 심리학과 교수, 1974년 재단 설립)	『Be here now』: 힌두교와 불교사상 혼합, 명상과 요가의 기술, 영적 치유 하누만 재단 설립

서양에서 전파·확산되고 있는 마음챙김 명상의 활용을 <표 부 2-4>에서 구분하였다. 심리 치유에 활용하고 있는 마음챙김 명상에 대해 서양에서는 많은 논문과 서적이 발표되고 있다. 그리고 의학적으로도 그 효과가 입증되고 있으며, 이러한 경향이 경제·사회 전반으로 확산되고 있다. 이를 통한 명상의 활용에 대해 살펴보겠다.

가. 조건에 따른 명상의 활용

마음챙김(mindfulness)을 심신 치유에 활용한 명상에 대해 간략하게 소개하면 다음과 같다.

① ACT(Acceptance Commitment Therapy, 수용 전념 치료): 다양한 범위의 문제와 장애에 적용할 수 있는 좀 더 포괄적인 치유 방법이다. 수용, 현재 순간의 자각, 인지적 탈융합 등을 활용하면서 치유를 진행하고 있다.

② MBSR(Mindfulness Based Stress Reduction, 마음챙김에 기반한 스트레스 치료): 스트레스를 완화하는 프로그램으로 활용하고 있다. 여기서는 7가지 태도를 강조하고 있다. 이는 판단하지 않기(nonjudging), 인내(patience), 초심자의 마음(beginner's mind), 믿음(trust), 지나치게 애쓰지 않기(non-striving), 수용(acceptance) 및 내려놓음(lettinggo)이다. 참가자들은 이러한 7가지 태도를 유지하고, 마음챙김하면서 치유를 받게 된다.

③ DBT(Dialectical Behavioral Therapy, 변증법적 행동 치료): 다중 인격 장애자 등 경계선 성격 장애에 대한 치유를 위해 활용하고 있다. 관찰, 자각, 비판단, 기술하기 등을 활용하면서 치유를 진행하

고 있다.

④ MBCT(Mindfulness Based Cognitive Therapy, 마음챙김에 기반한 인지치료): 우울증 치유법으로, 우울증 환자를 치유하기 위해 활용하고 있다. 여기서는 현재의 자각, 집중, 거리 두기, 탈중심화, 메타 인지적 기술 등을 활용하면서 치유를 진행하고 있다.

⑤ MSC(Mindfulness Self Compassion, 마음챙김 자기 연민): 우울증, 스트레스, 외로움 등에 치유 효과가 있다. 이는 뇌 과학·심리 치료에 마음챙김 명상을 결합하여 자기 연민과 자애의 치유 기법을 활용하면서 수치심·슬픔·분노·두려움·자기 의심 같은 부정적 감정들을 알아차림으로써 수용 치료를 진행하고 있다.

⑥ MBPM(Mindfulness Based Pain Management, 마음챙김에 기반을 둔 통증 관리): 불안, 스트레스, 우울 등을 낮추면 통증이 줄어들고 사라지기도 한다. 생각, 느낌, 감각으로부터 한발 물러나 바라봄으로써 통증에서 불안, 스트레스, 우울 등으로 이어지는 고리를 끊는다.

나. 치유 효과

이외에도 다양한 마음챙김 명상이 있으며, 서양에서는 이에 대한 연구를 통해 이런 명상이 다음과 같은 치유 효과가 있음을 밝혀내고 있다.

① 신체적 질환(만성 통증, 고혈압, 고지혈증을 포함한 심혈관계 질환, 암, 다발성 경화증, 유방암 환자의 수면 장애, 건선, 암 환자의 면역력 증가, 제2형 당뇨병 등)에 치유 효과가 있다.

② 심리적 질환(우울증, 불안 장애, 물질 남용, 외상 후 스트레스 장애 등)

과 분노조절, 자아 통제력 향상에 효과가 있다.

③ 사회적 기술의 습득 등에 효과가 있다고 경험적으로 검증한 연구들이 제시되고 있다.

〈운명을 사랑하라〉

독일의 철학자 니체는 "신은 죽었다."라고 한다. 그러나 그것은 그렇게 믿는 그가 만든 것이다. 결국은 이 모든 것은 사라진다는 무상일 뿐이다. 그는 "아모르파티(운명을 사랑하라)"라고 한다. 이렇게 운명을 철저히 받아들이고 사랑할 수 있다면 그 본질에 더 다가갈 수 있게 된다. 그래서 운명을 사랑하고 받아들이며, 현존하고 수용함으로써 우리는 자각이라는 행복을 느낄 수 있게 된다.

2) 자비관 수행

최근 들어 사람의 뇌에 대한 연구가 활발히 진행되고 있다. 뇌를 갖고 있는 생명체에서 뇌파가 나오며, 이는 두피에서는 약 10분의 1 정도로 나온다고 한다. 그리고 방송국에서 전파를 발송하고 전파를 잡듯이 뇌파도 공유한다고 한다. 모자 간이나 모녀 간 그리고 쌍둥이 간에는 상당한 정서를 공유하는 것으로 알려져 있다. 같은 공간에서 지내는 부부, 가족, 직장 동료들도 뇌파를 공유한다고 한다. 또한, 집중 수행을 통한 무색계의 무한 의식의 세계에서는 의식이 무한 확장을 경험하기도 하며, 사선정에서 얻게 되는 신통력 중에서 타심통으로 상대방의 마음까지 살펴볼 수 있게 된다. 이렇게 집중 수행을 통해 서로 간에 의식이 유기적으로 연결될 수 있음을 알 수 있다. 그래서 뇌파를 공유할 때 자비심으로 맑게 된 의식을 보내자는 것이다. 그리고 이러한 집중 수행의 일종인 자비관 수행은 자·비·희·사(慈悲喜捨)의 바라보는 기제로 자애와 연민, 같이 기뻐함과 평온을 계발하는 수행을 하게 된다. 이러한 수행으로 자애심을 갖추고 타인에게 이를 회향함으로써 마음에 평안을 얻고, 서로 간에 자비심을 공유하는 수행 방법이다. 본 장에서는 이러한 수행 방법에 대해 살펴보겠다.

(1) 수행의 효과

자비관 수행의 이득에 대해 『앙굿따라니까야』 「자애공덕의 경」에서 자비 수행은 열한 가지 이익을 준다고 설명하고 있다. 자비심으로 마음의 해탈이 훈련되고, 계발되며, 숙달되고, 탈 것이 되며, 기초가 되고, 확고해지며, 견고해지게 되어 열한 가지의 이익이 기대된다고 한다. 이는 잠을 편안하게 자게 되고(①), 편안하게 깨어 있게 되며(②), 악몽을 꾸지 않게 되고(③), 인간에게 사랑받게 되며(④), 인간이 아닌 존재들에게서도 사랑받게 되고(⑤), 신들이 보호하게 되며(⑥), 불·독약·무기로 해침을 받지 않게 되고(⑦), 마음이 쉽게 집중되게 되며(⑧), 얼굴 빛이 밝게 되고(⑨), 혼란 없이 죽게 되며(⑩), 출세간으로 나아가지 않는다면 범천에 태어나게 된다(⑪)고 한다(A. V. 342). 이렇게 자비관 수행을 바탕으로 수행을 하게 되면, 천신들이 보호하고, 수행에 도움을 주며, 주변으로부터 보호를 받을 수 있게 된다.

(2) 수행 방법

자비관 수행의 대상은 ① 자기 자신에게서 시작하여, ② 존경하거나 사랑하는 사람, ③ 무관한 사람, ④ 싫어하거나, 미워하는 사람 순으로 그 대상을 확대해 나간다. 그리고 무리군으로 확대하고, 지역별로 대상을 확대하며, 방향으로 대상을 확대해 나가면서 자비관을 닦게 된다. 이때, 선정을 얻은 후에 자비관 수행을 하면 훨씬 강하고 뛰어난 자비심을 계발할 수 있게 된다. 그 방법에 대해 설명해 보겠다.

가. 자애를 계발하는 방법

먼저 자기 자신이 가장 행복했던 순간을 떠올리며, 그 이미지를 (전방 1m 앞에) 나타나게 하고, 자기 자신을 향해서 자비심을 계발한다. 이때, 사용할 수 있는 네 가지 문구는 다음과 같으며, 이를 활용해 자신에게 맞는 자애 문구를 계발하여 사용할 수 있다.

① 내가 원한이 없기를…
② 내가 악의가 없기를…
③ 내가 근심이 없기를…
④ 내가 행복하기를…

(Vism. 296-297.)

그리고 이러한 자애 수행을 존경하거나 사랑하는 사람으로 전환하여 수행을 반복한다. 또한, 이 대상을 중립적인 사람, 미워하거나 싫어하는 사람으로 확대해 나가며, 자애심을 계발한다.

그리고 이를 5개의 한정되지 않은 범위인 모든 존재, 모든 숨쉬는 존재, 모든 생명체, 모든 사람, 모든 개인으로 범위를 넓혀 나간다.

또한, 7개의 한정된 범위인 모든 여성, 모든 남성, 모든 깨달은 사람, 모든 범부, 모든 신, 모든 인간, 모든 악도의 중생으로 범위를 넓혀 나간다. 그리고 10개 방향의 범위인 동방, 남동방, 남방, 남서방, 서방, 북서방, 북방, 북동방, 상방, 하방으로 범위를 넓혀 나간다. 이렇게 자애 수행으로 사무량심을 계발(자신, 좋아하는 사람, 중립적인 사람, 미워하는 사람)하고, 이를 갖고 범위를 확대(5개의 한정되지 않은 범위, 7개의 한정된 범위)하며, 그리고 이를 지역으로 확대하고, 방향으로 확대(10 방향)해 나간다.

〈자비관 수행의 구성〉

① 선정 수행: 먼저 고요함과 집중으로 선정을 계발한다.
② 사무량심 계발: 자·비·희·사의 수행으로 자비심을 계발한다.
③ 사람으로 확대: 자신과 타인의 경계가 없어질 때까지 자기 자신 등 4종의 사람을 대상으로 자비심을 계발한다.
④ 지역으로 확대: 자기 집, 마을, 도시, 나라, 지구, 태양계, 은하계, 온 우주로 대상을 확대하여 자비심을 계발한다. 이때, 각각의 존재를 삼매와 자비의 빛으로 볼 수 있어야 한다.
⑤ 범위로 확대: 12개의 한정과 비한정으로 확대하여 자비심을 계발한다.
⑥ 방향으로 확대: 10개의 방향으로 48가지 방법으로 자비심을 계발한다. 이와 같이 480가지+48가지의 방법, 총 528가지 방법으로 자비관 수행을 할 수 있다.

나. 연민을 계발하는 방법

자비심을 계발했다면, 연민을 계발하는 것은 어렵지 않다. 먼저 선정 수행으로 선정을 계발하며, 삼매의 빛이 밝게 빛날 때 그 빛으로 자비 삼매에 들게 된다. 자비 삼매에서 나온 후 고통 받는 사람을 대상으로 연민을 일으켜야 한다. 그래서 대상을 선택해서 그 사람의 고통을 생각해야 한다. 그리고 "그 사람이 고통에서 벗어나기를…"이라고 하고 계속 수행하게 된다. 이를 통해 자기 자신, 좋아하는 사람, 중립적인 사람, 미워하는 사람을 대상으로 연민을 계발한다. 행복해 보이는 사람을 위해 연민을 계발하기 위해서는 "모든 깨닫지 못한 범부는 업력 속에서 헤매는 동안 행했던 악행으로부터 과보를 받을 수밖에 없다. 그리고 악도에 태어나는 위험으로부터 벗어나기를"이라는 것을 생각하며, 연민을 계발한다.

다. 같이 기뻐함을 계발하는 방법

선정 수행으로 선정을 계발하며, 선정에 들어 삼매의 밝은 빛으로 그 사람을 인식한다. 자비삼매에서 연민삼매를 계발하고 나온 후, 대상을 좋아하고, 사랑스러운 사람, 그를 보면 행복해지고 즐겁게 되는 사람을 선택한다. 그리고 그 사람의 행복을 생각하며, 그 대상으로 기뻐함을 일으켜야 한다. 그리고 그가 얻은 행복에 대해 기뻐하는 마음을 내며 "그 사람이 그러한 행복을 얻게 되다니, 좋구나. 잘 되었다.", "그 사람이 그가 얻은 행복으로부터 멀어지지 않기를…"이라고 하고, 같이 기뻐함을 계발한다. 이를 자기 자신, 좋아하는 사람, 중립적인 사람, 미워하는 사람에 대해 경계가 허물어질 때까지 계발한다.

라. 평온을 계발하는 방법

선정 수행으로 선정을 계발하며, 선정에 들어 그 빛으로 자비, 연민, 같이 기뻐함을 계발한다. 이 3가지 무량심으로 고양된 마음과 기쁨을 생각하며, 평온이 있는 선정이 평화스럽다고 생각한다. 계발하고자 하는 사람을 택해서 "이 사람은 평온하다. 평온에 따라 행복하게 되고, 고통에서 벗어나게 된다. 이렇게 얻은 평온의 성취가 후퇴하지 않기를…"이라고 생각하며, 그 사람을 향해 평온을 계발한다. 3가지 무량심의 도움으로 평온심을 계발하는 것은 어렵지 않다. 그 다음에 존경하거나 사랑스러운 사람, 무관한 사람, 미워하는 사람을 향해 나와 그들 간에 경계가 없어질 때까지 평온의 선정을 계발한다. 그리고 우주의 모든 존재들을 대상으로 평온심을 계발한다.

(3) 주의점

가. 누구부터 계발해야 하나

자기 자신부터 자비심을 계발해야 한다. 자기 자신에게 자비심이 채워지면, 그 후에 사랑하는 사람, 존경하는 사람, 무관한 사람, 미워하는 사람에게 자비관 수행을 한다. 자기에게 채워지기 전에 사랑하는 사람에게 하면 집착이 생길 수 있으며, 눈물·근심·슬픔이 일어날 수 있다. 그리고 미워하는 사람에게는 분노가 올라올 수 있으므로 이는 이익이 되지 않는다. 그래서 자기 자신부터 계발해야 한다.

나. 어떻게 전파하나

물은 가까운 곳부터 적시고, 위에서 아래로 흐르게 된다. 자기 자신에게 자비심이 적셔지면, 이는 차츰 주변의 친하고 가까운 사람에게 영향을 주게 된다. 그래서 내가 즐거워야 남도 즐겁게 해 줄 수 있고, 내가 행복해야 남도 행복하게 해 줄 수 있다. 자비도 나에게 가득 채워 넘쳐나야 이를 바탕으로 내 주변을 자비로 적실 수 있게 된다. 붓다도 끊임없는 자비관 수행을 통해 중생들을 교화하였기에 '자비의 화신'이라고 한다. 베푸는 것에도, 자비심으로 베푸는 것과 도덕적으로 베푸는 것이 있다. 노약자에게 자리를 양보할 때 일어나는 첫 마음이 배려요, 연민이면 자비심으로 베푸는 것이며, 주변 사람을 의식하여 일으키는 마음이면 이는 도덕적으로 베푸는 마음이다. 그리고 자비관 수행을 하다 보면, 자연스럽게 자비심으로 주변을 적시게 된다.

다. 무엇을 전파하나

마음은 빈 통과 같다. 가득차면 넘치게 된다. 비워 있으면 채울 수 있다. 오물로 가득차면 악취가 나며, 향수로 가득차면 향기가 가득 퍼진다. 마음의 통이 자비로 가득차면 자비가 흘러나오고, 분노로 가득차면 분노가 뿜어져 나오게 된다. 자비, 사랑, 평화 등 채워 놓은 대로 마음에서 나오게 된다. 그래서 마음을 악취로 채워 악취의 괴로움을 겪지 않으려면, 마음에 자비·사랑·평화가 채워지도록 해야 한다.

라. 전파하는 대상의 방향은 어떻게 잡나

대상의 방향을 잘못 잡으면 변질된다. 자애관의 변질은 자애가 애정으로 변질 될 때, 연민이 근심으로 노심초사할 때, 기쁨이 들뜸으로 떠들썩할 때, 평정이 무관심으로 일관할 때, 네 가지 거룩한 마음이 깨진다. 따라서 이렇게 마음이 대상에 대한 방향을 잘못 잡아 변질되지 않도록 주의해야 한다.

마. 전파 대상에 따른 계발 방법은 무엇인가

상황에 따라 방법을 달리한다. 자애는 분노가 많은 자, 연민은 폭력이 많은 자, 기쁨은 불쾌함이 많은 자, 평정은 탐욕이 많은 자를 청정으로 인도하게 된다. 이러한 정신작용은 자신에게 자애를 가져오고, 연민을 계발하며, 행복을 기뻐하고, 평온에 도달하게 한다(Vism. 321). 그래서 상황에 따라 대상을 달리하는 수행 방법은 효과를 가져오게 된다.

〈네 아들을 둔 어머니〉

『청정도론』에 보면 나이 어린 막내가 있다. 언제 보아도 사랑스럽다. 막내를 보듯 모든 중생에게 "행복하기를!"이라고 바란다. 병에 걸린 셋째 아들이 있다. 보기에도 안쓰럽다. 병든 아들을 보듯 모든 중생에게 "고통에서 벗어나기를!"이라고 연민한다. 청년기의 둘째 아들이 있다. 젊고 건강한 모습이다. 청춘기 아들을 보듯 모든 중생에게 "성공과 번영이 함께하기를!"이라고 기뻐한다. 장년기의 첫째 아들이 있다. 스스로의 힘으로 살아간다. 자립한 아들을 대하듯 모든 중생에게 "평온하기를!"이라고 이를 담은 평정심을 낸다(Vism. 321). 이와 같이 어머니가 아들을 향해 '행복하기를 바라고', '고통에서 벗어나기를 바라며', '성공을 함께 기뻐하고', '자립하여 평온한 평정심'을 내듯 자비관 수행을 한다.

4.
마음을 고요하게 하는 수행

선정 수행은 고요함을 얻기 위한 수행으로 마음의 고요와 평온을 얻게 된다. 이에 대해 청정도론에서는 40업처라고 하여, 40가지의 선정 수행 방법을 설명하고 있다(Vism. 110-117). 그리고 남방 수행처에서 이를 바탕으로 한 수행 방법을 선정 수행에 활용하고 있다. 이렇게 마음을 고요하게 하는 선정 수행에는 40가지의 수행 방법이 있으며, 이를 표로 나타내면 다음과 같다.

<표 부2-5> 마음을 고요하게 하는 수행: 선정 수행(40업처)

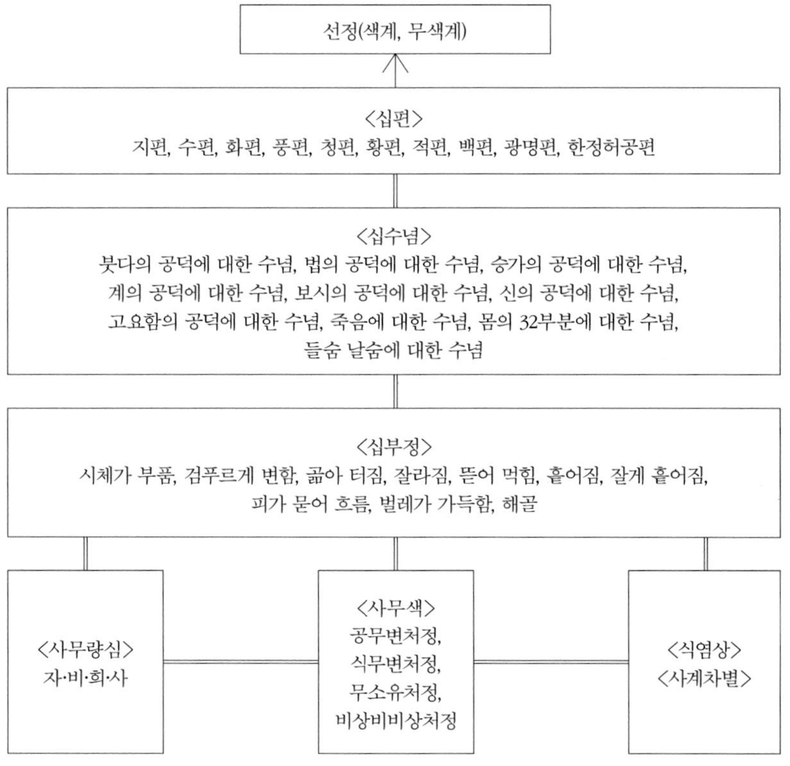

* 식염상: 음식에 대해 혐오함, 사계차별: 지·수·화·풍 네 가지 요소의 구별

1) 성향에 따른 수행 방법

① 탐욕이 많은 사람: 십부정, 신수념

② 성냄이 많은 사람: 사무량심, 청편·황편·적편·백편

③ 어리석음·사변이 많은 사람: 들숨 날숨에 대한 수념

④ 신앙심이 깊은 사람: 불·법·승·계·신·고요함의 공덕에 대한 수념

몸에 대한 수념, 들숨 날숨에 대한 수념은 지혜 수행에 보조적으

로 사용 가능하며, 사계차별은 지혜 수행에 직접 사용 가능하다.

2) 얻어지는 수행의 단계

① 불·법·승·계·보시·신·고요함·죽음의 공덕에 대한 수념, 식염상, 사계차별은 근접삼매까지 얻어지며, 선정을 성취하지는 못한다.

② 몸에 대한 수념은 초선을 성취하게 되고, 자·비·희는 초선서 삼선까지 성취하며, 사는 사선을 성취하게 되고, 사무색은 무색계 선을 성취하게 된다.

③ 십편과 들숨 날숨에 대한 수념은 초선에서 사선까지 성취하게 되며, 이는 확장하는 수행이고, 까시나를 통해 확장된 만큼 천안통, 천이통, 타심통이 열리게 된다.

④ 십부정과 몸에 대한 수념은 확장해서는 안 되는 수행이다.

⑤ 이러한 수행을 통해 얻은 선정의 힘으로 통찰 수행인 "위빠싸나는 '첫 번째 선정(初禪)' 이전의 단계에서부터 행할 수 있으며, '첫 번째 선정'을 걸쳐 '아무 것도 없는 경지(無所有處)'에 이르기까지 가능하다."라고 한다(임승택 2002: 13-15).

5.
마음의 괴로움을 소멸하는 수행

지혜 수행은 깨달음을 얻어, 탐·진·치의 삼독심이 완전히 소멸되는 것을 목표로 하는 수행 방법이다. 이를 통해 인간 삶의 괴로움에서 벗어나 해탈·열반을 증득하게 된다. 이를 위해 『니까야』에서는 중도, 삼학, 팔정도 등의 수행 방법을 제시하고 있으며, 이러한 수행 방법을 삼십칠조도품으로 설명하고 있다(S. Ⅲ. 154). 그리고 남방 수행처에서는 이를 바탕으로 한 수행 방법을 지혜 수행에 활용하고 있다. 이러한 지혜 수행에 대해 『니까야』에서 대표적인 수행 방법인 사념처 수행에 대해 알아보고, 이를 바탕으로 행·주·좌·와로 설명되는 지혜 수행에 대해 살펴보겠다.

〈표 부2-6〉 마음의 괴로움을 소멸하는 수행: 지혜 수행

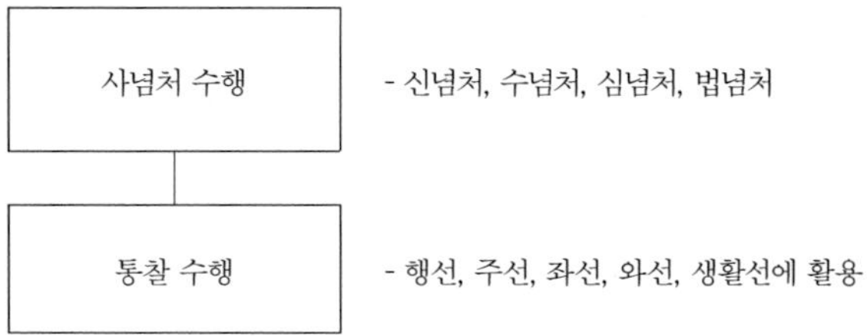
사념처 수행
- 신념처, 수념처, 심념처, 법념처
통찰 수행
- 행선, 주선, 좌선, 와선, 생활선에 활용

1) 사념처 수행

붓다가 깨달음을 얻기 위해 계발한 수행의 내용이 『니까야』에 나와 있으며, 여기서 열반에 들기 위한 하나의 길로 사념처 수행을 들고 있다. 그리고 주시를 사용하는 수행은 정학에 가깝다. 또한 사념처 수행은 깨달음으로 인도하는 중요한 작용 기제임에도 틀림이 없다. 본 장에서는 이러한 사념처 수행에 대해 간략하게 소개하도록 하겠다(D. II. 290-315 참조).

(1) 몸에 주시의 확립(신념처)

① 수행 방법: 몸에 대한 주시, 이러한 몸을 안팎으로 관찰하면서 머물게 된다. 그리고 몸에 일어나는 현상에 대해 일어남, 사라짐, 일어나고 사라짐을 관찰하면서 머물기 등을 통해 수행에 활용하게 된다.

② 수행 대상(6가지와 57대상): 호흡(긴 숨, 짧은 숨, 신체 형성, 신체 그침), 4가지 자세(행·주·좌·와)의 알아차림, 4가지 분명한 앎(행동의 목적, 수단의 적합성, 활동 반경, 실재), 사대(지·수·화·풍)의 관찰, 부정관(9가지 묘지의 시체), 몸의 32부분 양상에 대한 혐오

③ 일반 사항

- 집착에서 벗어나고자 하는 수행 방법에는 사대, 부정관, 몸의 32상에 대한 관찰 등이 있다.

- 부정관은 초기 경전에서는 9가지(시체, 해골 등)로 무상관을 하고, 청정도론에서는 10가지(시체의 부폐)로 혐오관을 닦는다.

- 몸에 대한 주시가 확립되면 이를 바탕으로 일체법에 대한 분명한 앎을 형성해 나간다.

(2) 느낌에 주시의 확립(수념처)

① 수행 방법: 9가지 느낌에 대한 주시, 이러한 느낌을 안팎으로 관찰하면서 머물게 된다. 그리고 느낌이 일어나는 현상의 일어남, 사라짐, 일어나고 사라짐을 관찰하면서 머물기 등으로 구성된다.

② 수행 대상(9대상): 즐거운 느낌을 느끼면서 '나는 즐거운 느낌을 느낀다.'라고 분명히 안다. 괴로운 느낌을 느끼면서 '나는 괴로운 느낌을 느낀다.'라고 분명히 안다. 괴롭지도 않고 즐겁지도 않은 느낌을 느끼면서 '나는 괴롭지도 않고 즐겁지도 않은 느낌을 느낀다.'라고 분명히 안다. 육체적으로 즐거운 느낌을 느끼면서 '나는 즐거운 느낌을 느낀다.'라고 분명히 안다. 정신적으로 즐거운 느낌을 느끼면서 '나는 즐거운 느낌을 느낀다.'라고 분명히 안다. 육체적으로 괴로운 느낌을 느끼면서 '나는 괴로운 느낌을 느낀다.'라고 분명히 안다. 정신적으로 괴로운 느낌을 느끼면서 '나는 괴로운 느낌을 느낀다.'라고 분명히 안다. 육체적으로 괴롭지도 않고 즐겁지도 않은 느낌을 느끼면서 '나는 괴롭지도 않고 즐겁지도 않은 느낌을 느낀다.'라고 분명히 안다. 정신적으로 괴롭지도 않고 즐겁지도 않은 느낌을 느끼면서 '나는 괴롭지도 않고 즐겁지도 않은 느낌을 느낀다.'라고 분명히 안다.

③ 일반 사항

- 육체적 느낌은 오근의 작용에 의해 일어나는 느낌이며, 정신적 느낌은 의근의 작용에 의해 일어나는 느낌이다.

- 팔정도의 정념과 정정에서의 느낌은 다르다. 그리고 사선에서는 괴롭지도 않고 즐겁지도 않은 맑고 청정한 평정의 느낌만이 남는다. 더 이상 육체적인 느낌과 정신적으로 즐거운 느낌, 괴로운 느낌은

나타나지 않는다. 그리고 무색계 선정에서 상수멸정까지의 느낌은 오로지 정신적으로 괴롭지도 않고 즐겁지도 않은 느낌만을 의미한다. 그래서 수념처의 모든 대상은 네 번째 선정을 얻기 이전의 수행자에게서만 관찰이 가능하다.

- 느낌에 대한 주시가 확립되면 이를 바탕으로 일체법에 대한 분명한 앎을 형성해 나간다.

(3) 마음에 주시의 확립(심념처)

① 수행 방법: 마음에 대한 주시, 이러한 마음을 안팎으로 관찰하면서 머물게 된다. 그리고 마음에 일어나는 현상의 일어남, 사라짐, 일어나고 사라짐을 관찰하면서 머물기 등으로 구성된다.

② 수행 대상(16대상)

- 보통 단계의 마음(8대상): 탐욕에 매인 마음, 성냄에 매인 마음, 어리석음에 매인 마음, 위축된 마음, 계발되지 않은 마음, 저열한 마음, 집중에 들지 않은 마음, 해탈되지 않은 마음

- 높은 단계의 마음(8대상): 탐욕에서 벗어난 마음, 성냄에서 벗어난 마음, 어리석음에서 벗어난 마음, 산만한 마음, 계발된 마음, 탁월한 마음, 집중된 마음, 해탈된 마음

③ 일반 사항

- 주시(사띠)에 대한 알아차림으로 마음의 일어나고 사라짐을 관찰하게 된다.

- 마음에 대한 탈동일시와 메타 인지를 활용하며, 매 순간 마음에 주시를 확립하게 된다.

- 남방의 많은 수행처에서 심념처 수행을 하고 있으며, 일상생활

에서도 수시로 자기의 마음을 바라볼 수 있어야 한다. 그리고 이러한 마음을 바라보는 목적을 알아야 하며, 그래서 일어나는 마음작용에도 주시를 가져야 한다.

- 마음에 대한 주시가 확립되면 이를 바탕으로 일체법에 대한 분명한 앎을 형성해 나간다.

(4) 현상에 주시의 확립(법념처)

① 수행 방법: 일체법에 대한 주시, 이러한 법을 안팎으로 관찰하면서 머물게 된다. 그리고 법에 대해 일어나는 현상의 일어남, 사라짐, 일어나고 사라짐을 관찰하면서 머물기 등으로 구성된다.

② 수행 대상(5가지, 27대상): 오장애, 오온, 육내외처, 칠각지, 사성제라는 법을 관찰한다.

③ 일반 사항

- 6가지 인식의 영역인 육내외처 수행 방법에 대해 6가지 내적 인식 기관(안·이·비·설·신·의)과 6가지 외적 인식 대상(색·성·향·미·촉·법)이 화합해 생긴 대상에서 생기는 법을 관찰한다. 이를 확대하여 사성제에서 괴로움의 소멸에 이르는 길인 팔정도를 통해 법을 관찰한다.

- 법에 대한 주시가 확립되면 이를 바탕으로 성찰 등과 분명한 앎을 통한 통찰로 통찰 수행을 하게 된다.

2) 통찰 수행

통찰 수행은 깨달음을 얻어 해탈·열반을 증득하게 되는 수행을 말한다. 이는 수행하는 장소에 따라 행선·주선·좌선·와선·생활선으로 구분할 수 있다. 수행처에서의 수행은 좌선과 행선 그리고 주선과 와선으로 크게 구분해 볼 수 있다. 본 장에서는 좌선과 행선을 주로 활용하고 있는, 마하시법을 위주로 설명할 것이며, 이러한 지혜 수행을 통한 족쇄의 소멸로 인간 삶의 괴로움에서 벗어나게 된다.

(1) 행선

행선은 수행자가 걷거나 움직이면서 하는 수행이다. 이때는 발의 복숭아뼈 아래쪽에서 느껴지는 감각을 알아차리게 된다. 그리고 지·수·화·풍의 사대를 포함해서 발에서 일어나는 모든 감각이 수행의 대상이 된다. 수행 시에 일어나는 동작을 바라보기도 하고, 느낌과 의도를 바라보기도 하며, 일어나는 모든 것을 있는 그대로 바라보게 된다. 이를 통해 일어남과 사라짐의 실상을 알게 된다. 그리고 이러한 수행 방법에 대해(정준영 2019: 94 참조.) 동작 보기, 사대 관찰, 의도 보기의 순서로 알아보겠다.

가. 동작 보기

① 일행법: 왼발과 오른발을 번갈아 가며 걷는, 일 단계 행법으로 수행을 진행한다.

② 이행법: 왼발(듬·놈)과 오른발(듬·놈)을 번갈아 가며 걷는, 이 단계 행법으로 수행을 진행한다.

③ 삼행법: 왼발(듬·밈·놈)과 오른발(듬·밈·놈)을 번갈아 가며 걷는, 삼 단계 행법으로 수행을 진행한다.

④ 구행법: 왼발(듬·듬·듬, 밈·밈·밈, 놈·놈·놈)과 오른발(듬·듬·듬, 밈·밈·밈, 놈·놈·놈)을 번갈아 가며 걷는, 구 단계 행법으로 수행을 진행한다.

나. 사대 관찰

발의 복숭아뼈 아래쪽의 감각을(발바닥+발등) 보게 된다. 양말을 벗고 진행하며, 발에서 느껴지는 감각을 관찰하게 된다.

① 지: 단단함 or 부드러움, 딱딱함 or 푹신함 관찰
② 수: 끈적임 or 건조함, 응집성 or 분리성 관찰
③ 화: 뜨거움 or 차가움, 고온성 or 저온성 관찰
④ 풍: 발의 움직임 or 발의 정지, 무게감(가벼움 or 무거움), 움직임(빠름 or 느림) 관찰

다. 의도 보기

주시(사띠)가 어느 정도 확립되면 몸의 움직임과 정지 등 행하고자 하는 의도를 알아차리게 된다. 이를 통해 실제법에 대한 여실한 수행이 가능하며, 몸의 움직임뿐만 아니라 마음의 움직임도 관찰할 수 있게 된다[II, 1, 2), (3) 참조].

라. 주의점

① 수행한다고 걸음걸이가 이상해지면 안 된다(평상시 걷는 방법으로 자연스럽게 해야 한다).

② 명칭과 동작이 일치해야 한다(왼발, 오른발 등 동작과 명칭이 일치해야 한다. 따로 겉돌거나 망상 속의 명칭은 안 된다).

③ 망상이 일어나면 멈춰서 확실히 망상을 제거한 후에 수행을 계속해야 한다.

④ 망상이 순간적으로 멈추었더라도, 망상을 연속하여 일으켜서는 안 된다.

⑤ 가려움에 순간적으로 긁으면 안 된다. 만약에 꼭 필요하여 긁더라도 긁는 동작을 알아차리면서 긁어야 한다. [예: (……) 손 듦·손 듦·손 듦·긁음·긁음·긁음·시원함·시원함·시원함·손내림·손내림·손내림 (……)] 모든 동작에 대한 의도와 동작을 알아차리면서 해야 한다.

⑥ 알아차림이 잘 되면 위와 같이 명칭을 붙이는 것도 자연스럽게 떨어지게 된다.

(2) 좌선

좌선은 수행자가 앉아서 하는 수행이다. 이때, 신·수·심·법의 사념처 수행을 활용하게 된다. 그리고 바라보는 기제는 작의·주시·성찰·촉발·분명한 앎·지혜 등을 사용하게 된다. 또한, 몸과 마음에서 일어나는 일체법이 수행의 대상이 된다. 그래서 수행에서 나타나는 동작을 바라보기도 하고, 느낌과 의도를 바라보기도 하며, 일어나는 모든 것을 있는 그대로 바라보게 된다. 마하시 수행처에서는 배의 일어나고 사라짐을 관찰하는 것을 주요 대상으로 하고 있으며, 수행의 일과는 좌선, 행선, 인터뷰를 병행하고 있다. 이러한 마하시 수행처에서 수행의 일과를 표로 나타내면 다음과 같다.

〈표 부2-7〉 수행의 일과

좌선	행선	좌선	행선	…>	인터뷰
(1시간)	(1시간)	(1시간)	(1시간)		

* 마하시 수행센터의 수행 일정표는 정준영 2019: 54 참조.

여기서 좌선은 배의 일어나고 사라짐을 관찰하며, 그리고 몸과 마음에서 일어나는 사념처 수행에 대해 관찰하고, 이때 발생하는 의도에 대한 성찰을 하며, 그리고 분명한 앎으로 삼법인과 사성제를 통찰하게 된다. 이러한 좌선 시 수행 방법에 대해 살펴보겠다.

가. 주시·촉발

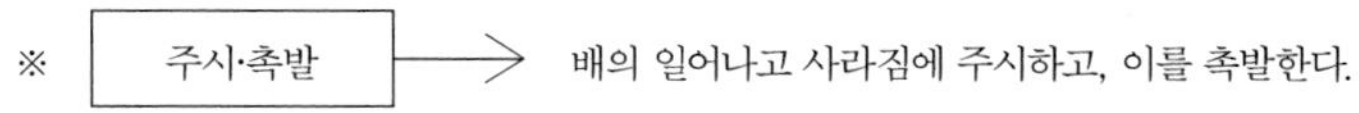
※
주시·촉발
배의 일어나고 사라짐에 주시하고, 이를 촉발한다.

이때, 배의 움직임이 길면 길다고, 짧으면 짧다고 있는 그대로 자연스럽게 관찰한다. 이와 같이 배의 일어나고 사라짐에 주시하며, 이에 지속적으로 촉발을 한다. 그리고 '일어남'. '사라짐'이라는 명칭을 붙일 수도 있다. 또한 시간이 지나면 이러한 명칭도 자연스럽게 사라지는 것을 경험하게 된다.

① 명칭 붙이기: 하나부터 다섯 사이의 명칭을 붙여 본다. 또는 일

어나는 현상에 이름을 붙여 본다(예: 망상, 통증, 비행기, 산, 머리, 어깨, 무릎, 발 등). 일어나는 끝자리, 사라지는 끝자리를 살펴 보고, 일어나는 실제 현상을 관찰한다.

나. 촉발·성찰

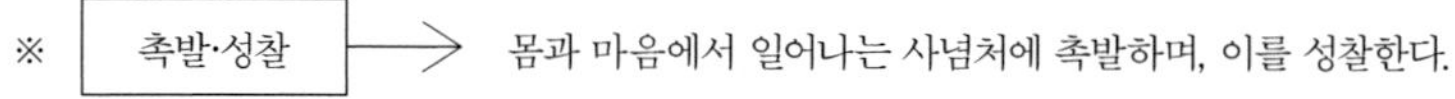
※
촉발·성찰
몸과 마음에서 일어나는 사념처에 촉발하며, 이를 성찰한다.

몸에서 관찰할 수 있는 신·수·심·법 모든 것이 수행의 대상이다. 이러한 다양한 수행 방법 중에서 자신에게 맞는 수행 방법을 선정해 수행에 활용한다. 그리고 몸과 마음에서 일어나는 사념처에 촉발하며, 이를 계속적으로 성찰한다. 또한, 가려움, 통증, 졸음 등 실상에 대한 모든 것이 촉발 및 성찰의 대상이며, 이렇게 수행에 장애가 되는 요소들은 수행의 진전과 함께 사라지게 된다.

그리고 이들이 사라지면 다시 기준점인 배로 돌아와 다시 배의 일어나고 사라짐을 관찰한다.

다. 성찰·분명한 앎

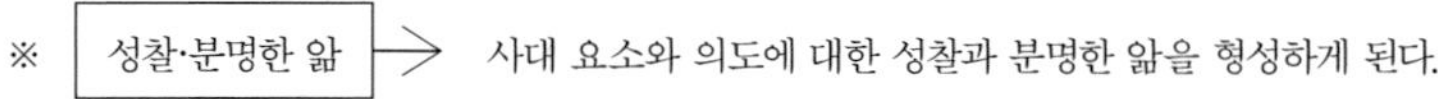
※
성찰·분명한 앎
사대 요소와 의도에 대한 성찰과 분명한 앎을 형성하게 된다.

지·수·화·풍 사대 요소에 대한 특상을 성찰한다. 그리고 마음에서 형성되는 의도의 일어나고 사라짐을 성찰하며, 이를 통해 일체법에 대한 분명한 앎을 형성해 나아간다.

라. 분명한 앎·지혜

※ 분명한 앎·지혜 → 분명한 앎으로 삼법인·사성제를 통찰한다.

대상에 대한 앎을 통해 식별과 분별을 하게 되며, 수행을 통한 통찰 등으로 분명한 앎을 얻게 된다.

그리고 이런 분명한 앎을 통해 대상의 실제에 대한 삼법인(무상·고·무아)과 사성제(고·집·멸·도)를 통찰하게 되며, 이를 통해 의식이 통찰지혜로 변환되고, 이런 과정을 거쳐 해탈·열반을 증득하게 된다.

마. 네 가지 어려움의 극복

인간이 갖고 있는 감각의 증장 구조는 지난 생과 현생을 거치면서 한시도 쉬지 않고 바쁘게 움직이며 감각을 키워 오고 있다. 이렇게 증장 구조를 갖고 있는 인간의 감각이 수행을 해서 선방에 앉았다고 해서 하루아침에 잦아들게 되지는 않는다. 이러한 감각은 망상·가려움·통증·졸음 등으로 나타나며 수행을 방해한다. 그리고 경우에 따라서는 수행을 포기하게 되는 사유를 만들기도 한다.

이와 같이 수행을 하면서 일시에 고요하게 몸과 마음을 붙잡아 놓는 것이 쉬운 일은 아니다. 그래서 대상을 있는 그대로 바라보는 것은 쉽지 않은 일일 수 있다. 이것이 한 번에 이루어진다면 수행이라고 하지 않을 것이다. 숨을 쉬는 것처럼 쉽게 된다면 이것은 일상사라고 할 것이다. 그래서 인간에게 있어서 지속적으로 바라만 보는 것은 근기에 따라 다르게 다가온다. 그렇기 때문에 수행에서는 수행에 방해가 되는 망상·가려움·통증·졸음 등의 네 가지 어려움을 극복해야 한다. 그리고 이런 네 가지 어려움도 무상성의 성품을 갖고 있기 때문에 충분히 극복할 수 있다. 그래서 제대로 된 수행 과정을 거치고 있다면, 의외로 쉽게 이들이 극복되는 것을 경험할 수도 있다.

① 망상: 망상이 일어나는 것을 알게 되면 그 행을 멈추고 "망상, 망상, 망상"이라고 주시하면 망상은 사라지게 된다. 그리고 다시 기준점인 배로 마음이 돌아와야 한다. 이러한 반복적인 수행을 통하면 마음이 망상에 촉발되는 것이 줄어들게 되며, 더 수행을 하다 보면 망상에 대한 촉발이 끊어짐을 경험하게 된다.

② 가려움, 통증: 현재 일어나는 가려움, 통증 등의 현상에 대한 관찰을 통해 이에 대한 촉발의 일어남은 소멸 과정을 거치게 된다. 그래도 해소되지 않으면 긁거나 다리를 펴는데, 이때도 행의 의도를 알아차리는 과정을 통해 주시하며 행해야 한다.

③ 졸음: 수행 시 숫자를 붙이거나, 명칭을 사용해 졸음을 쫓거나, 그래도 졸음이 오면 행선으로 수행을 바꾸기도 한다. 이를 통해서도 해소되지 않으면, 약간의 휴식을 취하거나 잠을 청하기도 한다. 이때도 쉬려는 의도를 알아차릴 수 있도록 노력해야 한다.

(3) 와선, 주선

서 있거나 누워 있는 상태에서도 몸과 마음에서 일어나는 현상에 대한 주시 등을 잃지 않는다. 이때도 동작 보기, 사대 관찰, 의도 보기 등을 통해 현존하고 수용하는 관찰을 하게 된다. 그래서 몸과 마음의 일어나고 사라짐에 대한 현상이나 느낌, 의도 등의 실제를 자각하게 된다[(2) 좌선 참조].

(4) 생활선

일상생활에서 일어나는 현상과 의도에 대해 현존하고 수용하여 분명한 앎을 형성해 나가게 된다. 아침에 깨어나는 순간부터 주시하고, 관찰한다. 그리고 잠자리에서 일어나고, 세면하며, 식사하고, 출근하며, 사회생활을 하고, 잠자리에 들 때까지 모든 순간에 걸쳐 현재 일어나는 실상에 대해 있는 그대로 현존하고, 수용할 수 있도록 노력해야 한다. 그래서 마음이 과거에 대한 후회나 미래에 대한 걱정 등으로 괴로움에 휩쓸리지 않고, 현재의 상황에 현존하여 여기에 맞는 지혜의 생각과 사고를 통해 이를 수용하고 자각할 수 있도록 해야 한다. 이러한 행을 통할 때 올바른 방향으로 개인과 사회의 발전에 기여할 수 있게 된다.

그러나 이러한 청정한 결실은 하루아침에 이루어지지 않는다. 주시와 성찰의 횟수와 시간을 점점 늘려 갈 때 나타난다. 이러한 반복적인 수행을 통해 괴로움의 감정에 쉽사리 휩쓸리지 않게 돼서 몸과 마음은 평온해지며, 괴로움의 발생은 점점 더 엷어지게 될 것이다.

그리고 인간 삶에 대한 분명한 앎과 통찰지혜가 생겨 삶의 생활은 더욱 순탄해지고 올바른 방향으로 발전하게 될 것이다. 또한, 이러한 수행을 통해 종국에는 해탈·열반에 들어 대자유와 대행복을 증득할 수 있게 된다.

(5) 주의점

① 꾸준함과 반복의 정진이 요구된다.

수행은 한 번에 완성하지 못하며, 실제에 대한 분명한 앎으로 점차 자각이 형성된다. 수행은 하면 할수록 점차 마음의 청정에 다가가게 된다. 그리고 깨달음을 얻게 되면 완전한 지혜의 청정을 증득하게 된다.

② 수행의 단계를 점검해 봐야 한다.

수행의 단계별로 얻게 되는 과정을 마스터나 스승과의 인터뷰 등을 통해 확인해 봐야 한다. 잘못된 방향으로 가지 않도록 점검해야 한다. 그래서 인터뷰를 통한 인식 과정의 변화를 통해 수행은 진전을 가져오게 된다.

③ 어려움은 극복의 대상이지 스트레스의 대상은 아니다.

망상, 졸음, 통증, 가려움 등의 수행의 장애는 수행의 과정에서 일어나는 자연적인 현상이다. 이러한 장애가 발생한다는 것은 수행을 하고 있다는 것을 말해 주는 것이다. 그래서 이를 활용하며, 이를 극복해야 수행의 단계가 상승될 수 있다.

④ 오로지 현재의 순간에 현존해야 한다.

현재 일어나는 실상에 마음을 두며, 과거에 대한 후회와 미래에 대한 걱정으로 마음에 괴로움의 감정을 담아 두면 안 된다.

⑤ 그대로 받아들일 수 있는 수용의 자세가 중요하다.

안·이·비·설·신·의인 여섯 가지 감각 기능에서 일어나는 신·수·심·법에 대해 여실하게 주시하고, 수용할 수 있어야 한다. 이러한 감각 기능에 감정을 개입하여 본질을 흐리게 해서는 안 된다.

부록 3.

인식 과정의 치유

인식 과정(vīthicitta)은 대상을 아는 과정에 있는 마음으로, 감각기관을 통해 보고, 들으며, 냄새 맡고, 맛보며, 감촉하고, 정신작용을 하는 것을 말한다(대림·각묵 1 2017: 383). 그래서 '심·의·식'의 작용에 의해 일어나는 인식 과정은 세간인 욕계·색계·무색계와 출세간에서 각기 다른 인식 과정을 거치게 된다. 이러한 인식 과정을 거쳐 바르게 바라만 봐도 치유되는 마음은 수행을 통해 변화를 가져오게 된다. 이렇게 변화를 가져오는 인식 과정의 치유를 『아비담맛타상가하』를 기준으로 살펴보겠다. 또한, 세간에서는 오문 인식 과정, 의문 인식 과정 그리고 선정의 변화에 의한 치유 과정으로 구분하여 살펴보겠으며, 출세간에서는 수행을 통해 도·과의 변화에 의한 치유 과정으로 구분하여 살펴보겠다.

1.
세간에서 인식 과정의 치유

욕계·색계·무색계인 삼계의 세간에서 '인식 과정(vīthicitta)'은 인간의 마음작용에 영향을 미친다. 그리고 이는 오문 인식 과정과 의문 인식 과정으로 나타난다. 또한, 수행을 통해 선정의 변화로 인식 과정이 치유되는 과정을 경험할 수도 있다. 본 장에서는 이러한 인식 과정의 변화를 통해 마음이 치유되는 과정을 살펴보도록 하겠다.

1) 오문 인식 과정의 발생

인간의 일상생활에서 오문(안·이·비·설·신)에 의해 인식되는 과정을 오문 인식 과정(pañcadvāravīthi)이라고 한다. 이러한 오문 인식 과정은 깊은 마음 단계인 바왕가 상태에서의 끊어짐으로부터 발생하고, 여기서 오문 전향과 안식 등이 발생하며, 이를 받아들이고 조사하여 결정하는 단계를 거쳐 속행(자와나)에서 마음작용과 업이 발생하게 된다. 그리고 이는 여운을 통해 마음에 저장되고, 다시 바왕가 상태로 떨어지게 된다. 이렇게 대상에 촉발하여 오문에서 일어남은 오문 인식 과정으로 나타나게 된다.

그리고 촉발의 강도를 나타내는 매우 큰 대상, 큰 대상, 작은 대상, 매우 작은 대상에 따라 인식 과정의 형성 단계가 달라진다. 그래서 강도가 매우 큰 대상은 여운 단계까지 일어나고, 큰 대상은 속행의 단계까지 일어나며, 작은 대상은 결정 단계까지 일어나고, 매우 작은 대상은 바왕가의 동요만 있을 뿐 인식 과정은 일어나지 않게 된다(Abh. 17-18; 대림·각묵 1 2017: 393-408). 이렇게 오문으로 들어온 대상에 촉발하여 마음작용이 일어나며, 이때 일어난 마음작용에 의해 대상을 인식하게 되고, 이로 인한 행이 발생되며, 이러한 의도가 있는 행을 토대로 업의 발생과 업의 저장이 있게 된다. 그리고 이렇게 저장된 업은 다음에 발생하는 마음작용에 다시 토대를 제공하게 된다. 이러한 오문 인식 과정의 발생을 도표로 나타내면 다음과 같다.

<도표 부3-1> 오문 인식 과정의 발생

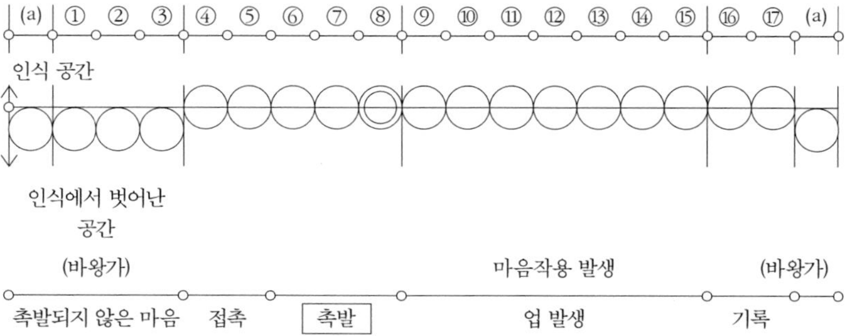

[(a)바왕가, ① 지나감, ② 동요, ③ 끊어짐, ④ 오문전향, ⑤ 안식(파싸 발생) ⑥ 받아들임, ⑦ 조사, ⑧ 결정, ⑨~⑮ 속행(자와나), ⑯⑰여운]

2) 의문 인식 과정의 발생

인간의 일상생활에서 발생되는 의문 인식 과정(manodvāravīthi)은 오문을 총괄하여 발생하는 의문 인식 과정이 있고, 법경을 통한 의근에 의해 발생하는 의문 인식 과정이 있다. 이러한 의문 인식 과정은 깊은 마음의 단계인 바왕가 상태에서 끊어짐으로써 발생되며, 이어서 의문 전향을 거쳐 일어나는 속행(자와나)에서 마음작용과 업이 발생하게 된다. 그리고 이는 여운을 통해 마음에 저장되고 다시 바왕가 상태로 떨어지게 된다. 이러한 의문 인식 과정에서는 마음에서 의문의 촉발이 일어남으로 의문 인식 과정을 일으키며, 촉발의 강도를 나타내는 선명한 대상, 희미한 대상에 따라 인식 과정의 형성 단계가 달라진다. 그리고 선명한 대상은 인식 과정을 속행과 여운으로까지 진행시키며, 희미한 대상은 속행의 단계까지 일어나고 다시 바왕가 상태로 떨어지게 된다(Abh. 19; 대림·각묵 2 2017: 415-416). 그래서 이렇게 의문으로 들어온 대상에 촉발하여 마음작용이 일어나며, 이때 일어난 마음작용에 의해 대상을 인식하게 된다. 그리고 이로 인한 행이 발생하며, 이러한 의도가 있는 행을 토대로 업이 발생한다. 이러한 업은 다음에 발생하는 마음작용에 다시 토대를 제공하게 된다. 이러한 의문 인식 과정의 발생을 도표로 나타내면 다음과 같다.

〈도표 부3-2〉 의문 인식 과정의 발생

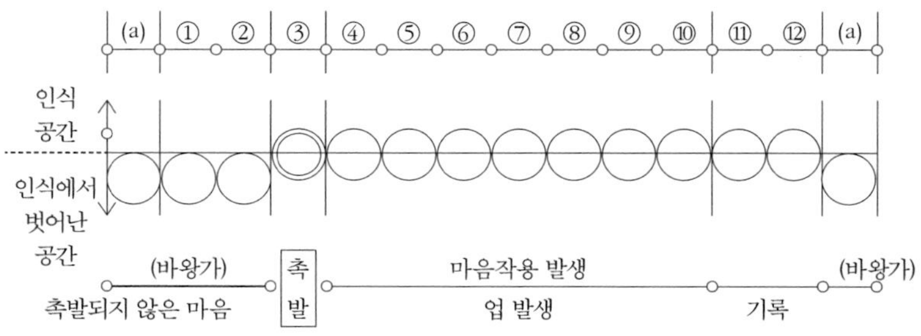

[(a) 바왕가, ① 동요, ② 끊어짐, ③ 의문 전향, ④~⑩ 속행(자와나), ⑪⑫ 여운]

3) 선정의 변화에 의한 치유 과정

선정 수행에 의한 선지 요소의 변화를 통해 인간의 마음은 고요하고 평온한 상태로 치유의 과정을 거치게 된다. 이러한 선정의 변화는 인간의 마음이 범부의 상태에서는 발생하지 않으며, 선정 수행을 통한 고도의 집중된 상태에서 얻어지게 된다. 이때 얻게 되는 선지 요소의 변화에 따라 초선, 이선, 삼선, 사선의 고요하고 집중된 마음으로 치유의 과정을 거치게 된다. 이는 바왕가 상태에서의 끊어짐으로부터 발생하게 되며, 이때 의문 전향을 거쳐 준비, 근접, 수순, 종성의 단계로 접어들게 된다. 그리고 종성 전까지는 욕계이며, 종성의 변화를 통해 색계에 들게 되고, 이를 통해 선정인 본삼매로 들어가게 되며, 마음은 고요하게 치유된다. 그리고 본삼매에서 나오면 다시 바왕가 상태로 들어가게 된다. 이러한 단계별 진행에 대해서는 의도를 일으키는 촉발에 의해 그 단계가 형성된다. 그래서 촉발에 의한 집중의 변화를 통해 단계별로 선정의 단계로 나아가게 된다. 이러한 선정 수행의 치유 과정의 단계는 수행자가 마음을 기울

이는 것에 따라(yatha-ābhinīhāra-vasena) 조건 지어진다고 한다(Abh. 19; 대림·각묵 1 2017: 419-423). 이러한 선정의 변화에 의한 치유 과정을 도표로 나타내면 다음과 같다.

<도표 부3-3> 선정의 변화에 의한 치유 과정

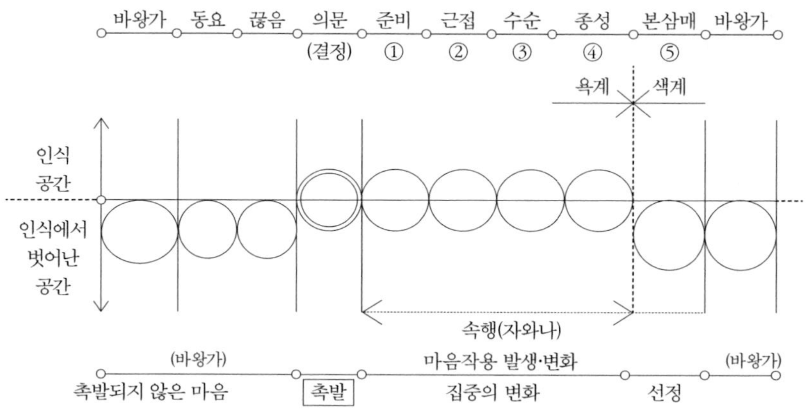

2.
출세간에서 인식 과정의 치유

세간을 벗어난 단계인 출세간에서는 성인의 도와 과에 변화가 발생하며, 이를 통해 마음은 치유의 과정을 거치게 된다. 이러한 마음은 범부의 상태에서는 발생하지 않으며, 지혜(위빠사나) 수행을 통한 통찰지혜를 증득하게 되는 과정에서 발생하며, 이를 거쳐 마음은 괴로움의 소멸이라는 치유의 단계에 들어가게 된다. 본 장에서는 성인의 도와 과의 변화에 의한 치유 과정에 대해 살펴보겠다.

1) 도·과의 변화에 의한 치유 과정

출세간에서 성인의 도와 과의 변화에 의한 치유 과정에서 발생하는 인식 과정의 변화는 바왕가 상태에서 끊어짐으로부터 발생하게 된다. 그리고 이러한 변화는 의문 전향을 거쳐 준비, 근접, 수순, 종성의 단계로 접어드는 치유의 과정을 거치게 된다. 여기서 종성 전까지는 욕계이며, 종성의 변화를 통해 성인의 단계에 들게 되고, 이를 통해 성인의 도와 과를 증득하게 된다. 이러한 도와 과의 고귀한 속행은 일곱 번 일어나며, 종성까지가 범부이고, 도의 단계부터는 성자로 볼 수 있다. 종성 전까지는 선정에서의 속행과 순서가 같다. 종성 후에 일어나는 속행은 선정 수행에서는 본삼매로 들어가지만, 지혜 수행에서는 도가 일어나게 된다. 이어지는 두 단계는 과의 단계이다. 이를 통해 수행자는 분명한 앎과 지혜의 변화를 통해 성인의 단계별로 탐·진·치의 족쇄가 소멸하며, 괴로움으로부터 벗어나게 되는 치유의 과정을 거치게 된다. 여기서 출세간의 도와 과에 의한 수다원, 사다함, 아나함, 아라한의 도의 마음은 인식 과정에서 수행자가 마음을 기울이는 자유자재함에 따라 조건 지어지게 된다(Abh. 19; 대림·각묵 1 2017: 423). 이러한 성인의 도·과의 변화에 의한 치유 과정을 도표로 나타내면 다음과 같다.

<도표 부3-4> 도·과의 변화에 의한 치유 과정

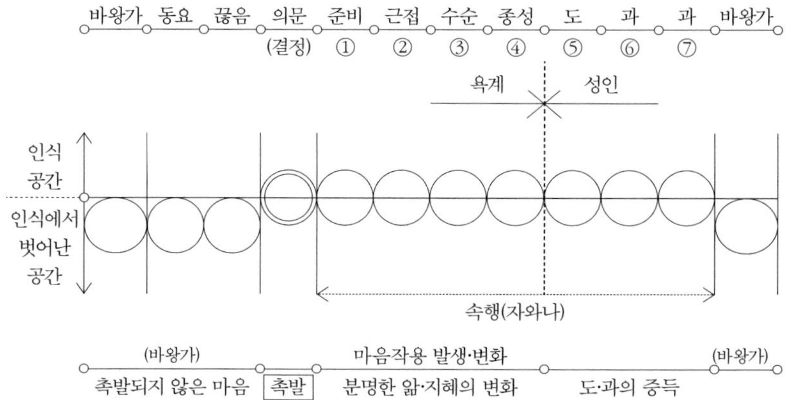

부록 4.

수행의 점검

『니까야』에서는 현존하여 수용하는 수행의 단계를 계청정, 심청정, 혜청정의 3단계로 설명하고 있으며, 여기서 다시 혜청정을 다섯 가지 청정으로 구분하여 이를 합쳐 칠청정으로 구분하고 있다. 그리고 『청정도론』에서는 이러한 혜청정의 5단계를 다시 지혜 수행의 17단계로 구분하여 설명하고 있다. 이와 같은 혜청정의 17단계를 통해 수행자는 자신의 수행 단계를 점검해 볼 수 있다. 이러한 지혜 수행에서 주시(사띠)는 기본적으로 수행의 기초가 된다. 바른 수행은 주시로부터 시작되며, 이를 통한 의도의 촉발로 분명한 앎을 형성하고, 여실지견의 상태로 들어가게 된다.

먼저 수행을 단계별로 구분해 보겠다.

수행의 예비 단계에서는 수행의 시간을 늘려 나가야 한다. 이를 통해 망상 등의 네 가지 어려움이 줄어들게 되며, 오장애가 제거된다. 또한 지혜 立 단계(1단계~10단계)에서는 명과 색을 구별하게 되고, 실제 현상의 실상을 관찰하게 된다. 그리고 이를 통해 실생활에서 의도를 성찰할 수 있게 된다. 지혜 成 단계(11단계~17단계)에서는 평온과 수순 그리고 성인의 흐름에 들어 깨달음의 도와 과를 증득하게 된다. 이를 표로 나타내면 다음과 같다.

〈표 부4-1〉 수행의 단계

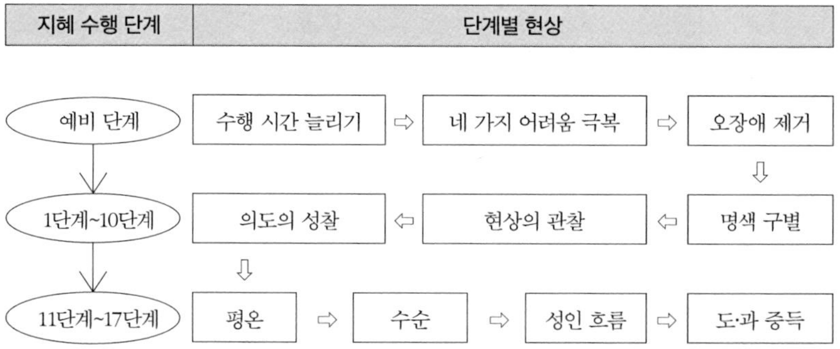

여기서 지혜 수행의 17단계에 들어가게 되면, 단계별 촉발의 작용에 의해 수행은 진전을 가져오게 된다. 그리고 수행 대상에 대한 선한 촉발의 작용은 선한 마음작용과 결합하게 되며, 이때 대상에 대해 평온하고 수승한 통찰지혜가 형성된다.

두 번째, 지혜 수행을 통한 깨달음의 단계를 17단계로 설명하고 있다. 이를 통해 수행자는 수행의 단계를 점검해 볼 수 있다. 단계를 살펴보면 다음과 같다. ① 몸과 마음을 구별하는 지혜가 발생되며, 이를 통해 견해가 청정하게 되고, ② 연기의 조건과 흐름을 파악하는 지혜가 일어나며, 이를 통해 의심을 제거하게 된다. 그리고 ③ 현상의 무상·고·무아에 대한 사유지혜가 발생하며, 이를 통해 대상의 생멸을 관찰하게 된다. 또한, ④ 일어나고 사라짐을 따라 관찰하는 지혜에서 신비 현상(십관수염)을 체험하기도 하며, 도와 도 아닌 것에 대한 구분을 하게 된다. 그리고 ⑤ 소멸을 따라 관찰하고, 이것이 ⑥ 두려움으로 나타나며, ⑦ 위험함을 따라 관찰하고, ⑧ 싫어함을 따라 관찰하는 지혜를 얻게 된다. 그래서 ⑨ 해탈하고자 하는 지혜가 일어나며, 이에 대한 ⑩ 삼법인과 사성제를 성찰에 따라 관찰하는 지혜를 얻게 된다. 이를 통해 ⑪ 모든 현상에 대해 평온한 지혜에 도달하고, ⑫ 진리에 수순하는 지혜를 얻어 ⑬ 종성의 변화를 가져오게 된다. 이러한 변화를 통해 8가지(⑭~⑰) 성인의 도·과를 성취하는 지혜를 증득하게 된다(Vism. 587-678, 정준영 2010: 182-183). 그래서 이를 통해 수행자는 성인의 도·과를 성취하여 수다원·사다함·아나함·아라한의 경지를 증득하게 된다. 이러한 칠청정을 통한 지혜 수행의 17단계를 표로 나타내면 다음과 같다.

〈표 부4-2〉 지혜 수행의 17단계

<table>
<tr><th colspan="2">칠청정</th><th colspan="2">지혜 수행의 17단계</th></tr>
<tr><td rowspan="18">ⓒ
혜
청
정</td><td rowspan="5">⑦
지견청정</td><td>17단계</td><td>(5) 성인의 네번째 도·과의 지혜(아라한)</td></tr>
<tr><td>16단계</td><td>(4) 성인의 세번째 도·과의 지혜(아나함)</td></tr>
<tr><td>15단계</td><td>(3) 성인의 두번째 도·과의 지혜(사다함)</td></tr>
<tr><td>14단계</td><td>(2) 성인의 첫번째 도·과의 지혜(수다원)</td></tr>
<tr><td>13단계</td><td>(1) 고뜨라부의 지혜(범부에서 성인으로 種姓의 변환)</td></tr>
<tr><td rowspan="9">⑥
도에 대한
지견청정</td><td>12단계</td><td>(9) 진리에 수순하는 지혜(隨順智)</td></tr>
<tr><td>11단계</td><td>(8) 모든 현상에 대해 평온한 지혜(行捨智)</td></tr>
<tr><td>10단계</td><td>(7) 성찰을 따라 관찰하는 지혜(省察隨觀智)</td></tr>
<tr><td>9단계</td><td>(6) 해탈하고자 하는 지혜(脫欲智)</td></tr>
<tr><td>8단계</td><td>(5) 싫어함을 따라 관찰하는 지혜(厭離隨觀智)</td></tr>
<tr><td>7단계</td><td>(4) 위험함을 따라 관찰하는 지혜(過患隨觀智)</td></tr>
<tr><td>6단계</td><td>(3) 두려움으로 나타나는 지혜(怖畏隨觀智)</td></tr>
<tr><td>5단계</td><td>(2) 소멸을 따라 관찰하는 지혜(壞隨觀智)</td></tr>
<tr><td>4-2단계</td><td>(1) 일어남과 사라짐을 따라 관찰하는 지혜(生滅隨觀知)</td></tr>
<tr><td rowspan="2">⑤
도와 비도의
지견청정</td><td>4-1단계</td><td>(2) 일어남과 사라짐을 따라 관찰하는 지혜(生滅隨觀知)</td></tr>
<tr><td>3단계</td><td>(1) 현상의 무상·고·무아에 대한 사유지혜(思惟知)</td></tr>
<tr><td>④
의심 제거의
청정</td><td>2단계</td><td>(1) 조건을 파악하는 지혜(緣把握知)</td></tr>
<tr><td>③ 견청정</td><td>1단계</td><td>(1) 몸과 마음을 구별하는 지혜(名色區別知)</td></tr>
</table>

ⓐ, ① 계청정	ⓑ, ② 심청정

여기서 혜청정을 통해 탐·진·치에 대한 촉발은 소멸되며, 지혜 수행의 17단계를 거쳐 수행자의 의식은 통찰지혜와 결합하게 된다. 이러한 통찰지혜에 의해 수행자의 마음은 성인의 흐름에 들게 되며, 이를 통해 해탈·열반을 증득하게 되고, 인간 삶의 괴로움에서 벗어나게 된다.

참고 자료

| 약어 |

PTS Pāi Texts의 약어는 CPD 약어(Abbreviation) 기준을 따랐다.

A: Aṅguttara-Nikāya, PTS.

Abh: Abhidhammaṭṭhasaṅgaha, PTS.

D: Dīghā-Nikāya, PTS.

M: Majjhima-Nikāya, PTS.

Mrp: Aṅguttara-Nikāya Aṭṭhakāthā, Manoratha pūraṇī, PTS.

S: Saṁyutta-Nikāya, PTS.

Smv: Dīgha-Nikāya Aṭṭhakāthā, Sumaṅgalavilāsinī, PTS.

Srp: Saṃyutta-Nikāya Aṭṭhakāthā, Sāratthappakāsinī, PTS.

PED: The Pali Text Society's Pali-English dictionary, PTS.

Ud: Udāna, PTS.

Vism: Visuddhimagga, PTS.

| 참고 문헌 |

C. A. F. Rhys Davids (Ed.)(1985), *Visuddhi-Magga*, London: PTS.

E. Hardy (Ed.)(1976), *Aṅguttara-Nikāya vol.* Ⅲ, London: PTS.

E. Hardy (Ed.)(1958), *Aṅguttara-Nikāya vol.* Ⅳ, London: PTS.

F. L. Woodward (Ed.)(1977), *Saṃyutta-Nikāya Aṭṭhakathā(Sāratthappakāsinī* Ⅰ*)*, London: PTS.

F. L. Woodward (Ed.)(1977), *Saṃyutta-Nikāya Aṭṭhakathā(Sāratthappakāsinī* Ⅱ*)*, London: PTS.

F. L. Woodward (Ed.)(1977), *Saṃyutta-Nikāya Aṭṭhakathā(Sāratthappakāsinī* Ⅲ*)*, London: PTS.

GA. Somaratne(2005), *"CITTA, MANAS & VINNANA" DHAMMA-VINAYA*, Sri Lanka: Sri LankaAssociation for Buddhist Studio.

Hammalawa Saddhatissa (Ed.)(1989), *Abhadhammaṭṭhasaṅgaha*, Oxford: PTS.

M. Leon Feer (Ed.)(1975), *Saṃyutta-Nikāya vol.* Ⅲ, London: PTS.

M. Leon Feer (Ed.)(1990), *Saṃyutta-Nikāya vol.* Ⅳ, London: PTS.

Paul Steinthal (Ed.)(1982), *Udāna*, London : PTS.

Robert Chalmers (Ed.)(1977) , *Majjhima-Nikāya vol.* Ⅱ, London: PTS.

Rupert Gethin(2011), *"On Some Definition of Mindfulness" Contemporary Buddhism*, An Interdisciplinary Journal Routledge.

T. W. Rhys Davids·William Stede(1972), *The Pali Text Society's Pali-English dictionary*, London: The pāli text society.

T. W. Rhys Davids (Ed.)(1975), *Dīgha-Nikāya vol.* Ⅰ, London: PTS.

V. Trenckner (Ed.)(1979), *Majjhima-Nikāya vol.* Ⅰ, London: PTS.

大正藏 1, 中阿含經, **大正新修大藏經**. **한글대장경 법구비유경.**

각묵(2018), **위방가(Vibhaṅga) 제1권**, 울산: 초기불전연구원.

각묵(2018), **위방가(Vibhaṅga) 제2권**, 울산: 초기불전연구원.

대림 옮김(2012), **맛지마 니까야 제1권**, 울산: 초기불전연구원.

대림 옮김(2012), **맛지마 니까야 제3권**, 울산: 초기불전연구원.

대림·각묵 역주(2017), **아비담마 길라잡이 제1권**, 울산: 초기불전연구원회.

대림·각묵 역주(2017), **아비담마 길라잡이 제2권**, 울산: 초기불전연구원회.

전재성 역주(2014ⓐ), **마하박가-율장대품**, 서울: 한국빠알리성전협회.

전재성 역주(2013), **앙굿따라니까야 제4권**, 서울: 한국빠알리성전협회.

전재성 역주(2013), **앙굿따라니까야 제6권**, 서울: 한국빠알리성전협회.

전재성 역주(2013), **앙굿따라니까야 제9권**, 서울: 한국빠알리성전협회.

전재성 역주(2011), **디가 니까야 제1권**, 서울: 한국빠알리성전협회.

전재성 역주(2011), **디가 니까야 제3권**, 서울: 한국빠알리성전협회.

전재성 역주(2014), **쌍윳따니까야 제1권**, 서울: 한국빠알리성전협회.

전재성 역주(2014), **쌍윳따니까야 제2권**, 서울: 한국빠알리성전협회.

전재성 역주(2013ⓐ), **우다나-감흥어린 시구**, 서울: 한국빠알리성전협회.

전재성 역주(2018), **청정도론-비쑷디막가**, 서울: 한국빠알리성전협회.

Buddhapāla(2006), **Buddha 수행법**, 경남: Sati school.

남일희(2016), 불교명상에서 의식의 역할에 대한 연구, **서울불교대학원대학교 석사학위논문**.

남일희(2017), 의식의 확립과 소멸에 관한 상관관계 연구, **불교상담학연구 제9호**,

3-32, 서울: 한국불교 상담학회.

남일희(2018), 의식과 열반의 상관관계 연구, **문화와 융합 제40권 7호**, 913-940, 서울: 한국문화융합학회.

남일희(2019), 마음작용에서 촉발의 역할에 대한 연구, 서울불교대학원대학교 박사학위논문.

미산(2009), 변화무쌍한 마음을 어떻게 바로잡아야 하는가?, **마음, 어떻게 움직이는가**, 37-91, 서울: 운주사.

백도수 역주(2009), **법의 분석 1**, 서울: 해조음.

이필원(2014), 초기불교의 정서 이해, **불교와 사상의학의 만남**, 85-106.서울: 올리브그린.

임승택(2002), 선정(jhāna)의 문제에 관한 고찰, **불교학연구 제5호**, 247-277, 서울: 불교학연구회.

정준영(2009), 대념처경에서 나타나는 심념처에 대한 연구, **한국불교학 제53집**, 203-250, 서울: 한국불교학회.

정준영(2010), **위빠사나**, 서울: 민족사.

정준영(2019), **있는 그대로**, 서울: 에디터.

최태경(2008), **동아 새국어사전**, 서울: 두산동아.